21 世纪全国高职高专汽车系列技能型规划教材

汽车装饰与美容

主　编　金守玲
副主编　娄万军　夏志华
参　编　王贵荣　宋　晓

内 容 简 介

本书从高职教育的教学实际出发,完整翔实地从理论和实际的不同角度介绍有关汽车美容和装饰方面的内容,共分 9 个项目:项目 1 为概述;项目 2~5 介绍关于汽车外部装饰、内部装饰、汽车防护以及汽车电器装饰方面的知识;项目 6~8 介绍关于汽车清洁、汽车美容和漆面养护方面的美容知识;项目 9 介绍关于装饰美容的一些安全知识。本书在介绍相关理论知识和实际操作的同时,以市场上的主流产品为例,介绍在实际应用中应注意的事项以及相关的市场发展。

本书可以作为高职高专、技师学院以及高级技工学校汽车整形、汽车销售、汽车改装、交通运输、车辆工程、汽车运用与维修、汽车服务工程等专业的教材,也可供从事汽车检测维修、汽车设计制造、汽车运输管理等专业的技术工程人员以及汽车爱好者和私家车主阅读参考。

图书在版编目(CIP)数据

汽车装饰与美容/金守玲主编. —北京:北京大学出版社,2013.7
(21 世纪全国高职高专汽车系列技能型规划教材)
ISBN 978-7-301-22746-6

Ⅰ. ①汽… Ⅱ. ①金… Ⅲ. ①汽车—车辆保养—高等职业教育—教材 Ⅳ. ①U472

中国版本图书馆 CIP 数据核字(2013)第 143032 号

书 名:	汽车装饰与美容
著作责任者:	金守玲 主编
策划编辑:	张永见
责任编辑:	李娉婷
标准书号:	ISBN 978-7-301-22746-6/U·0094
出版发行:	北京大学出版社
地 址:	北京市海淀区成府路 205 号 100871
网 址:	http://www.pup.cn 新浪官方微博:@北京大学出版社
电子信箱:	pup_6@163.com
电 话:	邮购部 62752015 发行部 62750672 编辑部 62750667 出版部 62754962
印 刷 者:	北京宏伟双华印刷有限公司
经 销 者:	新华书店
	787 毫米×1092 毫米 16 开本 18.25 印张 423 千字
	2013 年 7 月第 1 版 2013 年 7 月第 1 次印刷
定 价:	34.00 元

未经许可,不得以任何方式复制或抄袭本书之部分或全部内容。
版权所有,侵权必究
举报电话:010-62752024 电子信箱:fd@pup.pku.edu.cn

前　言

　　随着我国经济建设的迅猛发展，人民生活水平的普遍提高，汽车以前所未有的速度进入普通家庭的日常生活。我国已经进入全民汽车消费时代，很多车主尤其是年轻的车主对汽车的要求已经不仅仅局限在原厂的设计，更多的是追求个性化和新异化。但我国的汽车装饰与美容行业的从业者多数没有经过系统正规的学习和培训，理论知识匮乏，实践经验不足，很多人只是单凭维修时的经验进行美容装饰操作。为适应快速发展的汽车后市场行业，提高装饰美容行业人员的技术理论水平，特组织编写本书。

　　本书从高职高专教育的实际出发，结合教学和生产实际以及4S店的实际需要作为编写指导思想，系统规范地介绍了汽车装饰与美容的项目理论知识和操作应用实际，以任务形式涵盖了汽车装饰与美容的相关知识。本书以项目作为引领，采用任务模块逐一分析介绍的方式介绍相关知识和应用案例，在编写过程中力求内容系统、突出生产实际，主要体现在以下几点：

　　(1) 介绍汽车装饰与美容的主要实施项目，条理清晰，简明易懂。

　　(2) 通过任务驱动及实际案例方式展开知识点，加强理论与实际结合，通过图文并茂的实例介绍装饰与美容操作注意的相关知识点。

　　(3) 在本书编写过程中，编者走访了汽车美容店以及4S店，对相关的知识内容作了大量的实际调查，以确保实际操作的可行性。

　　本书共9个项目，总学时60学时，部分项目任务采用理论与实践结合的方式进行，各兄弟院校及应用者可根据实际情况进行选用。

　　本书由金守玲担任主编，娄万军、夏志华担任副主编，参加编写的人员还有王贵荣、宋晓。在本书的编写过程中参阅了大量的国内外专业书籍和资料，在此向相关作者表示衷心的谢意，同时感谢长春华之城4S店的大力支持和帮助！

　　限于作者知识水平，加之时间仓促，书中难免疏漏之处，敬请广大专家、同仁和读者批评指正。

编　者
2013年3月

目 录

项目 1　汽车装饰与美容概述 1
　　任务 1.1　汽车装饰与美容的产生与发展 2
　　任务 1.2　汽车装饰概述 6
　　任务 1.3　汽车美容概述 8
　　项目小结 11
　　习题 12

项目 2　汽车外部装饰 13
　　任务 2.1　车身大包围 14
　　任务 2.2　车顶天窗 21
　　任务 2.3　氙气灯的改装 31
　　任务 2.4　扰流板及导流板 39
　　任务 2.5　车身辅助装饰 44
　　项目小结 51
　　习题 52

项目 3　汽车内部装饰 54
　　任务 3.1　汽车内衬装饰 55
　　任务 3.2　汽车仪表板装饰 61
　　任务 3.3　汽车座椅装饰 70
　　任务 3.4　汽车地板装饰 84
　　任务 3.5　车内精品 87
　　项目小结 90
　　习题 91

项目 4　汽车防护 93
　　任务 4.1　汽车车窗防爆隔热膜 94
　　任务 4.2　贴犀牛皮 106
　　任务 4.3　汽车防盗器 110
　　任务 4.4　底盘装甲及封塑 119
　　项目小结 127
　　习题 128

项目 5　汽车电器装饰 129
　　任务 5.1　汽车影音 130

　　任务 5.2　汽车导航 141
　　任务 5.3　倒车雷达 144
　　项目小结 153
　　习题 154

项目 6　车身清洁 156
　　任务 6.1　汽车清洁概述 157
　　任务 6.2　汽车清洁用品 161
　　任务 6.3　汽车清洁的设备和工具 170
　　任务 6.4　汽车外部清洁 181
　　任务 6.5　汽车内室的清洁 195
　　任务 6.6　发动机免拆洗护理 202
　　项目小结 206
　　习题 207

项目 7　汽车美容养护 209
　　任务 7.1　新车养护 210
　　任务 7.2　汽车漆面打蜡及抛光 215
　　任务 7.3　汽车封釉和镀膜 226
　　任务 7.4　汽车季节保养 235
　　项目小结 240
　　习题 240

项目 8　漆面处理 243
　　任务 8.1　车身漆面概述 244
　　任务 8.2　漆面损伤修复 251
　　任务 8.3　漆面老化及美容缺陷 266
　　项目小结 272
　　习题 273

项目 9　安全防护知识和安全操作
　　　　规程 275
　　项目小结 279
　　习题 279

参考文献 282

项目 1

汽车装饰与美容概述

我国汽车行业的快速发展带动了汽车美容装饰业的发展,在原厂车的基础上加装或更换一些汽车辅属物品,以提高汽车表面和内室的美观、实用、舒适性成为越来越多车主青睐的目标,同时对车身做一些必要的保养也成为车主必做的项目。

任务 1.1　汽车装饰与美容的产生与发展

知识目标	1. 了解汽车装饰和汽车美容的影响因素 2. 了解国内外汽车装饰与美容的发展 3. 知道我国装饰与美容业的发展趋势
技能目标	1. 熟悉汽车装饰业的现状 2. 知道影响汽车装饰的因素

知识链接

1. 汽车装饰业的影响因素

1) 汽车消费对汽车装饰的影响

随着我国经济建设的迅猛发展，人民生活水平的普遍提高，汽车以前所未有的速度进入普通家庭的日常生活。截至 2012 年底，中国机动车总保有量达 2.4 亿辆，其中汽车 1.2 亿辆。我国机动车保有量正在迅猛增长，年均增量达 1591 万辆，2011 年全年较上一年增加 1773 万辆，与 2011 年年底相比，2012 年增加 1510 万辆。随着汽车保有量的快速攀升，中国正进入全民汽车消费时代，很多车主尤其是年轻的车主对汽车的要求已经不仅仅局限在原厂的设计，而更多的追求个性化和新异化。

2) 私家车保有量提升对装饰业的影响

汽车装饰市场火爆的主因是私家车保有量急剧增长。到 2012 年底我国私人汽车保有量达 9309 万辆，占全部汽车保有量的 77%。私家车主更看重的是舒适性和安全性，这就导致有车就有汽车装饰的火爆市场。目前中国 60%以上的私人高档汽车车主有给汽车做装饰美容的习惯，30%以上的私人低档车车主也开始形成了给汽车做装饰美容的观念，30%以上的公用高档汽车也定时进行装饰美容。

3) 汽车装饰用品的发展对装饰业的影响

截止到 2012 年年底我国汽车用品行业市场总量超过 5000 亿元，国内汽车用品经销企业已经超过 10 万家，而且每天以 30 家新企业和 35 个新产品的速度在增长。汽车消费时代和城市化进程使得汽车用品行业发展极其迅速，而中国汽车消费市场的持续升温，为汽车装饰行业的发展提供了巨大商机。

4) 汽车消费者个性化追求对装饰业的影响

随着社会的进步发展，人们的需求也逐步趋于个性化。在这个追逐个性化的时代，汽车装饰成为时尚一族的追捧热点。一辆原本看着不起眼的轿车，经过汽车装饰人员的精心设计改装之后，跑在马路上甚至比一台法拉利跑车更能吸引人们的视线。而彰显个性的汽车装饰逐渐成为有车族追逐汽车时尚的一个潮流。汽车车身上形态各异的彩贴，绚丽多彩的内饰，成了车主扮靓爱车的首选，也是城市中一道新的靓丽风景线。

5) 汽车装饰业中存在的问题

汽车装饰业正经历着美好的发展契机，有着令人瞩目的发展前景，同时也存在着很多问题。我国汽车装饰业的发展总体上并不令人满意,存在着发展现状混乱、缺乏行业规范以及从业人员整体素质低等问题,这也严重制约了汽车装饰业发展的进程。

2. 汽车装饰业的发展

1) 国外汽车装饰业的发展

欧美国家统计表明,在一个国际化城市中,汽车的销售利润能占到整个汽车业利润的20%,制造零部件的利润能占到20%,而汽车服务行业的利润能占到60%左右。据统计,美国汽车服务业的营业额超过汽车整车的销售额。其中国外比较著名的汽车装饰企业有:美国3M、美国霍尼韦尔、美国龟牌、英国尼尔森、德国索耐克斯等。

2) 我国汽车装饰业的发展

我国汽车服务业虽然起步较晚,但发展迅猛,截至2012年我国的汽车后市场销售额也在翻番增长。汽车维护也已经从"以修为主"转变成"以养为主"。汽车装饰业也已经成为我国本世纪以来最具潜力的黄金行业,也被称作汽车行业的"第二桶金"。进入21世纪以来,车主对自己爱车也愈加呵护和重视起来,尤其是对爱车日常清洁养护、美容养护、汽车装饰用品采购等成为日常消费行为。"三分修,七分养"的养车观念已经进入车主的思想意识中,这也极大地促进了汽车装饰与美容行业的发展,从而使这一行业成为极具潜力和利润的产业。现在60%~70%的车主在买车后给汽车做二次装修,尤其是一些购买经济型轿车的车主更加注重汽车的装饰与美容。

在汽车装饰与美容大力发展的今天,我国也从政策上积极推进该行业的发展,先后出台了一些利于装饰美容业发展的政策。如2008年10月1日起实施的新《机动车登记规定》,车主改变车身颜色后,只需10日内到车管所申请变更登记就可以了。在政策的引导下,汽车的装饰与美容行业(如图1-1所示)正如火如荼地发展起来,并成为我国汽车售后服务业中的真正阳光企业。

图1-1 某经营汽车美容装饰的店面

3. 汽车美容业的影响因素和发展

1) 汽车美容业的影响因素

现在,我国已经成为仅次于美、日、欧之后的第四大汽车销售市场,随着我国汽车保有量的持续攀升，汽车美容市场的巨大潜力也被逐渐挖掘出来。但是与发达国家比，我国的汽车装饰业还存在一些不足之处。虽说人们已经意识到汽车保养的重要性，但由于我国汽车美容行业起步较晚，无论从政策还是从市场规范上都还没有完全走入正轨，还受到以下因素的影响。

(1) 汽车美容行业受管理法规和政策的影响。

在国外，汽车美容服务行业已经成为一个独立存在的行业，而在我国，它还属于汽车维修服务业的一部分，而且经营项目也没有从汽车维修中划分出来。例如，在很多城市，汽车美容行业归汽车维修行业管理处管理，而汽车清洗却归市容管理处管理，从管理部门职责划分方式可以看出我国对汽车美容行业管理上的不规范。要想使汽车美容服务步入专业化和正规化轨道，需要将汽车美容行业从汽车维修行业中分离出来，进行独立的专项管理。

(2) 汽车美容业的发展受实际操作人员素质低、专业化人才缺乏的影响。

通过对全国多家汽车美容行业的从业人员调查发现，从事汽车美容行业的人多数是短期工和学徒工，企业对这部分人要求较松，管理和操作流程也缺乏正规化和专业化，有些企业包括中工和大工对整个汽车美容操作流程掌握和实施一知半解，缺乏标准规范。汽车美容专业知识的更新和传授速度跟不上行业的发展，知识和技能掌握的有限，基本上按照产品和设备的说明书进行生搬硬套，一些关键技术、原理和注意细节很难保证。另外汽车美容行业涉及的面越来越广，新技术应用越来越多，非专业美容养护操作人员根本无法排除设备及美容操作中存在的一些问题。

(3) 汽车美容业受市场状况的影响。

目前我国汽车美容业市场缺乏规范化和正规化，以次充好的现象明显，尤其是与发达国家相比，无论是从管理和操作以及行业规范上都有待加强。应在国家大力支持汽车行业发展的同时，逐步规范汽车装饰与美容行业的管理，使我国的装饰与美容行业走上专业化、品牌化的正规道路。

2) 汽车美容的发展

汽车美容业在国家政策的正确引导下，通过管理机构的有效管理，同时企业加强自身建设，抓住市场机遇，解决好存在的问题，长此以往，汽车美容行业走上一个健康、稳定和持续发展的道路指日可待，同时也会为社会提供更多就业机会，创造更多的社会财富，并成为我国经济领域内的黄金产业，成为推动我国经济发展的重要产业之一。

4. 汽车装饰与美容业的发展策略

随着我国汽车保有量的迅猛增长，汽车装饰美容行业急需实际操作技术水平高、产品质量有保证、操作过程流程化、设备先进并具有专业化服务水平的新型汽车装饰和美容服务业企业。在这种经济形势下，汽车装饰与美容面临难得的发展机遇，只有把握好时机，才能使整个行业的发展迅速进入正规化和规范化，这就需要有一套适合发展的策略。

1) 经营模式应规范化和正规化

汽车装饰美容应该向正规经营、连锁经营的一站式发展(如图1-2所示)。通过这种正规的经营方式将工作规范化、流程化，使顾客能够放心的一站式服务，这种经营可以稳定顾客，同时使顾客能放心消费，在建立这种经营模式的同时管理尽可能地制度化，让工作流程规范化。

图 1-2　某汽车服务连锁店

2) 汽车装饰美容人员队伍的专业化建设

提升各大专院校和职业技校对汽车装饰美容行业人才培养力度，提升整体人员素质，培养一批专业化、正规化的汽车装饰美容人员势在必行。汽车装饰美容企业审批时应具备一定数量的专业技术工人和管理者方能审核合格，不同的汽车装饰美容服务项目对技术工人的水平要求也不同，因此可根据工人的技术水平和操作熟练程度划分出不同等级并颁发相应的技能证书，只有拥有相应等级证书的技能人员才能从事汽车装饰美容服务行业。

3) 打造品牌化、专业化企业以提高竞争力

汽车装饰和美容行业作为汽车后市场的主打市场，存在行业前景好、入行门槛低、利润可观等优势，这使一些良莠不齐的企业进入了该行业，不管是本土的还是国外的品牌企业，创业店、经济店、标准店、豪华店、旗舰店一个接着一个抢占市场，同时新产品新技术不断推陈出新使一些连锁、加盟、控股、合作等经营方式同时存在，这导致国内汽车养护市场呈现出多足鼎立的局面。随着市场管理的逐步规范、消费者在消费保护意识方面的不断增强和品牌意识的逐渐增强，市场"优胜劣汰"的法则充分发挥了它的作用和威力，使一些"有技术、服务好、底子厚、有实力"的品牌连锁店逐渐被客户认可并赢得了越来越多的客户，同时也赢得了市场。有关专家从竞争态势预测，将来的汽车服务业竞争并不是资金的竞争，而是品牌与经营理念的竞争。成熟的品牌连锁企业本身固有的服务专业化、个性化、标准化与独具个性的 CI 系统与完善的物流配送体系将是未来汽车服务业竞争的主角。

4) 打造高品质的产品和正规化的服务

打造一批符合市场发展的正规化服务理念和高品质的企业是推动汽车装饰与美容行业快速发展的必备途径。产品质量和服务质量是企业生存的根源，企业应通过不断加强产品质量管理和服务管理为消费者提供优质快速的服务。汽车美容消费属于循环式消费，汽车美容企业应通过提高服务意识、运用多种服务方式等途径提高其服务质量，以满足消费者对汽车装饰美容服务越来越高的要求，在服务价格上应做到透明化、合理化，使消费者在消费时能做到钱花得明白、花得放心，更重要的是能增加后续消费；此外还应加强装饰美容方面营销策略和营销服务网络的建设，提升服务的适时性和有效性，构建

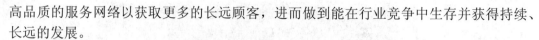

高品质的服务网络以获取更多的长远顾客,进而做到能在行业竞争中生存并获得持续、长远的发展。

5) 汽车装饰与美容行业新的市场资源开发

随着汽车装饰美容行业的迅猛发展,在引进新资本的同时也应该引入新资源。从业者在考虑现有车主的装饰美容的同时也应该将目光瞄准越来越火爆的二手车市场,将二手车的装饰、美容纳入这一行业作为新的发展领域并成为行业发展新的生命力。

6) 汽车装饰美容产品市场的开发

汽车装饰美容产品每天正以惊人的速度发展,同时吸引一些国外企业的加入,如新焦点、新奇特、上美、爱义行、置信经典、欧特隆、百车汇等,他们在从事汽车装饰美容的同时也将汽车用品批发打造成国内最大最优的中间流通平台,产品齐全、送货及时,为众多终端汽车美容店面提供了快捷便利、放心优质的服务。

任务 1.2　汽车装饰概述

知识目标	1. 知道汽车装饰的定义 2. 了解汽车装饰的分类 3. 掌握汽车装饰的注意事项
技能目标	1. 熟悉汽车装饰的项目 2. 知道汽车装饰时的法律法规

知识链接

1. 汽车装饰的定义

汽车装饰是由汽车后市场的快速发展衍生而来的。在我国,这个名词最早在1994年出现并兴起,迅速遍及全国各地及每个有车家庭。而根据中国汽车用品网上的权威定义,汽车装饰是指在原厂车的基础上增加或者更换一些汽车附属物品,以提高汽车表面和内室的美观性、实用性、舒适性,这种行为叫做汽车装饰。同时在给汽车装饰时也要以安全为原则,不能违反相关法律法规。在汽车上增加或者更换的这些附属物品叫做汽车装饰品或者汽车装饰件。

2. 汽车装饰的类别

汽车装饰的主要分类方法有两种,一类是根据汽车装饰的部位进行分类,可分为汽车外部装饰、汽车内部装饰和汽车辅助装饰;另一类是根据装饰作用进行分类,可分为舒适类、防盗类、安全类、方便类、实用类、美观类、娱乐类、保护类等。

1) 根据汽车装饰的部位进行分类

(1) 汽车外部装饰是指对汽车顶盖、车窗、车身周围及车轮等部位进行装饰。外部装饰注重的是体现车主的个性、行驶的稳定性以及美观等效果。

其主要内容包括以下方面。

① 汽车漆面彩绘装饰。

② 彩条和保护膜装饰。

③ 前阻风板和后翼板装饰。

④ 车顶开天窗装饰。

⑤ 汽车风窗装饰。

⑥ 车身大包围装饰。

⑦ 车身局部装饰。

⑧ 车轮及轮毂装饰。

⑨ 底盘喷塑及防撞胶保护装饰。

⑩ 底盘 LED 灯带装饰。

(2) 汽车内部装饰是对汽车驾驶室和乘坐室进行装饰，统称为内饰。内部装饰更多的是体现车主在使用时对汽车的舒适性、安全性、便利性等方面的需求。

其主要内容包括以下方面。

① 汽车内精品饰件装饰。

② 汽车内室侧围护板和门护板的装饰。

③ 仪表板的装饰。

④ 座椅的装饰。

⑤ 地板的装饰。

⑥ 内衬装饰。

⑦ 车身局部装饰。

⑧ 车轮及轮毂装饰。

(3) 汽车辅助装饰包括汽车车载电子改装、汽车电器设备改装、汽车通信设备改装、汽车智能设备改装、汽车防盗和防护设备改装等装饰项目。辅助装饰体现了车主对汽车安全、便利、娱乐等方面的追求。

2) 根据装饰作用进行分类

(1) 美观类，如个性彩贴、车身饰条、底盘彩灯、空气扰流组件等。

(2) 舒适类，如车顶天窗、座椅装饰等。

(3) 娱乐类，如车载 mp3、DVD 以及车载电视等。

(4) 防盗类，如汽车语音防盗、防盗锁等。

(5) 保护类，如防撞杆、防撞胶条、防滚架等。

(6) 便利类，如车载电话、电子导航装置、倒车影像安装等。

(7) 实用类，如车载冰箱、汽车氧吧、车载货架等。

(8) 安全类，如倒车雷达、安全带、安全气囊等。

3. 汽车装饰的注意事项

1) 要严格依照相关法令进行

对于汽车的装饰改装，政策限定主要考虑车的使用安全性的改变，如 2001 年 10 月颁布的《中华人民共和国机动车管理办法》明确规定，机动车不得擅自改装。要进行机动车变更，必须在交管部门规定的范围内进行，即可以对车身颜色、发动机、燃料种类、车驾号码等进行改装，司机在提交申请后，必须要经过交管部门批准，才可进行改装。但是在不影响汽车安全情况下对于车身改装的政策在逐步放宽，在 2008 年 10 月 1 日正式颁布实施的新《机动车登记规定》对汽车改装做出了相对宽松和人性化的政策。在该规定中，需要改变车身颜色、更换车身或车架的，机动车所有人不用再像原来那样事先向车辆管理所申请，可以在变更后直接办理登记。

2) "禁用三色"

虽说车身改色的政策放宽了，但是国家特殊用途的颜色不准使用，机动车管理所也不会审批，如消防专用的红色、工程抢险专用的黄色、国家行政执法专用上白下蓝色。

3) 要以行驶的安全性为原则

有些城市规定在驾驶员驾驶区不准进行挂饰、摆饰等其他饰品的装饰，以防影响行车安全；尽量不要在驻车制动器、仪表板前、仪表台放置不固定的饰品，以免在紧急状况下制动带来不必要的危险。

4) 装饰的协调性和舒适性

汽车装饰时首先应该注意的是舒适性、协调性，尽量不要使用对头色，多使用邻近色或协调色；如果整个装饰中颜色反差较大，装饰过后不仅不会提升整车档次，甚至会给人不伦不类的感觉。对于一些饰品的使用应遵循适可而止、恰到好处的原则，如靠枕选择够用即可，没有必要整个座位上放置三四个靠枕。

5) 注意装饰步骤的先后顺序

汽车装饰过程应掌握一定的步骤。一般选择由表及里、先主后辅，具体步骤是先装饰车窗玻璃后装饰车内的前部与后部、前排座中央位置、坐垫或背垫及其他饰物。

任务 1.3　汽车美容概述

知识目标	1. 知道汽车美容的定义 2. 了解汽车美容的分类 3. 掌握汽车美容的注意事项
技能目标	1. 熟悉汽车美容的项目 2. 知道在汽车美容操作时需把握的原则

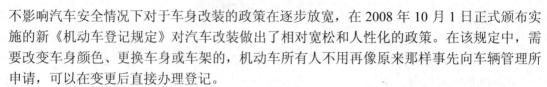

汽车美容源于西方发达国家，兴起于 20 世纪 20 年代末。随着汽车工业的蓬勃发展，汽车美容护理业也日益壮大并逐渐形成规模，由最初的个体经营逐步转为大的集团式公司经营，进而形成连锁模式。汽车美容也称为"汽车保养护理"，是一种全新的汽车养护概念。汽车保养护理到 20 世纪 80 年代已发展成为一支不可忽视的产业大军，传统的方法是洗车、除渍、打蜡和除臭吸尘等常规护理，而现代汽车服务除这些传统项目外，还包括利用专业美容系列产品和高科技技术设备，采用特殊的工艺和方法，对漆面增光、打蜡、抛光、镀膜及深浅划痕处理、全车漆面美容、底盘防腐涂胶处理和发动机表面翻新等一系列专业美容。

项目1 汽车装饰与美容概述

> 知识链接

1. 汽车美容的定义

汽车美容是指针对汽车各部位不同材质所需的保养条件,采用不同性质的汽车美容产品及施工工艺,对汽车进行全新保养护理。现在的美容护理包括全车漆面美容、底盘防腐涂胶自理和发动机表面翻新等一系列养护,它们不仅能使新车提升档次,更能让旧车翻新,并长久保持靓丽的色彩。

2. 汽车美容的类型

汽车美容的分类主要有两种,一种是根据美容场所的不同,分为美容店式汽车美容和家庭式汽车美容(即自助汽车美容);另一种是根据汽车的美容程度不同,分为一般美容、修复美容和专业美容。

1) 根据美容场所的不同进行分类

(1) 美容店式汽车美容有固定的店面,使用专业的化工产品及设备为车主完成各种项目的汽车美容养护。

(2) 家庭式汽车美容就是自己动手为爱车做美容。

2) 根据汽车的美容程度不同进行分类

(1) 一般美容即是人们常说的洗车、打蜡。最早的美容即为"一人、一桶、一抹布",现在就是指经常所见的路边简易小店经营,几台常见的高压清洗机、几条毛巾、几瓶简单廉价的护理产品、几个人进行的"汽车美容"。这类美容存在以下一些问题:

① 从业人员技术缺乏,更没有理论基础,只能进行简单的、模仿性的清洗和美容操作。

② 不能对车身进行有效保养,对漆膜氧化和老化现象处理不当。

③ 难处理的污渍处理不彻底。

④ 非专业的操作对车身造成新的细小划痕。

⑤ 使用不合格的美容产品加速车身漆面老化。

(2) 汽车修复美容,即根据漆膜病态、漆面划痕、斑点及内饰件表面破损等缺陷进行表面处理、局部修补、整车翻新及内饰件修补更换等修复后,再对汽车做美容作业。修复美容相对一般汽车美容,在使用的设备、工具上比较齐全、一般需要比较正规的汽车美容店进行,因而能满足汽车美容的基本要求,达到一个比较理想的美容护理效果。但在实际操作中存在以下缺点。

① 以修复为主,养护为辅,对养护往往很难做到专业化。

② 整个操作更接近于修复作业,对养护重视会降低。

③ 养护操作往往不是很全面和彻底。

(3) 专业汽车美容不仅包括汽车洗车、打蜡,还包括使用专业优质的养护产品和设备,对汽车各部位材质进行有针对性的保养、美容和翻新,使经过专业美容后的汽车外观洁亮如新,漆面亮光长时间保持,有效延长汽车寿命的极其复杂的系统工程。专业汽车美容与一般洗车打蜡汽车美容完全不同。

专业汽车美容是通过先进的养护设备和数百种专业养护用品,经过几十道甚至上百道工序,从车身、玻璃、内室、发动机、轮胎、底盘、油电路、空调系统、冷却系统、进排气系统等各部位彻底地清洗、保养和维护,且对一些小划痕或凹坑进行特殊快速修复,从而达到旧车变为新车并长久保新的效果和目的。整个操作细致且专业,可以说是简单维修和专业保养相结合的美容养护。

3. 汽车美容的项目

汽车美容项目主要包括车身美容、内部美容、漆面养护3大类。

1) 车身美容

车身美容主要包括车身清洁、车身除锈、去除沥青、焦油等顽固污物,车身上光增艳与镜面防护,新车开蜡,翻新保养与底盘防护处理等项目。经常洗车可以清除车表尘土、酸雨腐蚀、沥青焦油、虫尸等污染物,防止漆面及其他车身部件受到腐蚀和损害。适时打蜡不但能给车身带来光彩亮丽的效果,而且多功能的车蜡能够在车身表面形成一层保护膜,可以起到防紫外线、防酸雨、抗高温、防静电及耐划擦等作用,增加车身漆膜的使用寿命。

2) 内部美容

内部美容主要分为室内美容、发动机美容、行李箱清洁等内容。其中车内美容包括仪表台、顶棚、地毯、脚垫、座椅、座套、车门内衬美容防护,以及室内蒸汽杀菌、冷暖风口除臭、车内空气净化等项目。发动机美容则包括发动机免拆洗清洁、喷上光保护蜡、做翻新处理、三滤(指的是燃油滤清器、机油滤清器、空气滤清器)清洁等项目。

3) 漆面处理

漆面处理服务项目可分为氧化膜处理、飞漆处理、酸雨处理、漆面划痕处理、漆面破损处理。漆面处理不仅能使爱车保新,还能对车身漆面的一些浅划痕及细小破损进行修复,同时能够通过该项目延长漆面使用寿命,达到翻新的效果。

4. 汽车美容的特点

1) 因"车型"而异

由于汽车美容项目、内容及使用的用品差异较大,价位相差明显,所以车主在选用时应根据自身情况采取不同档次的美容作业,低档位的车以养护为主,而高档位车以美容兼养护为主。

2) 因"车况"而异

汽车美容项目的选取应根据汽车漆膜实际及使用状况有针对性地进行选择,若漆面损伤或老化,应在养护的同时兼修复任务。

3) 因"环境"而异

汽车行驶的环境和道路不同,对汽车进行美容作业的时机和项目也不同。例如在环境污染较严重的地区或者沿海城市,保养的次数和频率要远远高于一般城市。

4) 因"季节"而异

季节、气温和气候的变化对汽车表面及内室部件具有不同的影响。如在季节变换明显的地区,在不同季节应进行不同的保养,保养时不仅根据环境还要适当更换养护用品以适应季节变换。

5. 汽车美容养护原则

1) 预防与治理相结合的原则

汽车美容养护应以预防为主，在日常做好各项预防措施，经常到专业店面进行保养。若汽车漆膜及其他物面出现损伤，需修复后再保养。

2) 车主自身护理与专业护理相结合的原则

车主应在日常使用中做好常规性的护理工作，如冬季大雪过后马上掸掉车身积雪，以防雪融化后对车身造成损害。除了做好日常保养外还应经常到专业店进行美容养护才能增加爱车的使用寿命，并保持长久一新的效果。同时车主或驾驶者应掌握一些汽车美容养护专业知识，以防养护不当的情况发生。

3) 单项养护与整套养护相结合的原则

汽车美容养护不是什么都做才好，汽车美容养护作业的项目和内容繁多，车主应根据自身的情况选择合适的项目进行，这样不仅能节省费用，也有利于汽车养护。

4) 局部养护与整车养护相结合的原则

车身损伤往往在所难免，对于汽车漆膜局部出现的损伤，只要针对损伤部位进行处理就可以，轻易不要进行整车涂装。原车漆面属高温烘烤漆，性能较好，轻易不要破坏，只有在全车漆膜绝大部分出现损伤时，才可进行全车漆膜处理。

项 目 小 结

(1) 影响汽车装饰的因素主要有汽车消费、私家车保有量、汽车装饰用品的发展和汽车消费者个性化追求。

(2) 汽车美容业的影响因素有管理法规和政策、实际操作人员素质和市场状况等。

(3) 汽车装饰与美容业的发展策略主要包括经营模式规范化和正规化、汽车装饰美容人员队伍的专业化建设、打造品牌化、专业化企业以提高竞争力、打造高品质的产品和正规化的服务、汽车装饰与美容行业新的市场资源的开发和汽车装饰美容产品市场的开发。

(4) 汽车装饰是指在原厂车的基础上增加或者更换一些汽车附属物品，以提高汽车表面和内室的美观性、实用性、舒适性。

(5) 汽车装饰的主要分类方法有两种，一种是根据汽车装饰的部位进行分类，可分为汽车外部装饰、汽车内部装饰和汽车辅助装饰；另一种是根据装饰作用进行分类，可分为舒适类、防盗类、安全类、方便类、实用类、美观类、娱乐类、保护类等。

(6) 汽车装饰时需要注意相关法令、"禁用三色"、安全性、协调性和舒适性以及装饰的顺序。

(7) 汽车美容主要是指针对汽车各部位不同材质所需的保养条件采用不同性质的汽车美容产品及施工工艺，对汽车进行全新保养护理。

(8) 汽车美容的特点要注意因"车型"、"车况"、"环境"和"季节"不同而不同。

习　题

一、填空题

1. 现如今，汽车维护从(　　)转变成(　　)。
2. 汽车美容的项目主要有(　　)、(　　)和(　　)。
3. 汽车安全类装饰包括(　　)、(　　)和(　　)等。
4. 内饰美容服务项目可分为(　　)、(　　)和(　　)等项目。

二、判断题

1. 汽车装饰的安全类是根据安装位置划分的。　　　　　　　　　　　　(　　)
2. 专业汽车美容是指洗车—打蜡—交车。　　　　　　　　　　　　　　(　　)
3. 个性彩贴属于汽车美观类装饰。　　　　　　　　　　　　　　　　　(　　)
4. 以修复为主，养护为辅是汽车专业美容的原则。　　　　　　　　　　(　　)
5. 汽车装饰的协调性和舒适性应结合进行。　　　　　　　　　　　　　(　　)

三、选择题

1. 根据汽车的美容程度不同，汽车美容分为(　　)。
   A．一般美容　　　　　　B．美容店式汽车美容　　　　C．自助式汽车美容
2. 属于美观类装饰的是(　　)。
   A．车顶天窗　　　　　　B．个性彩贴　　　　　　　　C．车载电视
3. 属于舒适性装饰的是(　　)。
   A．车顶天窗　　　　　　B．个性彩贴　　　　　　　　C．车载电视
4. 给汽车装饰一定要以(　　)为原则，同时应该注意协调、实用、整洁和舒适等原则。
   A．娱乐性　　　　　　　B．防盗性　　　　　　　　　C．安全性

四、简答题

1. 什么是汽车装饰？如何分类？
2. 什么是汽车美容？如何分类？
3. 简述影响汽车装饰和汽车美容的因素有哪些。
4. 简述汽车装饰的注意事项。
5. 简述专业汽车美容包含的主要项目和内容。
6. 汽车美容的特点有哪些？
7. 汽车美容作业的原则是什么？

五、简述题

在当今中国汽车高速发展的情况下，你认为汽车美容是什么？

项目 2

汽车外部装饰

汽车外部装饰是在不改变汽车本身结构和安全性能的基础上,加装或改装汽车顶盖、车窗、车身周围及车轮等部位外装饰件的装饰方法。一些车主买了新车后大都要进行一番装饰,而还有一些车主针对旧车做一些翻新处理,无论对新车或是旧车进行装饰,都应始终把握协调、实用、整洁、安全和舒适 5 个原则。

任务 2.1　车身大包围

知识目标	1. 了解车身大包围常用材料 2. 知道车身大包围的作用及类别 3. 掌握车身大包围安装及注意事项
技能目标	1. 熟悉车身大包围安装使用工具和设备 2. 掌握车身大包围安装方法

阅读资料

随着汽车行业的快速发展，汽车装饰技术水平和汽车文化的快速提升，一些追求时尚、讲究个性的外部装饰迅速产生并快速发展起来，汽车车身大包围在这种条件下产生并被很多车主接受。

项目案例

王先生买了一台二手的白色捷达车，因该车使用年限比较长，想改变一下，做个翻新处理，因此王先生考虑做一个改装，想安装一个大包围。改装前的车况如图 2-1 所示，经过美容装饰店的师傅们巧手加工，变成了图 2-2 所示装饰后的效果。

图 2-1　改装前的车况

图 2-2　改装后效果图

知识链接

1. 车身大包围概述

1) 车身大包围的产生

车身大包围又称为"汽车车身外部扰流器"和"空气扰流组件"，用于改善汽车行驶过程中车身周围的气流对运动中的汽车行驶稳定性的影响。车身大包围最早源于赛车运动中，它可以降低赛车在高速行驶中产生侧翻的危险，车身大包围的制造原理产生于空气动力学对运动物体行驶阻力的试验结果。

2) 车身大包围的作用

(1) 减低汽车行驶时所产生的逆向气流，同时增加汽车行驶中的下压力。

(2) 使汽车行驶时更加平稳，从而降低油耗。

(3) 改善外观，因其跟原车差别较大，能突显个性。

(4) 提高运行时的安全性。

3) 车身大包围的分类

大包围按照安装形式不同分为泵把款和唇款两大类。

(1) 泵把款。泵把款的包围就是将原来的前后杠整个拆下，然后再装上另一款泵把，此类的包围安装较为容易，可大幅度地改变外观，使汽车更具个性化。大包围的款式如图 2-3 所示，捷达车安装后效果如图 2-2 所示。

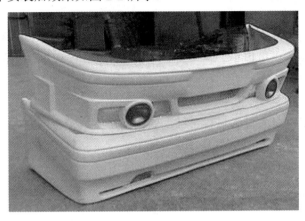

图 2-3 泵把款大包围

(2) 唇款。唇款的大包围是在原来的保险杠上加上半截的下唇，此款包围的质量与安装技术要求极高，因为包围与保险杠的密合度不能超过 1.5mm，否则会影响外观，而且高速行驶时还会有脱落的危险。英菲尼迪大包围如图 2-4 所示，安装后的效果如图 2-5 所示。

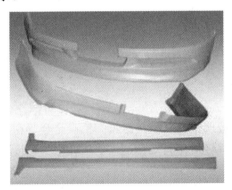

图 2-4 英菲尼迪大包围

图 2-5 英菲尼迪安装大包围后的效果

2. 车身大包围的材料

1) 玻璃钢

玻璃钢的车身大包围制作方便，对生产模具和操作设备要求较低，成本低，此类产品价格较为便宜，款式较多，所以成为众多车主的首选。

2) ABS 塑料

ABS 塑料的车身大包围通过真空吸塑成形，制作厚度往往较薄、韧性较差，因此一般不用来做泵把款的大包围。

3) PU 塑料

PU 塑料在低温下高压注塑成形，所以有极高的柔韧性与强度，因此大多数汽车的原装保险杠采用此种材料，它与车身的密合度很好，寿命也较长。各名牌汽车改装厂如奔驰、宝马、奥迪等必装大包围也以它为主要材料，可进行细微的成分和性能调整，且成型性好，大包围套件的质量也比较好，但成本高，产品价格较贵。

4) 合成树脂材料

合成树脂材料收缩性小，韧性好，耐热不变形，抗冲击能力好，不易断裂，受温度影响小，对环境产生的污染也很小。它一般采用钢模制造，所以制作出的产品表面光滑，目前市场上选用得较多。

5) 碳纤维材料

碳纤维作为汽车车身大包围材料，最大的优点是质量轻、强度大，重量仅相当于钢材的 20%～30%，硬度却是钢材的 10 倍以上。采用碳纤维材料使汽车的轻量化取得突破性进展，并带来节省能源的效益，但整体价格较高，应用较少。

 特别提示

选用车身大包围材料应注意以下几点：
(1) 韧性要好，有抗扭的能力。
(2) 耐热不变形。
(3) 表面要平滑、重量要轻。
(4) 与车身密合度要高。

3. 车身大包围的特点

1) 形状多样化

车身大包围装饰件的特点是生产批量小、品种齐全、样式繁杂、适合多数车型。

2) 质量轻量化

大包围的制作材料在不断更新，例如塑料、玻璃钢、新型碳纤维和铝碳合金等在大包围上得到了很好的应用。由于制造大包围采用这些轻量化材质制造，所以在很大程度减轻了车身重量，在行驶中减少了车辆的耗油。

3) 车身形状一体化

追求美观、协调和车身造型一体化在制造大包围时使整个车身趋于一体化。

4) 生产规模化

伴随着大量消费者的认可和安装，车身大包围的生产开始向某种成熟车型转化，而大包围的大量开发制造使生产由原来的散户、小量转变为规模化生产。

4. 大包围的设计原则

1) 整体性原则

在设计大包围时，要根据车型考虑汽车前、后、左、右各包围件，将它们设计成协调一致的部件，使之看起来是一个整体。

2) 协调性原则

在设计车身大包围时，需考虑各包围件的形状和颜色和安装的车身相协调一致。

3) 安全性原则

设计时，应考虑汽车安装大包围后决不能影响整车性能和行车安全，设计中要考虑行车时的路况，所有安装饰件离地面的距离应不少于20cm。

4) 标准性原则

在设计时，应考虑国家的相关法律法规。

5) 美观性原则

在设计时，应考虑美观协调，要符合大多数消费者审美观念。

应用实例：科鲁兹大包围的安装

现以安装科鲁兹的大包围为例。该安装选择的是PU材料，不拆除原保险杠、外护板，泵把款车身大包围。

1. 安装前侧大包围实例

以前包围安装为例。

(1) 安装前，检验大包围。由两人各持大包围一端向相反方向用力使其产生变形，然后再缓慢松开，看其是否能恢复原来状态。若不能恢复成原来的形状，则说明大包围强度、韧性不够。若检验合格，做下面的工序。

(2) 首先如图2-6所示打磨掉大包围上的毛刺及易划伤漆面的杂质，并用吹尘枪吹掉车身表面的磨屑。为避免安装大包围时划伤原车漆面和喷涂操作，在原前保险杠的边缘粘贴遮盖纸，保护漆膜，为后续操作做好防护措施。

图2-6 打磨大包围毛刺

(3) 将前侧大包围放到车上对位试装，试装时注意观察与车身的贴合度，同时不能碰上车身，如图2-7所示。

图 2-7　试装大包围

(4) 若试装吻合，在大包围与车身贴合部位做好标记，为后续安装做准备。

(5) 清洁除油并擦干，之后在大包围的内侧涂胶，便于与车身贴合。

(6) 将处理好的前部大包围粘在前保险杠外面，并用双面纸胶带粘贴固定，固定时纸胶带应伸出大包围 3cm 左右，以便于去除。固定应从双侧开始，两边固定后向中间位置推平大包围。

(7) 观察固定好的大包围相对车身上下的位置，若不合适应将其调整至合适位置，并使用电钻进行钻孔，如图 2-8 所示。在钻好的孔内安装紧固螺钉，并将大包围完全固定。

图 2-8　在车身固定位置钻孔

(8) 对安装的大包围进行涂装作业，使其与车身颜色一致。如果后唇上有灯具，则连接灯具电线，这样一款泵把款的前围安装完成。安装后的效果如图 2-9 所示。

图 2-9　安装后的效果

侧裙和后侧大包围的安装与前侧安装方法相同。安装侧裙后效果如图2-10所示，安装后侧大包围效果如图2-11所示。

图2-10　侧裙安装后的效果

图2-11　后包围安装后效果

特别提示

(1) 建议车身大包围先安装后喷漆，切忌先喷漆后安装。

(2) 安装包围需要先对车打磨接缝，然后打孔上螺丝安装，装好后修补产品与车身的接缝和螺丝孔位。

2．大包围的制作步骤与方法

很多车主追求个性化，希望自己的爱车能够与众不同，下面以制作玻璃钢材料的大包围为例，讲述大包围的制作步骤和方法。

1) 做模

大包围的雏形也称为做模。先用玻璃钢根据安装车型制出基本形状，再用玻璃纤维在雏模上套出想要的模型。对靠模需作进一步的处理，去除毛刺，便可以投入生产和使用，经这种方法制出的模型称为主模。

2) 在主模上喷涂胶衣

在制作好的主模上均匀喷涂一层胶衣，这层胶衣能起到很好的脱模作用，同时产品的表面胶衣的颜色最后决定了成品的毛坯件的颜色。

3) 在胶衣上附着纤维

待胶衣晾干后，将事先裁好的纤维布附着在主模上，这时产品的形状基本完成。玻璃钢的车身大包围一般需要附着3～5层，等待几个小时后，待完全干透，可以从主模上将制好的大包围取下，即脱模完成。

4) 打磨表面并涂保护层

将制作好的大包围对其表面进行打磨，主要去除制作过程中产生的表面缺陷，如瑕疵、疤痕等，若不将缺陷去除，将不能保证使用的安全性。之后需用水砂纸进一步打毛，使其表面的保护漆层易于吸附，喷涂保护层待涂保护层干燥后该大包围制作彻底完成。

特别提示

选择玻璃钢材料作为大包围时,若需将原保险杠拆除,车主应慎重。因为玻璃钢的抗碰撞能力较差,原保险杠拆除后,将失去必要的保护,会影响安全性,而且车辆的重心也可能发生改变。

3. 车身大包围的选用原则

1) 后侧大包围选用原则

安装后侧大包围的车主在选择时不应选择一些距地面过低的款式,同时应考虑排气管产生的热量影响以防变形。

2) 前侧大包围选用原则

前侧大包围使车外形改观较大,安装量日益增长,但在选择安装时,尽量避免尖锐形状和太凸出的款式,否则容易引发一些不必要的事故。

3) 侧面裙边大包围选用原则

装上侧面包围后的车高与地面距离最低不能少于 9cm,催化遮热板与地面距离不能低于 5cm。

特别提示

选择安装大包围时应了解以下几点。
(1) 大包围对车辆外观改变影响较大,安装后不能影响原车安全性和散热能力。
(2) 不能因为安装大包围后产生车身刮地,进而影响车的使用。

4. 加装大包围注意事项

(1) 汽车是否加装大包围应根据使用情况决定,安装大包围的汽车不适宜经常在山路或者路况不好的条件下行驶。

(2) 安装应选用高质量的产品。大包围安装在车上,也就与车身成为一个整体,日常的磕碰在所难免,如果包围材质较差,脆性强,韧性差,刚性过大,擦碰时就很容易碎裂。

(3) 安装时,最好选用不需要拆掉原车保险杠就能安装的大包围,因为包围所用的材料抗撞击能力较差,选用将原保险杠包裹其中的大包围将不会影响车辆的使用安全和美观;但如果一定要选用拆掉原保险杠的大包围,可将原保险杠中的碰撞缓冲区移植到大包围中,以起到安全保护作用。

(4) 加装大包围应该到有经验的改装店去,因为这些改装店有制作各种包围的能力,大都会免费为车主修复不慎碰坏的包围。此外,目前已经有一些国产的大包围知名品牌,虽然价格贵一些,但品质却有所保证,有的品牌还为大包围提供了保险,免除了车主的后顾之忧。

特别提示

大包围的装饰属于汽车改装范畴,大包围的改装应先申请,审批后再操作。

任务 2.2　车顶天窗

知识目标	1. 了解车顶天窗的结构组成 2. 知道车顶天窗的作用及类别 3. 掌握车顶天窗安装及注意事项 4. 掌握天窗的保养
技能目标	1. 熟悉车顶天窗安装使用的工具和设备 2. 掌握安装天窗的方法

阅读资料

汽车开设天窗已经历时久远，但是早期汽车天窗在防漏、防震及耐久性等方面存在的不足影响了用户的信心。近几十年来，伴随着汽车天窗技术的飞速发展和人们对驾乘舒适性要求的不断提高，汽车天窗的性能和质量大大提高，并成为一种全球性的时尚热潮。事实上，汽车天窗流行的最主要因素不仅在于加装天窗对车辆外观具有的美化效果，而是汽车天窗具有实在的功用。人们越来越感受到汽车天窗安装于车顶，能够有效地使车内空气流通，增加新鲜空气进入量，能带来健康、舒适的享受。据悉，在美国每年就有28万辆汽车在购买后加装天窗，在韩国每年也有2万辆以上。

项目案例

车顶天窗可以很好地改变车内通风换气，保持车内空气新鲜畅通，使车内的空气清新舒适，缓解驾驶人员行车中的疲劳感。此外，车顶天窗可以使乘员的视野开阔，并且能够亲近自然、沐浴阳光，减轻被封在车厢内的压抑感。夏日里汽车在阳光下曝晒1小时后，车内温度可高达60℃，这时打开天窗比开空调降温速度快2～3倍，亦可节约能耗。天窗除了作为一个很好的换气设备，还可以使汽车变得更美观、更舒适。安装天窗后的效果如图2-12所示。

图2-12　汽车天窗

知识链接

1. 汽车天窗的作用

汽车天窗的作用很多，主要有以下方面。

(1) 增加轿车的美观度，提高汽车的档次和外观效果。

(2) 改善空气状况，保持车内新鲜空气充足。

(3) 快速行驶时，开车顶天窗易于保证车行驶的稳定性。

(4) 减少在车内长期密闭产生的压抑感。

(5) 夏季有利于车内温度的降低。

(6) 比空调降温速度快，并且降低能耗。

(7) 通风换气。春夏两季雨水多、湿度大，前风挡玻璃常有雾气，车内空气也容易污浊，这时打开天窗至后翘通风位置，顷刻间雾气消失，空气清新，又无雨水进入车内，给开车增加了舒适度与安全性。

(8) 有利于户外拍照、摄像和狩猎等活动。

2. 汽车天窗的工作原理

汽车天窗利用负压换气的工作原理，开启天窗后，车内产生负压，车内空气会被抽出，同时产生压力差，在进风口处新鲜的空气会被补入，通过这种先排气后进气的方式完成车内外空气的更换。

3. 天窗的分类

1) 按驱动方式分类

(1) 手动式。以手推拉开启和关闭的天窗称为手动式天窗。

(2) 电动式。以电机驱动进行开启和关闭的天窗称为电动式天窗。

2) 按面板材质分类

按面板材质分类，天窗有玻璃面板、金属面板和复合材料面板 3 种。

3) 按安装结构分类

(1) 外滑式天窗。外滑式天窗一般分为如图 2-13 所示的外滑手推式和如图 2-14 所示的外滑电动式天窗两种。其中外滑手推式以手为动力，先推起后滑动将天窗开启。关闭时，先滑至关闭时的位置，然后向下拉，直至完全关闭。外滑电动式以电机控制开启和闭合。外滑式天窗最大的优点就是不会牺牲车顶空间，且安装成本低，该天窗结构为目前大多数经济型轿车所选装，如夏利、捷达、富康、奥拓、普通桑塔纳等中小型轿车上安装选用较多。

图 2-13　外滑手推式天窗

图 2-14　外滑电动式天窗

(2) 敞篷式天窗。敞篷式天窗如图 2-15 所示。敞篷式天窗在开启时像折扇一样分段折叠在一起，在开启后天窗完全打开，敞开的空间大，结构紧凑。它使用三层高品质的特殊材料组合而成，起到防紫外线和隔热的双重效果。此款天窗个性化较强，追求个性的人选用较多。但此种天窗在防尘和密闭方面的性能较低，一般旅行轿车、软顶轿车选用较多。

图 2-15　敞篷式天窗

(3) 全开式智能型天窗。全开式智能型天窗如图 2-16 所示。全开式智能型天窗采用电机全自动控制，结构较复杂，但使用起来非常方便，此种天窗带有自动关闭防盗系统，当发动机熄火 3 秒后自动关闭并锁死天窗，具有防盗功能。

图 2-16　全开式智能型天窗

(4) 全景式天窗。全景式天窗如图 2-17 所示，它可以让人拥有更加充分的采光，甚至能够带来更明朗的心情，其主要特点是驾驶室内阳光通透，采光好，缓解因行车和工作带来的压力。全景式天窗主要安装在各品牌中高级车型和商务车型上，如新君越、雪铁龙大C4、标致 308SW 等。

图 2-17　全景式天窗

(5) 内藏式天窗。内藏式天窗如图 2-18 所示，整体的天窗结构隐藏于车顶的夹层中，可以提供外滑和向后滑动两种开启方式，在开启后可以保持不同的角度，需要占用一部分车顶空间。内藏式天窗一般采用绿水晶玻璃制造，可有效阻隔紫外线达 99.9%左右，阻隔热量达 96%以上；同时因开启时成一定角度，有防夹和自动关闭功能，并配有独立的内藏式太阳挡板。此类天窗多用于别克、桑塔纳 2000、帕萨特、奥迪、红旗等中高档的轿车上。

(6) 滑动式机舱型天窗。滑动式机舱型天窗如图 2-19 所示，结构较复杂，有下框架和上框架，在下框架的两侧设有滑道，滑道上开槽；在上框架两侧安装滑轮，滑轮嵌入滑道的凹槽内。该种天窗简单可靠，造型新颖，设计严谨，滑道安装方便，天窗可以在水平方向灵活开启闭合，不承受风的阻力，开启关闭简单方便，无需支撑杆定位，安全可靠，主要缺点是在接口处有较大的风噪声。滑动式机舱型天窗多安装在多功能单厢车、变型车、商务功能车上。

图 2-18　内藏式天窗

图 2-19　滑动式机舱型天窗

(7) 方格型天窗。方格型天窗如图 2-20 所示，它是半自动式天窗，两排方格布置在车顶的两边上，多用于多功能车型或变形车型等，例如日本五十铃 Kai 汽车的天窗、风行菱智、欧宝赛飞利和奔驰 B 级。

图 2-20　方格型天窗

4. 电动天窗的组成

电动天窗如图 2-21 所示，它主要由滑动机构、驱动机构、控制系统和开关等组成，此类天窗档次较高，价格较贵，安装时由于要走线，安装难度较大。

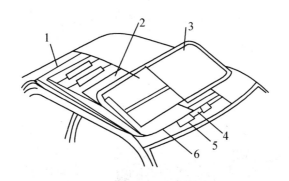

图 2-21　汽车电动天窗的系统组成

1—支架；2—遮阳板；3—天窗玻璃；4—电动机及驱动齿轮；5—控制机构；6—滑动螺杆

1) 滑动机构

电动天窗滑动机构如图 2-22 所示，主要由导向块、托架、导向槽、导向销、连杆、天窗玻璃和前、后枕座等构成。当滑动机构受到驱动机构的驱动作用后，通过后枕座、连杆使导向销沿导向槽的轨迹滑动，完成天窗玻璃开启和闭合动作。

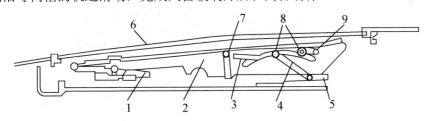

图 2-22　滑动机构的组成

1—前枕座；2—托架；3、9—导向槽；4—连杆；
5—后枕座；6—天窗玻璃；7—导向块；8—导向销

2) 驱动机构

驱动机构主要由电动机、传动机构、滑动螺杆等组成。其中主要依靠电动机提供动力源，由电流方向的改变带动天窗托架的旋转，实现天窗的开启和闭合动作。滑动螺杆的作用是将传动机构传来的动力传给后枕座，使滑动机构带动天窗玻璃开闭。

3) 控制系统

控制系统也称为 ECU，由一个数字控制电路、定时器、蜂鸣器和继电器等组成。控制系统接收开关输入的信号，将数字信号转变成逻辑信号，确定继电器的动作，以控制天窗开闭。

4) 开关

电动天窗的开关由控制开关和限位开关组成。

应用实例：车顶天窗的安装与保养

1. 车顶天窗安装过程

现以大宇开天窗为例。天窗型号：德国伟巴斯特豪华电动内藏式，可内滑和向外倾斜，配有防紫外线绿水晶玻璃、全自动荧光按键、独立的内藏式太阳挡板，具有智能操作、防夹安全、断电自动关闭、电脑记忆等功能。车主和店家商议好安装天窗的事宜后，把车开到安装车间。车主、检验人员、工作人员一同检测车身，把车身划痕和缺陷记录下来，然后由车主签名之后开始改装。

(1) 准备工具和材料。安装人员按照车主的选用准备好预安的天窗，经检验合格准备安装。

(2) 为避免弄脏或损伤驾驶室室内部件，遮盖室内，如图 2-23 所示。

图 2-23　遮盖

(3) 按照说明书的说明进行安装定位，按照说明书上的要求选定合适的位置，并在车身进行画线。在外部定位如图 2-24 所示，内部定位度量如图 2-25 所示。

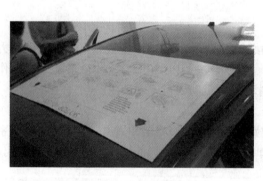

图 2-24　定位　　　　　　　　　　图 2-25　内饰定位度量

(4) 在车身外部按照画好的位置安装定位螺栓，如图 2-26 所示。定位螺栓应穿过车身外钢板和内饰板。

(5) 如图 2-27 所示裁剪内饰板定位纸。内饰板定位纸在天窗外包装盒上印刷，安装人员必须沿着线条剪裁下来，并准备如图 2-28 所示的外框架。

图 2-26 安装定位螺栓

图 2-27 裁剪内饰板定位纸

图 2-28 天窗外框架

(6) 按照内饰板定位纸裁切内饰车顶板。内饰板由一层纤维板和嵌镶的一块橡胶皮制成，裁切起来易于操作，同时去除车顶的防振胶。裁切内饰板后的效果如图 2-29 所示。

图 2-29 裁切内饰板后的效果

(7) 准备裁切车顶。裁切车顶之前先在车顶上用电动切割机预开圆口如图 2-30 所示，以防切割时损坏车顶板。

图 2-30 车顶切圆口

(8) 切割车顶，从圆口开始沿着车顶画的定位线进行裁切，如图 2-31 所示。

(9) 对车顶裁切后的部位使用打磨工具研磨边缘，把尖角部位的边缘磨平，之后修整安装边缘，如图 2-32 所示。

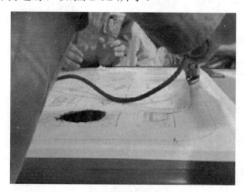

图 2-31 切割车顶

图 2-32 修整安装边缘

(10) 切割完成，安装人员对车顶内外进行检查确保无误后，如图 2-33 所示使用吸尘机和除尘枪进行清理切屑，在铁皮剪裁边缘涂上防锈漆，如图 2-34 所示。

图 2-33 清除内部切屑

图 2-34 涂防锈漆

(11) 涂完防锈漆后，待其完全干燥，安装天窗框架，如图 2-35 所示，并将内外框架压紧，之后用锁紧螺钉锁牢，以防晃动和脱落。基本的框架安装完成后安装内侧装饰面板，内侧装饰面板的选择应与原车的内饰风格相统一。

(12) 安装完成后，应反复调试确保万无一失之后才可以安装天窗主体部分，如图 2-36 所示。安装主体时，应注意调试天窗的水平面使之平衡。

图 2-35　安装天窗外框架

图 2-36　安装天窗主体部分

(13) 安装完成后，对车内外部车体部分进行清洁，安装之后的效果如图 2-37 所示。

(14) 淋雨实验如图 2-38 所示，对安装后的车顶天窗进行密封性淋水试验，淋水后证明安装无误，可以交车。

图 2-37　安装后的效果

图 2-38　淋水测试天窗的密封性

特别提示

(1) 安装天窗是一项技术性很强的工程，对工具、场地、材料、安装人员素质等有很高要求，所以一定要选择专业化、服务好、有一定知名度和完善售后服务的企业安装。

(2) 对于新加装的天窗，要想保证正常使用，并且尽量降低故障率，就得保证合格的产品、专业化安装、正确使用和定期保养维护。

(3) 天窗安装完后一定要做密封性测试才能使用，不然雨天或者冬季会产生令车主烦心的一些事宜。

2. 汽车天窗的选择依据

汽车天窗的品种较多，但都是生产厂家按车型配套设计制造的，目前国内外都有天窗的生产厂家和产品供应，可供选择。

1) 按车型选择

目前市场上的天窗基本上都是按车型配套的，所以首先应按车型进行选择，一般在同类天窗中有标准性、经济型及豪华型等区分。选择天窗必须与车型配套协调，高档车应选用豪华型天窗，若低档车选用豪华天窗，则天窗会出现许多多余的功能，既不协调也不经济。

2) 按照品牌选择

选择天窗品牌要熟悉市场，擦亮眼睛，市面上的天窗质量参差不齐，有的会带有"先天缺陷"，由于天窗对技术、材料和加工工艺的要求很高，在选择天窗时一定要谨慎，务必选择质量好、工艺成熟、在国内外市场上有一定知名度的天窗。其中德国/荷兰生产的韦巴斯特豪华牌、德国的美驰、荷兰的伊纳帕、意大利的奥泰克都是比较知名的品牌。

3) 按照质量选择

天窗的质量是保证正常使用的关键，挑选时应从天窗的外观、框架刚度、机械结构及电控装置等方面综合考虑，高质量的天窗应刚度较好、结构合理、工艺精湛、使用顺畅。

4) 按照规格选择

对于不同规格的天窗，建议选取比较大一点的，天窗安装后边框距离纵梁较近，安全稳定性较高。若尺寸太小，易产生中间刚度下降的现象。

5) 按照安装企业规模和信誉选择

一定要选择正规厂家生产的合格天窗进行改装，正规的天窗生产厂家对汽车结构安全都有自己的专利技术，能够保证车辆在加装天窗后结构安全。

特别提示

(1) 选择服务信誉好的店家，这样安装后的保修、保养及零配件更换能够得到保障。

(2) 天窗安装完毕后看看店家是否做淋水试验。

(3) 一定要向店家索要保修凭证。天窗的保修期一般为1～3年。

3. 加装天窗注意事项

(1) 安装汽车天窗是一项非常精细的工作，安装过程中不能受到外界影响，最好在固定的车间安装。

(2) 要使用专用安装工具，如电动切割机、打磨工具等。如果天窗切口处理得不好会直接影响到汽车今后的防水性能。

(3) 天窗内外两层框架的贴合密封是关键技术，要边合并边做密封处理，只有安装得科学合理，才不会发生漏水现象。内藏式天窗一般在边框上有4～6个固定支撑点，用螺钉固定在车门纵梁上，无需车顶承重。外掀式天窗安装后一般至少要用12～16个螺钉将天窗的内外框架夹紧在车顶上，使天窗与车顶基本联成一体。

(4) 吉普车、跑车等特殊的车型不适合后加天窗。由于吉普车和跑车的车顶有相对复杂的钣金结构，有的汽车车顶还有空调管路、电路、灯具等设备，所以这些车辆一般不具备后加天窗的条件。

4. 天窗的使用与保养

1) 天窗的使用

(1) 遇到下雨时，不要开启天窗，等雨停后风把天窗上的水吹干之后再开启天窗。

(2) 天窗的玻璃板有的是用绿水晶玻璃板制作的，有的镀制了防热层，不可用黏性的玻璃清洁剂清洗玻璃。

(3) 在极为颠簸的道路上最好不要完全滑开天窗，否则可能因天窗和滑轨之间振动太大而引起相关部件变形甚至使电机损坏。

特别提示

天窗在使用中应注意以下几点。

(1) 汽车被冰雪覆盖，打开天窗之前一定要确保天窗彻底解冻。因车内温度较高，会使天窗周围冰雪融化，隔夜后极易使天窗玻璃与密封胶框冻住，如强行打开天窗，易使天窗电机及橡胶密封条损坏，要待车内温度上升，确认完全解冻后再打开天窗。

(2) 北方风沙大的地区，天窗的滑轨、缝隙中一般会积上不少尘土，如不定期清理，则会磨损天窗各部件，清理后涂抹少许机油润滑。

(3) 冬季洗车后要做好天窗防冻工作。冬季洗车无论是用冷水还是热水，只要没有完全擦净，车辆在行驶中天窗边缘残留的水分都有可能会结冰，确保擦干天窗周围所有部位，以防产生冰冻现象。另外，因天窗密封条表面进行了喷漆或植绒处理，为避免冻住，喷漆处理胶条最好用软布擦干，再涂上些滑石粉，而植绒处理胶条擦干即可，切勿粘上油污。

2) 天窗的保养

(1) 天窗玻璃板是由高弹性、防磨损的橡胶密封垫圈密封的，至少每 2～3 个月用润湿的海绵对密封垫圈清洁一次，保持其干净。经常涂抹一些细腻的滑石粉在橡胶密封圈上进行保养，可延长密封圈的使用寿命。

(2) 天窗活动部分每隔 3 个月左右需要用润滑油或润滑剂进行适当润滑，可以防止滑动部分和管道在运动过程中过早地磨损，以及其他不正常的天窗故障，但在使用润滑剂时，千万不要使用容易吸附或沾染灰尘的黄油之类的润滑剂。

(3) 当天窗打开时，轨道暴露在空气中，难免堆积粉尘，甚至跑进小沙粒，轨道容易磨损甚至变形，影响天窗的滑动，定期用气枪吹净轨道也是保护天窗的一个好方法。

任务 2.3　氙气灯的改装

知识目标	1. 了解氙气大灯的工作原理 2. 知道氙气大灯的特点及组成 3. 掌握氙气大灯的安装及注意事项 4. 掌握氙气灯的选用原则
技能目标	1. 熟悉氙气大灯安装工具和设备 2. 掌握氙气大灯的安装方法

阅读资料

自从德国宝马公司于 1991 年发布关于汽车氙气灯的使用原理后，飞利浦公司也花费了 5 年时间研制出氙气灯。从 1995 年新款奔驰 E 级轿车最早应用 HID 氙气灯开始到现在，全球已超过 2000 多万辆汽车安装了氙气灯。同时氙气灯在欧美及东南亚一些地区快速风靡起来，并被誉为 21 世纪革命性汽车照明产品。HID 氙气灯的亮度是卤钨灯亮度近 3 倍以上，照明时色泽好、色温穿透力强、光照远、使用性能稳定。目前在欧洲对 HID 氙气灯的需求正以每年 13%的速度增长。在日本，中、高档车普遍安装了 HID 氙气大灯，而在香港这种氙气车灯更为普及，国产车中中高档的车出厂时就会配置 HID 氙气灯。

项目案例

早期汽车大灯用的都是卤素灯，灯光昏黄，对于夜晚行车无论是安全性和行驶舒适性都较差，而氙气车灯发出白光，亮度较好，对于夜晚行车很大程度上提高了行车安全性和舒适性。针对这种情况，张先生对自己的爱车进行了氙气灯的改装，改装前照明效果如图 2-39 所示，改装后照明效果如图 2-40 所示。

图 2-39　改装前效果

图 2-40　改装后的效果

知识链接

1. 氙气灯的工作原理

氙气灯是依靠瞬间高压激发氙气放电的新型大灯，又称高强度放电式气体灯，英文简称 HID(High Intensity Discharge)，氙气灯打破了爱迪生发明的钨丝发光原理，在石英灯管内填充高压惰性气体——Xenon 氙气，取代传统的灯丝，在两段电极上有水银和碳素化合物，透过安定器以 23000 伏高压刺激氙气发光，在两极间形成完美的白色电弧，发出的光接近非常完美的太阳光。

2. HID 氙气灯型号

目前 HID 按灯头型号分为 H 系列、90 系列和 D 系列。

H 系列主要有 H1、H3、H4、H6、H7、H8、H9、H10、H11、H13 等。

90 系列主要有 9004(HB1)、9005(HB3)、9006(HB4)、9007(HB5)等。

D 系列主要有 D1S、D1C、D1R、D2R、D1C、D2C、D3C、D4C 等。

在汽车 HID 中应用较多的是 H1、H4、H7、9005、9006、9007 等型号。

3. 氙气灯(HID)的性能特点

1) 氙气灯(HID)的性能优点

(1) 亮度高，拥有超长及超广角的宽广视野，可比传统卤钨灯提升 3 倍以上，为行车者带来舒适感，视野更清晰，可大大减少行车事故率。

(2) 光照范围更广，光照强度更大，大大地改善了驾驶的安全性和舒适性。

(3) 使用寿命长，约为3000小时，大幅度超越汽车夜间行驶的总时数。

(4) 节电性能强，减轻汽车电力系统的负荷，提高了车辆性能，节约能源。

(5) 色温性好，色温在4300～12000K之间都可选用，其中6000K接近日光，深受广大用户的好评，而卤钨灯只有3000K，光色暗淡发红。

(6) 恒定输出，安全可靠，当汽车的供电系统和电池出现故障时，安定器自动关闭停止工作。

2) 氙气灯(HID)的性能缺点

(1) 光效低。

(2) 发热厉害，容易烧断灯丝。

(3) 工作电流大。

(4) 色温不可调节。

4. 氙气灯和卤钨灯的区别

氙气灯的亮度高出卤钨灯亮度3倍以上，对提升夜间及雾中驾驶视线清晰度有明显的效果。氙气灯和卤钨灯亮度对比效果如图2-41所示。氙气灯发射的光通量是卤钨灯的2倍以上，同时电能转化为光能的效率也比卤钨灯提高70%以上，所以氙气灯具有比较高的光能量密度和光照强度，而运行时电流仅为卤钨灯的一半。氙气灯和卤钨灯性能差异见表2-1。

表2-1 氙气灯和卤钨灯性能差异

	标准卤钨灯	氙气灯	差异性
外罩材料	普通石英玻璃	防紫外线石英玻璃	氙气灯外罩滤光效果好
发光方式	钨丝通电燃烧发光	电极激发氙气发光	钨丝通电后高温发热易烧毁，瞬间熄灭；氙气灯氙气用完后逐渐变暗，最后熄灭
色温	2000～3000K	4300～10000K	6000K色温接近日光，人眼易于接受，不易产生疲劳，安全性高；而卤钨灯较差
照明亮度	1000流明	3200流明	氙气灯的亮度是卤钨灯的3倍左右
消耗电能	55～65W/5.5A	35W/3A	氙气灯较卤钨灯省电近1/2
使用寿命	280～400h	3000～3500h	氙气灯使用寿命是卤钨灯的10倍左右

图2-41 氙气灯和卤钨灯亮度效果对比

5. 氙气灯的组成

标准氙气灯主要由一对高压稳定器、一对 HID 灯泡、一对电源适配线及其附件组成，如图 2-42 所示。

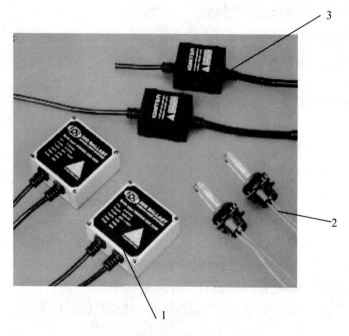

图 2-42　氙气灯的组成

1—高压稳定器；2—HID 灯泡；3—电源适配器

1) 高压稳定器

高压稳定器可接收高电压输入，可以自动断电以防意外或短路发生，阻绝高电压触电的危险；工作温度范围广，可在-40～105℃之间工作，可承受引擎室内常态性的高温，降低因温度过高而发生故障的几率。

2) HID 灯泡

HID 灯泡通过精准聚焦检测光形，避免造成来车眩光；采用耐高温材质的灯座，避免灯具发生雾化；灯管精巧设计，防止灯管过长接触灯具而造成短路。

3) 电源适配器

电源适配器一般由外壳、电源变压器和整流电路组成。

应用实例：大众汽车卤钨灯改装氙气灯

现在以大众汽车卤钨灯选用海拉 H4 氙气灯为例，改装前照明灯为黄色暖光，改装后为白光，选用色温 4300K 的氙气灯。安装前后效果如图 2-43 所示。

1. 氙气灯安装实例

(1) 拆大灯。拆大灯之前应先观察相连部件，影响大灯拆装的部件应先拆除，如图 2-44 所示。拆大灯时注意不要损坏大灯及相连部件。

图 2-43　改装前后效果

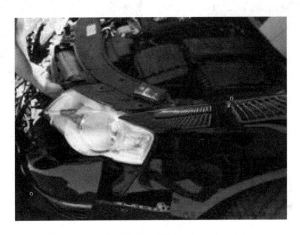

图 2-44　拆大灯

(2) 拆前罩。将拆下的大灯外侧前端塑料面罩拆下，拆之前先拆相连的螺丝和弹簧等部件。拆装时可用放在恒温箱中加热 10～15 分钟，待密封胶软化后用一字型螺丝刀撬起并趁热去除粘在表面的密封胶。

特别提示

注意清理时不要弄脏或刮坏反光罩。

(3) 安装氙气灯。安装时应戴干净的棉手套以防弄脏氙气灯。将事先选好的氙气灯取下灯泡、固定环、弹性介圈、定位圈，将氙气灯安装在原大灯罩上，并按照安装指示顺序进行安装，安装完灯泡顺次安装定位圈、弹性介圈和固定环，并用卡簧钳锁紧，注意固定环和所选灯泡型号应匹配。

(4) 安装灯泡后测试。将选好的氙气灯正负极和电源适配器的正负极接通测试安定器和灯泡质量是否正常，同时检查光照效果是否符合要求。

(5) 检查凸透镜是否有脏污及指纹痕，若有指纹痕或脏物应及时去除，检查时不能直视灯光和凸透镜，应和凸透镜呈一角度以防伤及眼睛。

(6) 在灯罩防水罩上开孔以备穿插电路引出线。

(7) 将前灯罩和灯体用密封胶密封，待胶完全干燥后去除多余的胶，并清理干净。

(8) 连接线组，安装大灯。如图 2-45 所示连接线，按照说明要求正确连接线组，并检查准确无误后安装防尘罩，注意大灯型号不同，防尘罩也不同。将组装好的氙气灯安装到改装的车身上，如图 2-46 所示。

图 2-45　氙气灯布线　　　　　　　图 2-46　安装氙气灯

(9) 在车身选取适当位置固定安定器和电源适配器，并将线路布置美观，远离高温潮湿的部位。

(10) 安装后检查。对安装后的氙气灯做整体检查，如连线、接头，以及工具是否有遗漏到发动机舱等，确保准确无误后，通过灯光调试后可以交车。改装后夜晚效果如图 2-47 所示。

图 2-47　安装后夜晚效果

2. 氙气灯的选用依据

氙气灯是高科技产品，工艺非常复杂，在夜晚行车中直接影响行车的安全性，因此质量要求极其严格。

(1) 分辨制造厂家的真伪。可通过查找 CE、EMARK、ISO9001、TS16949 等标识辨别是否为正规产品。

特别提示

(1) 证书可以在网上核实真伪。
(2) 证书所标明的信息应一致。

(2) 通过查找资料了解产品的厂家信息，辨别真伪。

如国外有荷兰飞利浦(PHILIPS)，德国欧司朗(OSRAM)，美国 GE 三家公司在做氙气大灯。

(3) 观察实物做工的工艺细节，比如灯的两端电极是否压封牢靠，安定器接线口的极性标注、防水设计等。

3. 氙气灯安装注意事项

(1) 先将要安装的氙气灯系统用蓄电池点亮，查看是否有损坏。
(2) 检查氙气灯安装后距离灯罩的距离是否太近，该距离应大于 5cm。
(3) 安装时应注意安定器的电源端与车子的电源端极性相同。
(4) 尽量将安定器及触发器安装到通风良好的地方。
(5) 检查各接口的状况，注意接口是否牢固，并做好电线接口绝缘和防水处理。
(6) 氙气灯的照明系统会产生强烈光束，请不要直视光源，安装后请检查大灯照射角度，必要时使用大灯调节专业仪器调整照射角度，以免造成对面来车产生眩光，影响驾驶安全。

特别提示

(1) HID 系统在启动时会产生高电压(2.3 万伏以上)，安装、拆卸时请注意。
(2) 绝对不要用手触摸氙气灯玻璃体，因为手上的汗液和污物附着在玻璃体上会导致灯泡散热不均匀，影响寿命，甚至引起爆裂。
(3) 注意不要刮伤及损坏低压陶瓷管和灯泡体。
(4) 车上的电源端红色为正极，黑色为负极。
(5) 安定器一定要安装牢固，并且定期检查是否松动脱落，以免出现接触不良，影响使用。
(6) 安装氙气灯系统时，建议将左右大灯保险丝提高安培数，提高到 10～15A。

4. 安装安定器的注意事项

(1) 安定器不要安装在高温发热体旁边，应选择易于散热的地方，如安装在保险杠上。
(2) 安装时应远离水箱或有水通过的地方，防止因过度的潮湿导致安定器漏电和老化。
(3) 安定器的高压线部分不建议缠绕，以免产生过大的磁场而影响汽车其他的电器设备。
(4) 安定器接线处应向下安装，尽可能防止因雨天或洗车时的过多雨水流入安定器内部。

安装线路如图 2-48 所示。

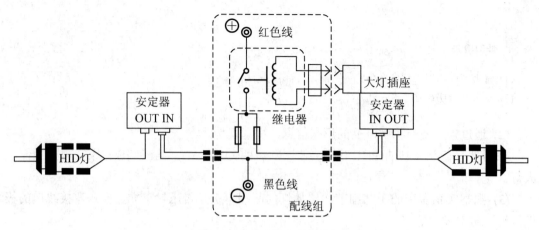

图 2-48　安定器安装线路图

**特别提示**

安定器在使用之前应辨别是否有损伤。辨别方法如下：

(1) 目视电源线组及控制线组、高压线组是否有被破坏或损坏情形。

(2) 目视触发器是否有被破坏或损坏及漏胶情形。

(3) 目视安定器本体是否有被破坏或损坏及漏胶情形。

5. 氙气灯的安装前测试

1) 安定器的测试

(1) 取一只好的氙气灯，作为测试安定器的基准。

(2) 准备一台电源适配器，将其电压调整到12V作测试基准电压。

(3) 将所有配线均先接妥，并确定正负极是否连接正确，之后开启电源测试完好灯泡是否会点亮。

(4) 如果开启电源无法点亮氙气灯，则表示安定器已损坏；如果开启电源点亮氙气灯，则表示安定器完好。

(5) 检查电源输入电流为多少，来判定安定器的功能是否正常，正常输入电流范围为3～5A，超出此范围可能安定器有问题。

2) 氙气灯灯泡测试

(1) 取一只好的安定器，作为测试氙气灯的基准。

(2) 准备一台电源适配器，将其电压调整到12V作测试基准电压。

(3) 将所有配线均先接妥，并确定正负极，开启电源测试灯泡是否会点亮。如果开启电源无法点亮氙气灯，则表示氙气灯泡系统已损坏。

6. 氙气灯用户使用注意事项

(1) 不要频繁、快速开关大灯，以免高压来回冲击造成氙气灯系统中安定器保护损坏，同时降低氙气灯使用寿命。

(2) 如果出现点灯不亮或者一只灯亮的情况,可能是氙气灯系统在点亮的瞬间需要比较大的电流,原车系统不能快速提供所需电流所致。

(3) 请勿经常冲洗汽车的引擎室包括氙气灯系统,氙气灯开灯瞬间需要高压和高电流,以免残留水渍导致漏电。

(4) 定期清洁灯具,保证氙气灯的使用功效,但不要在使用完车灯后立即清洗,由于光源在使用中会产生热量,所以请在使用后关灯 15 分钟再洗车,以避免损害灯具影响使用。

(5) 氙气灯照明系统会产生强烈的光源,请不要直视光源。

任务 2.4　扰流板及导流板

知识目标	1. 了解车身扰流板和导流板的工作原理 2. 知道车身扰流板及导流板的作用 3. 掌握车身扰流板及导流板安装过程及注意事项
技能目标	1. 熟悉车身扰流板及导流板安装使用工具和设备 2. 掌握车身扰流板及导流板安装方法

阅读资料

现代轿车的运行速度越来越快,为了减少轿车在高速行驶时所产生的升力,汽车设计师在轿车外型方面做了改进,将车身整体向前下方倾斜,还在轿车前端的保险杠下方装上向下倾斜的连接板,这就是降低车高速行驶升力的扰流板和提高行车稳定性的导流板。

项目案例

如图 2-49 所示,为了减少轿车在高速行驶时所产生的升力,在轿车行李箱盖上后端做成像鸭尾似的突出物,将从车顶冲下来的气流阻滞一下形成向下的作用力,这种突出物就是扰流板。导流板限制空气流过下部车身,使空气的流动阻力降低,而且使前部的车轮不致抬起。

图 2-49　后侧加装尾翼和导流板

知识链接

1. 导流板和扰流板的应用原理

1) 导流板的定义

汽车导流板如图 2-50 所示,它是指与车身前裙板连成一体,中间开有合适的进风口以加大气流度,减低车底气压的连接板。

图 2-50　汽车导流板

2) 扰流板的定义

汽车扰流板如图 2-51 所示,它是安装在轿车行李箱盖上后端做成象鸭尾似的突出物,将从车顶冲下来的气流阻滞形成向下的作用力,俗称"汽车尾翼",主要包括减速板、水平安定面配平操纵系统及后缘襟翼、前缘增升装置等。

图 2-51　汽车扰流板

3) 导流板和扰流板的产生背景

据德国奥迪公司风洞试验的结果表明:当汽车时速超过 60km/h 时,空气阻力就会大量消耗发动机的能量,影响车速。随着高速公路的快速发展,现今汽车的时速已达 100km/h 左右,车速越快,阻力越大,升力也就随之增大,其上升气流会将汽车托起,减少车轮与地面附着力,使汽车飘浮,稳定性变差,易发生交通事故。此时可利用扰流板的倾斜度,使风力直接产生向下的压力,如 F1 赛车尾部的扰流板一般倾斜 15°,高速行驶时可产生达 1000kg 以上的压力,缺点是增加了风阻,如 F1 的风阻系数接近 1.0(一般轿车为 0.3~0.5)。升力与风阻一样,与车速的平方成正比,也就是说,汽车时速 120km 的升力,是时速 60km 的 4 倍,是时速 40km 的 9 倍。因此世界各国汽车制造厂商相继致力于研究开发汽车风阻的新技术。过去我国在轿车使用中比较忽视导流板和扰流板的安装,近几年,随着我国大批高速公路的使用,车速有了较大的提高,汽车尾翼的作用显得越来越重要。以排气量为 1.8L 的一台轿车为例,如果装上合适的尾翼,空气阻力系数降低约 20%,在城市道路上行驶,耗油量减少并不明显。如果在高速公路上,以 100km/h 的速度行驶,则能省油 7~10% 左右,此时汽车尾翼的作用就很明显。

4) 导流板和扰流板的应用原理

汽车导流板和扰流板都是根据空气动力学原理设计的,汽车在高速公路上行驶时会遇到空气阻力，围绕汽车重心同时产生纵向、侧向和垂直上升 3 个方向的空气动力能，为了有效地减少并克服汽车高速行驶时空气阻力的影响，人们设计使用了汽车导流板和扰流板，其目的是使空气对汽车产生第四种对地面的附着力，它能抵消一部分升力，有效控制汽车上浮，使风阻系数相应减小，使汽车能紧贴地面行驶，从而提高行驶的稳定性。

2. 导流板和扰流板的作用

1) 导流板的作用

(1) 增加车身前端流线型，提高美观度。

(2) 降低车行驶的升力，提高行驶稳定性。

(3) 引导气流冲刷车的底部，在雨天过后，车身底部位置不会有过多污泥淤积。

2) 扰流板的作用

(1) 增加车身的个性化。

(2) 降低行驶时车发生飘移的可能性，提高高速行驶时的稳定性。

(3) 降低高速行驶时的油耗量。

3. 扰流板的类型

1) 玻璃钢尾翼

玻璃钢尾翼如图 2-52 所示，俗称树脂尾翼，比较好做造型，因此造型多样，有鸭舌状的、机翼状的，也有直板式的，不过玻璃钢材质比较脆，韧性和刚性都不大，价格比较便宜。

图 2-52 玻璃钢尾翼

2) 铝合金尾翼

铝合金尾翼如图 2-53 所示，俗称 ABS 尾翼，导流和散热效果较好，价格适中，不过重量要比其他材质的尾翼稍重些。

图 2-53 铝合金尾翼

3) 碳纤维尾翼

碳纤维尾翼如图 2-54 所示，它的刚性和耐久性都非常好，不仅重量轻而且美观，广泛应用在 F1 赛车上，价格当然也是 3 种中最昂贵的。

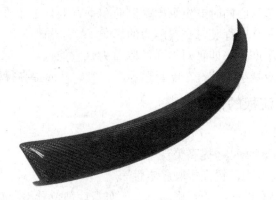

图 2-54　碳纤维尾翼

应用实例：马自达安装碳纤维尾翼

现在以马自达打孔安装碳纤维尾翼为例，安装后效果如图 2-55 所示。

图 2-55　马自达安装碳纤维尾翼效果图

1. 马自达打孔安装碳纤维尾翼步骤

(1) 选择图 2-56 所示的碳纤维尾翼。按照形状及安装过程选择电钻、螺丝刀等工具。

(2) 清洗车身后备箱盖上的安装部位和选用的待安装尾翼，可用清洗剂擦洗行李箱盖板并擦干，保持干净整洁。

图 2-56　碳纤维尾翼

(3) 按安装要求，在后备箱盖上做好安装位置的标记，并用电钻在标记处钻孔。

(4) 安装尾翼并在行李箱盖的安装孔与尾翼的接合处涂上硅胶，以防漏水。

(5) 将固定螺钉由行李箱内侧向外固定并锁紧。

(6) 为了提高防水的可靠性，固定后，在固定架周围注入透明硅胶。

2. 导流板的安装

(1) 拆下前保险杠下部的车身板件。

(2) 在前保险杠的下面换上新导流板，并与两个轮罩对中，还要保证导流板前面的上缘落在前板的里边。

(3) 用虎钳固定夹持导流板的边角，锁紧到轮罩上。

(4) 将前车身板件的安装孔用划线方法转到导流板上。

(5) 用划线方法将导流板端部的安装孔转到轮罩上。

(6) 用 6.35mm 的钻头钻 6 个孔，穿过金属薄板和导流板。

(7) 用螺栓松弛地将导流板安装就位，检查是否正确对中，对中后拧紧所有的 6 个紧固件，安装之后效果如图 2-57 所示。

图 2-57 导流板安装效果

3. 导流板和扰流板的选择原则

(1) 导流板和扰流板的形状尺寸与车型有关，选择时，应按车型要求尽量选用与车型相配套的导流板和扰流板。

(2) 若无配套的导流板和扰流板，可按产品说明书和车型状况尽量选用与车型相近的。

(3) 扰流板按工作方式分为手动可调和自动调节，尽量选择手动可调的，成本低且易于操作。

(4) 扰流板的安装目前有粘贴和打孔两种常用方法。一般情况下，如果只是在城市街道速度不超过 100km/h 时可选用粘贴方法，更换和拆除起来十分方便。若经常在高速环境行驶，过高的车速可能导致尾翼脱离，造成险情，尽量选用打孔方式。一般情况下，具有运动气息外观的车比较适合安装尾翼，会让爱车更具流线型，更有动感。例如马自达 6、翼神、马自达 3、雨燕等，图 2-58 所示为马自达安装的原厂尾翼。

图 2-58　马自达安装的原厂尾翼

任务 2.5　车身辅助装饰

知识目标	1. 了解车身外部装饰的其他附件 2. 知道各外部附件装饰的作用
技能目标	掌握各外部辅助装饰的方法

阅读资料

车如其人，好多车主对汽车就像对待自己一样，注重个性以及美观，例如进行轮毂的装饰和底盘的防护装饰以及车身粘贴一些改色膜等。

知识链接

1. 车轮饰盖的装饰

普通的汽车轮胎钢圈在使用中经常被刮花影响美观，轮胎装饰盖外形各异，安装简单，彰显个性，可以将普通钢圈表面彻底遮盖。

1) 车轮饰盖作用

车轮饰盖如图 2-59 所示，它安装在汽车车轮外部醒目位置，属于比较重要的外装饰件，一般使用塑料经注塑成型，再在表面涂装成漂亮的颜色。

车轮饰盖的主要功能是使轮毂翼子板在受轻微或中度碰撞时，将伤痕减至最低程度，另一个功能是起装饰作用，可使车身外表锦上添花。

2) 对车轮饰盖的要求

(1) 造型优美。车轮饰盖安装位置醒目，如果造型不好，会降低整车装饰档次。

(2) 质量可靠，必须有足够的强度，结构可靠，装卡牢固，不能轻易脱落。如果饰盖容易破裂或者安装不牢导致脱落将会引起安全事故。特别是在城市道路上，车况较复杂，飞落的饰盖易碰伤其他车辆或行人。

图 2-59 车轮饰盖

(3) 车轮饰盖和车身整体颜色协调。车轮有颜色，整车也有各种颜色，要求装饰的饰盖颜色与车轮和整车颜色协调一致，达到和谐美观的效果。

3) 车轮饰盖的类型

车轮饰盖材料主要有铝合金盖和塑料盖两种。

(1) 铝合金。铝合金车轮饰盖有闪亮的金属光泽，有各种各样的外形，但价格较高。

(2) 塑料盖。经电镀的塑料车轮饰盖具有较好的装饰效果，价格也便宜得多，因此应用较广泛。

4) 车轮饰盖的安装

轮毂饰片的安装方法一般有用螺钉或拉拔铆钉固定法和黏结法两种。

(1) 用螺钉或拉拔铆钉固定法。在轮毂饰片上一般都有安装小孔，这是为采用螺钉固定法而设置的安装孔。

① 在安装前，需对安装部位进行清洗，擦拭轮毂饰片，去除尘土、污物，保持清洁干燥。

② 对照轮毂饰片上的安装小孔，在翼子板凸缘上钻安装孔，去除孔边上的毛刺。

③ 在翼子板和轮毂饰片安装部位的相应位置涂上硅胶，以免产生锈蚀。这种安装方法对用金属材料制作的轮毂饰件很适用。

(2) 粘贴法安装。有的轮毂饰片是用保护膜之类的塑料制作的，有的是不干胶产品。对这样的轮毂饰片，用粘贴方法安装非常简便。

① 先将安装轮毂饰膜部位擦拭干净，清除污物、尘垢，并使表面干燥。

② 撕掉轮毂饰膜上的衬纸，将轮毂饰膜平整地贴在轮毂上。

2. 防撞胶条装饰

1) 防撞胶条安装位置及作用

防撞胶条粘贴在汽车前后保险杠的 4 个转角处，主要起到车身碰撞或划擦时对车身保险杠转角的保护作用。

2) 防撞胶条的安装过程

(1) 将保险杠彻底清洗干净，并且用无纺布抹布蘸上工业酒精或专用清洁剂擦掉表面的顽固污渍，如图 2-60 所示，同时将装饰条表面擦拭干净备用。

(2) 防撞胶条较硬，要想使其与车身表面完全贴合，应用电热吹风枪将防撞胶条双面烤热软化，如图 2-61 所示。

图 2-60　清洁保险杠

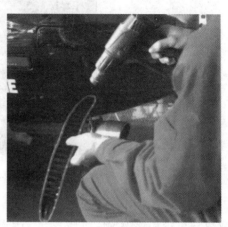

图 2-61．软化防撞胶条

(3) 防撞胶条软化后，撕去防撞条双面胶上的衬贴，如图 2-62 所示。

(4) 为了更好地粘贴，将撕去衬贴的防撞胶条再次用电热吹风枪烤热防撞胶条贴合面处的胶面，如图 2-63 所示。

图 2-62　去除防撞胶条表面衬贴

图 2-63　加热防撞胶条

(5) 为了安装更牢固，还需用电热吹风加热枪对车身保险杠相应位置进行加热，如图 2-64 所示。但注意不要将保险杠表面的漆膜烤焦。

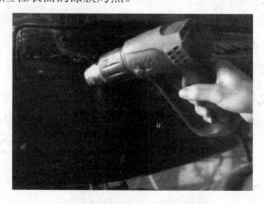

图 2-64　加热保险杠粘贴位置

(6) 如图 2-65 所示,将防撞条压紧并固定在保险杠转角合适位置,固定时不要存褶和歪斜。

(7) 安装完成后的防撞条效果如图 2-66 所示。

图 2-65　固定防撞胶条　　　　　　　　　图 2-66　安装后效果

一般一套防撞条分前后保险杠的左右转角各一个总计 4 条。粘贴时注意前、后、左、右位置不要贴错。

3. 车身贴改色膜

1) 车身贴改色膜的优点

(1) 隔热降温。在炎热的夏天,改色膜可以使爱车车内冷气需求下降 60%。

(2) 保护漆膜。紫外线可以加速车漆的老化速度,同时使车漆容易褪色,贴改色膜可以有效减缓车漆老化。

(3) 增强车身耐腐蚀的程度,使之耐化学物质腐蚀及酸雨、虫尸、鸟粪、树脂等的侵蚀。

(4) 遮蔽性。遮蔽原车车漆颜色,展现个性化、亮丽的色彩。图 2-67 所示为车身贴改色膜的效果。

图 2-67　车身贴改色膜

2) 车身贴改色膜的过程

现在以 3M 改色膜为例介绍车身贴改色膜的过程。

(1) 对车身进行评估,并了解是否经重新喷漆,并向车主说明经修补漆后贴膜可能造成的影响,如漆膜脱落等,并记录车身表面的缺陷。

(2) 整车清洁,使用高压水枪冲洗整车表面,去除表面灰尘、泥土、油污等表面污染物,用毛巾或鹿皮擦干车身表面水分,并对车窗、内饰条等进行清洁。

(3) 准备贴膜工具,如刮板、滚轮、烤枪等。

(4) 放样,测量贴膜钣件的尺寸,测量时选取长宽最大处,为减少浪费和充分利用材料,可在裁剪前对要贴膜的表面进行打板。根据实际测量和打板,在裁膜台裁取合适的膜尺寸。图 2-68 所示为测量,图 2-69 所示为裁样。

图 2-68 测量

图 2-69 裁样

特别提示

粘贴金属拉丝产品时注意改色膜的纹理,保证车身贴膜的整体效果。

(5) 上膜定位,揭膜如图 2-70 所示,从上往下,使膜面自然下垂,保持改色膜不动,顺势揭除表面保护膜,防止产生折痕;上膜定位如图 2-71 所示,按照贴膜部位的尺寸,轻轻放下,如图 2-72 所示进行定位,并两人配合向四角拉伸平铺于漆面,去除大部分气泡,如图 2-73 所示。

图 2-70 揭膜

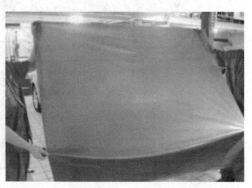

图 2-71 上膜

(6) 膜面定位与刮覆时，先选取合适的部位进行定位。以前引擎盖为例，通常先中间赶覆定位，再顺势自然定位左右两侧，如图 2-74 所示，刮覆按(a)、(b)、(c)顺序。

图 2-72　定位

图 2-73　去除气泡

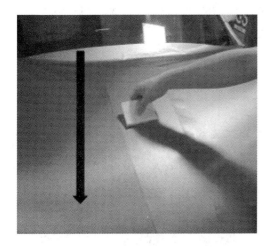

(a)

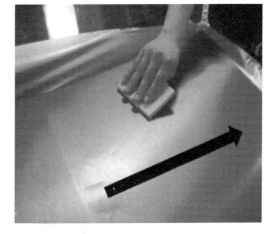

(b)

(c)

图 2-74　刮覆顺序

(7) 粗略裁切，如图 2-75 所示。然后收边固定，将边角预留 3~5cm，使其能更好地包覆于钣件的反面。

(8) 使用无纺布蘸取少量底涂，将无纺布润湿，如图 2-76 所示。

图 2-75 粗裁

图 2-76 润湿无纺布

(9) 如图 2-77 所示，将底涂涂覆到钣金内侧或者弧度较大的边角位置。等待 2~3 分钟，待底涂干燥后，将多余的改色膜部分贴敷在有底涂区域。

(10) 将热风枪调至 100~150℃之间，按如图 2-78 所示方式烘烤已黏附的边角，使其更好贴合弧度部位。

图 2-77 底涂涂覆

图 2-78 烘烤固定

(11) 根据钣件背面构造精细裁切，以确保平整的裁膜效果，如图 2-79 所示。

(12) 清洁膜面残留手指印、灰尘等，恢复膜表面光泽，达到完美交车效果。

(13) 整车验收检查整车贴膜部位，去除缺陷，同时确保将所有拆卸部件安装到位。贴膜后效果如图 2-80 所示。

图 2-79 精细裁切

图 2-80 贴膜后效果

特别提示

粘贴过程中若有翘边、起泡等会在 12 小时内出现,建议车辆完成贴装后在店内放置 12 小时以上,以检查消除可能出现的贴装问题。

3) 汽车车身改色膜保养及注意事项

(1) 在洗车过程中,不要使用硬物或化学药品擦洗贴膜部位和膜表面。

(2) 清洁后使用清水冲洗并用干净、柔软的布料或鹿皮擦干,防止水渍残留,影响膜的使用寿命和美观效果。

(3) 清洗时,使用无磨料、中性清洁剂进行清洗并及时擦拭干净,并且注意不要使用高压水枪冲洗膜的边缘。

(4) 停车时注意周围不要有易损伤膜面物体。

(5) 不建议在膜面打蜡或者抛光。

(6) 贴膜后一周内不要洗车,以保证膜和漆面之间有较好的贴合力。

项 目 小 结

(1) 汽车外部装饰是在不改变汽车本身结构和安全性能基础上,通过加装或改装汽车顶盖、车窗、车身周围及车轮等部位外装饰件的装饰方法。

(2) 汽车大包围又称为"汽车车身外部扰流器"和"空气扰流组件",用于改善汽车行驶过程中,车身周围的气流对运动中的汽车行驶稳定性的影响。它的使用最早源于赛车运动,可以降低赛车在高速行驶中产生侧翻的危险,车身大包围的制造原理产生于空气动力学对运动物体行驶阻力的试验结果。

(3) 汽车天窗利用的是负压换气的工作原理,开启天窗后,车内产生负压,车内空气会被抽出,同时产生压力差,在进风口处新鲜的空气会被补入,通过这种先排气后进气的方式完成车内外空气的更换。

(4) 氙气灯是依靠瞬间高压激发氙气放电的新型大灯,又称高强度放电式气体灯,在石英灯管内填充高压惰性气体——Xenon 氙气,取代传统的灯丝,在两段电极上有水银和碳素化合物,透过安定器以 23000V 高压刺激氙气发光,在两极间形成白色电弧,发出的光接近非常完美的太阳光。

(5) 汽车扰流板是指与车身前裙板连成一体,中间开有合适的进风口以加大气流度,减低车底气压的连接板。

(6) 汽车扰流板是安装在轿车行李箱盖上后端做成像鸭尾似的突出物,将从车顶冲下来的气流阻滞形成向下的作用力,俗称"汽车尾翼",主要包括减速板、水平安定面配平操纵系统及后缘襟翼、前缘增升装置等。

(7) 车身外部辅助装饰很多,如车轮安装轮毂饰盖、前后保险杠安装防撞胶条、车身贴改色膜等等都可以增强车身装饰的个性化以及某种程度上的安全性。

习 题

一、填空题

1. 汽车进行装饰应把握( )、( )、( )、( )和( )5个原则。
2. 车身大包围分为( )和( )两大类。
3. 车身大包围的特点是( )、( )、( )和( )。
4. 车身大包围的设计原则是( )、( )、( )、( )和( )。
5. 车顶天窗换气主要采用( )的原理。
6. 汽车天窗可以按( )、( )和( )进行分类。
7. 标准氙气灯主要由( )、( )、( )、( )和( )组成。
8. 汽车导流板和扰流板的使用都是根据( )原理。
9. 扰流板的类型分为( )、( )和( )。
10. 扰流板的安装方式主要有( )和( )两种。
11. 防撞胶条粘贴在汽车前后保险杠的( ),主要起到车身碰撞或划擦时对车身保险杠转角的( )。
12. 汽车导流板是指轿车前部保险杠下方的( )风罩。

二、判断题

1. 车身前包围安装分为8个步骤。( )
2. 电动天窗主要由滑动机构、驱动机构、控制系统和开关等组成。( )
3. HID 按灯头型号分为 H 系列、90 系列和 D 系列。( )
4. HID 使用寿命是卤钨灯的20倍左右。( )
5. HID 的性能缺点是光效高,发热厉害,容易烧断灯丝,工作电流大,色温可调节。( )
6. 扰流板的安装目前有粘贴和打孔两种常用方法。( )
7. 车轮饰盖材料主要有铝合金盖和塑料盖两种。( )
8. 车轮饰盖是用于遮挡轮毂的一种塑料装饰品。( )
9. 对汽车进行装饰主要是按照车主的意图改造汽车,可以随心所欲地对汽车的外貌和内饰进行修改。( )
10. 利用玻璃钢制作大包围套件,制作方便,对模具和生产设备要求不高,成本低廉,所以一般的大包围材料首选玻璃钢。( )

三、选择题

1. 汽车大包围由( )组成。
   A. 前包围　　　B. 顶包围　　　C. 侧包围　　　D. 后包围
2. 汽车天窗按动力形式可分为( )。
   A. 内藏式　　　B. 外倾式　　　C. 手动式　　　D. 电动式

3. ( )是目前高档汽车所采用的汽车外装饰材料。
   A．合成橡胶　　　　B．玻璃钢　　　　C．塑料
4. 汽车前照灯灯泡主要有( )。
   A．充气灯泡　　　B．卤钨灯泡　　　C．氙气大灯　　　D．防炫目灯泡
5. 车轮饰盖是用于遮挡轮毂的一种装饰品，材质有( )。
   A．铝合金　　　　B．真皮　　　　　C．玻璃钢　　　　D．塑料

四、简答题

1. 车身大包围有哪些作用？
2. 车身大包围的安装方法有哪些？
3. 汽车天窗的主要作用有哪些？
4. 汽车天窗按安装结构分类有哪几种类型？
5. 加装天窗应注意哪些事项？
6. HID 的性能特点有哪些？
7. HID 安装需注意哪些事项？
8. 安装安定器时应注意哪些事项？
9. 导流板和扰流板的定义是什么？
10. 人们设计使用汽车导流板和扰流板的目的是什么？
11. 导流板和扰流板的作用有哪些？
12. 导流板和扰流板的选择原则有哪些？
13. 汽车车身改色膜保养及注意事项有哪些？

项目 3

汽车内部装饰

　　汽车内部装饰是指对车内蓬壁、地板、控制台等外表面通过加装、更换面料及放置饰品等方法改变其外观,以营造温馨、舒适的车内环境。同时增加座椅的舒适性及增加儿童乘车安全性加装儿童座椅也成为一些车主对内部装饰必选的项目之一。

任务 3.1　汽车内衬装饰

知识目标	1. 了解汽车内衬常用材料 2. 知道汽车内衬的作用及类别 3. 掌握汽车内衬改装注意的事项 4. 掌握内衬的选用原则
技能目标	1. 熟悉汽车内衬安装使用工具和设备 2. 掌握汽车内衬安装方法

阅读资料

汽车驾驶室为了乘坐舒服以及美观，内衬必不可少，同时内衬在室外高温环境下可以隔热并防止热量向车内传递，减少车辆行驶过程中车身发动机和传动部件对车内人员产生的噪声影响，并提高吸音效果，进而提高乘坐的舒适性和安全性。但受太阳直射影响，车顶温度会很高，热量会传递到驾驶室，因此对汽车顶棚内饰的耐热性和耐候性指标要求相对较严。

项目案例

原车的内衬颜色往往比较大众化，一些追求个性的车主往往不是很喜欢，因此顶棚内饰的装饰也逐渐成为装饰行业的一个亮点。但更换内衬的时候常应根据车的档次不同以及车主的爱好来进行选取，不同车型不同档次的顶棚内饰在材料上、结构上应有所不同。图 3-1 所示的顶棚内饰。

图 3-1　汽车顶棚内饰

知识链接

1. 汽车顶棚内饰的种类

顶棚内饰按照制造成型方式分为软顶和硬顶两种。
1) 软顶
软顶如图 3-2 所示，它一般由面料和泡沫层通过层压法或火焰法复合压制在一起而成型。外层面料一般采用无纺机织布和 PVC 膜制造，主要起到外观装饰作用，颜色及质地选择一般要与车身内饰整体颜色和档次相协调。内层泡沫用聚氨酯或交联聚乙烯泡沫制造，主要起隔热、隔音、吸音、减振等作用。软顶内衬主要用于货车、面包车和低档轿车上。

图 3-2　软顶内衬

软顶内衬按照安装形式不同分为粘贴型内衬和吊装型内衬。

(1) 粘贴型内衬。粘贴型内衬的粘接方法一般有滚涂法粘贴和预涂法粘贴两种。用于滚涂法粘贴内衬的粘接剂一般选择氯丁橡胶，粘贴时使用胶滚或胶刷，均匀地涂在汽车内部顶盖内表面上，静置几分钟后，将车顶粘贴在指定位置上。用预涂法粘贴内衬时将压敏粘接剂预涂在软顶的背衬上，用离析纸做胶膜，在施工时揭去离析纸即可将软顶粘贴在指定位置上。例如哈飞 6373 软顶是采用滚涂法粘接的，哈飞 6330E 软顶是采用预涂法粘接的。粘贴型内衬具有操作简单，成本低的特点。

(2) 吊装型内衬。吊装型内衬一般在背面缝上安装用的布袋或细绳，并同时配备细杆以便于安装，细杆形状一般与车顶曲线相匹配。安装时，先将细杆穿过布袋或细绳，之后将细杆固定在车顶横梁上，将饰面周边用粘接剂固定在内护板和前风窗横梁的胶条上。吊装型内衬的优点是质量小，成本低。缺点是与金属顶盖之间缝隙较大，占用一部分室内空间，同时布袋与饰面连接处不平，易产生行车时的振颤，整体装饰效果一般。

2) 硬顶

硬顶内衬一般指成型硬顶。它主要由装饰面、泡沫层和基材 3 部分组成，通常是利用大型生产设备，用热压成型法将它们复合压制成一个整体，具有一定刚性和立体形状。

硬顶内衬按照安装形式不同分为粘接式内衬与镶嵌式内衬两种。

(1) 粘接式内衬。粘接式内衬的粘接是在施工现场工人手持喷枪，直接将粘接胶均匀地喷涂在硬顶背面的粘接区域内，根据工艺要求晾置一段时间，再粘贴在金属顶盖上。

(2) 镶嵌式内衬。汽车镶嵌式内衬采用多层材料复合成型，由基材、缓冲隔热层、表皮层一体成型。基材可采用聚氨酯发泡片材、聚丙烯发泡片材、瓦楞纸、浸渍树脂的再生棉或玻璃纤维等；缓冲隔热层采用硬质聚氨酯泡沫塑料板；表皮材料主要采用织物、热塑性聚烯烃或聚氯乙烯膜等制成。

镶嵌式内衬安装分前、中、后及周边 4 部分。一般情况下，前部的安装点靠左右遮阳板和驾驶员灯固定装置实现，中部靠左右乘员把手和乘员灯安装点实现，后部则用塑料卡扣固定在顶盖后横梁上。成型硬顶的加工方法与使用性能主要取决于其材料性质。以往多数采用高压聚乙烯发泡材料制造，高压聚乙烯发泡材料具有无毒、质量轻、耐冲击、机械性能好、柔软性好等特点，但其成型性能差。

2. 内衬的常用材料

1) 热塑性基材

热塑性基材经烤箱加热软化后，在常温模具中受压冷却后成型，面料可在成型前与基材复合，也可在成型时复合。

(1) 聚苯乙烯材料。聚苯乙烯泡沫板材双面各复合一层具有较高刚度和强度的材料。聚苯乙烯基材质量轻、成本低、成型能力强，但是隔音效果差，受热变形温度较低，不利于使用溶剂型粘接剂与表皮面料粘接。

(2) 聚氨酯材料。硬质聚氨酯一般由密度高、光滑而坚韧的外表皮与低密度泡沫芯制成，组成部分包括无纺布、玻璃纤维、胶膜、热塑性聚氨酯泡沫。硬质聚氨酯材料具有强度高、硬度大、质量轻、导热系数小、比强度高、面密度小、耐热性好和隔音隔热效果好等优点。

(3) 聚丙烯材料。聚丙烯的汽车内饰具有较高的耐热性、抗划伤、耐冲击、刚性高、抗变形、耐老化性能好等优点。缺点是出模后收缩率低，且回弹较大。

(4) 热塑性聚烯烃弹性体材料。热塑性聚烯烃弹性体材料作为汽车内饰表皮材料，具有以下优点。

① 密度小，比聚苯乙烯和聚氯乙烯轻22%～28%。
② 不含增塑剂，不含氯元素，因此无污染。
③ 材料耐热性比聚苯乙烯和聚氯乙烯好，耐热温度可达130℃。
④ 耐候性、耐老化性好。
⑤ 有利于材料回收利用。

2) 热固性材料

(1) 组成：以酚醛树脂为基材，将酚醛树脂、填料按比例混合通过热模压型后交联固化成型。

(2) 填料：天麻纤维、木纤维、回收的棉纤维与回收的化学纤维等。

(3) 特点：具有形状稳定、耐热性好、强度高、可回收再利用等优点；但是有价格太高、专业投资大、成形周期较长等缺点。

3. 汽车内衬的作用

1) 隔音

汽车在行驶过程中，车外噪声引起汽车顶盖振动，震动声会向车内辐射，车顶内衬能够吸收一部分震动辐射进而起到隔音作用。

2) 降低噪声

汽车车身在设计时通常采用隔声、吸音和阻尼相结合的办法降低车内噪声。对传入车内的噪声可以采用吸声处理，由于汽车车身内饰使用吸声材料，减弱反射声能，从而降低车内噪声，此外采用多孔吸声材料，吸收中、低频率噪声使其产生共振而消耗声能。

3) 防止产生静电

抗静电性非常重要，顶棚内饰必须进行防静电处理，把静电减少到最低标准，并且要求在使用过程中，不能产生静电，同时不允许产生起毛、起球、吸灰等情况。

4) 阻燃

对于顶棚内饰材料的阻燃作用国家标准中有明确的规定，内饰材料必须达到以下标准。

(1) 不燃烧。

(2) 可以燃烧，速度不大于 100mm/min，燃烧速度不适用于切割试样所形成的表面，或者从燃烧开始，火焰在 60s 内自行熄灭，且燃烧距离不大于 50mm，认为合格。

(3) 具有使用过程中遇油、水的污染时，不易扩散的抗污染能力。

5) 装饰作用

汽车内饰应具有一定的美观性和装饰性能。

应用实例：家用轿车顶棚内衬加装隔音板

1. 顶棚内衬装饰

以图 3-3 所示家用轿车顶棚内衬加装隔音板为例，顶棚内衬装饰工作步骤如下：

(1) 选取带有双面胶的隔音海绵备用。

(2) 取下安装在顶棚内衬上如图 3-4 所示的把手。

图 3-3 轿车顶棚改装前

图 3-4 安装在顶棚的扶手

(3) 取下如图 3-5 所示安装在顶棚的遮阳板。

(4) 拆下如图 3-6 所示安装在顶棚的内室照明灯。

图 3-5 安装在顶棚的遮阳板

图 3-6 安装在顶棚的内室照明灯

(5) 拆下边角位置的装饰条和密封条。
(6) 取下顶棚内衬，如图3-7所示。

特别提示

拆下的内衬不能弯折、压迫和污损，以防装回时无法保持原样。

(7) 清理干净拆下的顶棚饰板及车顶。
(8) 将隔音海绵表面的贴纸撕下并粘贴在车顶内衬的内部。

特别提示

粘贴隔音海绵时注意不能有死褶，且并注意海绵的开孔方向应对着车顶。

(9) 将隔音海绵涂上粘贴胶层，对着车顶将内衬安装好。
(10) 按照拆卸的逆序顺次安装好车顶安装条、车顶灯、遮阳板、门把手等饰件，如图3-8所示。

图 3-7 拆下的内衬

图 3-8 改装后车顶

2．车门衬板的更换

依照顶棚内衬加装的方法安装车门内衬板。

1) 拆卸车门内衬板

在拆卸车门内衬板时应取下所有的紧固件，然后把内衬板从车门上拆下，用一字螺丝刀把门锁销塑料螺钉撬起。

特别提示

一字螺丝刀要顶住塑料螺钉的根部再撬，千万不要撬到螺丝钉的纤维板盖上，以免撬坏。

2) 拆除旧的内衬面罩

衬板上的面罩是热塑纤维材料热压成型制成的，如图3-9所示，先把面罩的周边从车门板的背面揭起，然后小心地把面罩从车门上取下。

3) 拆除隔音材料板

现在的轿车车门内衬隔音板多数以粘接为主，用刀片小心对着粘胶部位割开，拆下隔音材料如图 3-10 所示。

图 3-9　拆旧内衬面罩　　　　　　　图 3-10　拆隔音材料

4) 制作新的衬板面罩

去除旧面罩时不要损坏纤维板，以用来制作新的内衬隔音板的样模。

 特别提示

(1) 制作新的内衬板时注意车门扶手位置的曲线形状。
(2) 制作内衬隔音板时使用的隔音毯注意不要起翘，要求平整漂亮。

5) 安装新的隔音板内饰

注意新安装的纤维板和面罩之间的配合位置，并用胶使二者达到很好的贴合。

6) 车门内板的安装

将新的车门内板对位安装好之后将塑料紧固件半插入定位孔中，观察一下车门把手和车窗摇柄在面罩上顶起的位置，之后在内板上开大小合适的孔以备正确安装。

 特别提示

在正式固定前应确保所有电器能够正常工作，必须在黏合板之前进行检查。

7) 安装附件

检查无误之后将内衬板固定，并顺次安装上车窗摇柄、门边把手和车门把手的盖板等附件。

3. 粘贴法更换车门衬板外表层

当车门衬板基本完好，车主又不愿意更换新的衬板，护板表皮层表面稍有划伤或刮裂时，可以采用粘贴法进行装饰。

(1) 拆下车门衬板上的一些附件或装饰件，如门把手、杂物袋、装饰压条等附件，并将其清洗干净，干燥后保存好，以备装饰完成后复原安装。

(2) 用热风枪对粘胶表皮层加热软化，然后拉下表皮，或者用小刀顺着粘胶位置逐渐撕开。

(3) 用裁下的旧表皮做样板缝制出新的表皮。

(4) 进行表皮层的粘贴，选用适合的胶粘剂，按使用要求将新的护板表皮粘贴到衬板上，要求粘贴后不得有皱褶和气泡，应平整牢固美观。

(5) 粘贴完后，待胶粘剂固化一定时间后，再将原拆下的有关零部件复原安装上。

(6) 最后清洗护理衬板，可使新安装上的表皮更加光滑靓丽。

4．汽车内衬的选用原则

1) 协调性原则

更换的内衬颜色必须和汽车内室的颜色相协调。

2) 实用性原则

根据车的档次选择合适的内衬，价位合理，不可盲目追求高品位、高价位，以免弄巧成拙。

3) 整洁性原则

更换的内衬应给人一种整洁清新、神清气爽的感觉。

4) 舒适性原则

更换后的汽车内衬色彩和质感要符合车主的审美观，使车主在长期驾驶时不易产生疲劳，视觉效果好，舒适性强。

任务 3.2　汽车仪表板装饰

知识目标	1．了解汽车仪表板常用材料 2．知道汽车仪表板的作用及类别 3．掌握汽车仪表板改装及注意事项 4．掌握仪表板的装饰原则
技能目标	1．熟悉汽车仪表板安装使用工具和设备 2．掌握汽车仪表板安装方法

阅读资料

仪表板是汽车内饰中结构最为复杂、技术含量最高、零部件最多的总成系统。仪表板的外形质量和材料风格决定了汽车内部的总体风格和档次高低。仪表板上有很多功能性的零部件，如仪表组合、音响组合、各种电器开关、空调控制器等，此外仪表板位置还涉及了一些安全要求，如驾驶员可视范围的要求、头部防撞击的要求、膝部防撞击的要求等，所以仪表板的装饰应注重专业性和安全性。

仪表板是全车控制与显示的集中部位，仪表板的形状是针对驾驶员操作区域设置的。现代轿车设计中，绝大多数的操纵开关都是供驾驶员专用的，所以，仪表板造型首先以驾驶员位置对仪表的可视性和对各种操作件的操作方便性为依据。在视觉效果上，仪表板位于车内视觉集中的部位，其形体对乘员也有很强的视觉吸引力，应注重其造型的综合效果。

项目案例

仪表板因其安装位置的特殊性，汽车运行的很多重要操控功能安装在其中，因此仪表板除反映车辆行驶基本状态外，也控制风口、音响、空调、灯光等的运行。在汽车结构中，仪表板是集安全性、功能性、舒适性和装饰性于一体的部件。首先，它需要有一定的刚性支撑其所属零件，在高速行驶过程中和行驶振动的状态下保证它们正常工作；同时又需要有较好的吸能性使其在发生意外时减少外力对正、副驾驶位置人员的冲击。随着人们对车了解的深入，对车内触手可及、举目便见的仪表板，其手感、皮纹、色泽、色调也逐渐成为评判整车层级的重要标准之一。图3-11所示为真皮装饰仪表板。

图3-11 真皮仪表板

知识链接

1. 仪表板组成

仪表板的组成如图3-12所示，它由仪表板主体(壳体)、仪表、空调控制系统、风道及风管、出风口、操作面板、开关、音响控制系统、除霜器、除雾器、手套箱、左盖板、饰板等组成。大部分仪表板还包含有储物盒、驾驶员侧手套箱、扬声器等饰件和时钟、金属加强件、烟灰盒、点烟器、杯托等功能性零件。部分中高档汽车设计有卫星导航系统、手机对讲系统、温度传感系统等高端产品。

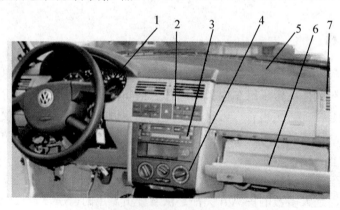

图3-12 仪表板的组成

1—仪表；2—开关；3—音响控制系统；4—空调控制系统；5—仪表板主体；6—手套箱；7—出风口

2. 仪表板分类

1) 按照安全性来分

仪表板按照安全性可分为无气囊仪表板和副气囊仪表板(针对副驾驶)。

(1) 无气囊仪表板。一些中低档配置的轿车只在驾驶位置配置安全气囊,副驾驶位置没有,副驾驶位置会放置一个手套箱。

(2) 副气囊仪表板。在副驾驶的位置安装安全气囊,一般在中高档次的轿车副驾驶位置配备气囊仪表板。气囊打开保护乘客的同时,若乘车人是儿童或不系安全带也可能伤害乘客,故此一些新车型的仪表板气囊位置加装开关,在气囊上方设计气囊盖板,在其打开时释放气囊。

2) 按照舒适性来分

按照使用和视觉感官的舒适性,仪表板可分为硬塑仪表板、吸塑仪表板和半硬泡软质仪表板。

(1) 硬塑仪表板。硬塑仪表板主体通过注塑工艺制成,它具有制作工艺简单、投资低等优势,目前在中低档车中广泛使用。

(2) 吸塑仪表板。吸塑仪表板通过注塑或压制骨架外吸附并黏结复合表皮,使其外观有皮质感。

(3) 半硬泡软质仪表板。半硬泡软质仪表板在表皮和骨架之间填充有聚氨酯泡沫,既提高触感又增加吸收能量的能力,主要有真空热成型表皮和搪塑表皮两种。

3) 按驾驶方向分

按照驾驶方向不同仪表板可分为方向盘左置仪表板和右置仪表板,这主要根据整车的要求。在英联邦国家、日本及我国港澳地区等地以右侧驾驶,使用方向盘右置仪表板;其他国家反之。

4) 按照仪表板结构分块形式分类

(1) 上下分块式仪表板。上下分块式仪表板如图 3-13 所示,在仪表板的上下方向中部有一条水平贯穿分割线,通过分割线把仪表板的台面分成上下两个部分,主仪表显示区一般安装在分块上部,中置控制区安装在分块的下部并向后延伸形成副仪表板区。

(2) 左右分块环抱驾驶区式仪表板。左右分块环抱驾驶区式仪表板如图 3-14 所示。在仪表板上没有横向贯通的线条,仪表显示区和中控区是紧密联系的。主仪表和空调、音响等的操控区域围绕驾驶员环抱分布,体现了很好的操控性和人机协调性。环抱区通过大的回转线条和前排乘员区的表台分离,形成左右两部分,利于驾驶员的操控,主要用于经济型或运动型轿车。

(3) 左中右分块式仪表板。左中右分块式仪表板如图 3-15 所示。它强调中置控制区的功能,形体上独立或成封闭的区间,其线条不与左右的型面连接。各个功能区的划分明显,一目了然,形体上饱满圆润,可以派生出多种不同的布局方案,这种布置方式常用在小型车和概念车上。

(4) 中置式仪表板。中置式仪表板如图 3-16 所示。它在某种程度上取代了传统的指针式仪表板,数字读取方便,屏幕占用空间小,可塑性强,把仪表布置在仪表板中间,形体新颖直观。驾驶员正前方区域不再有凸起的表罩形体，下视野良好，并能够快速了解车况信息。

图 3-13　上下分块式仪表板

图 3-14　左右分块环抱驾驶区式仪表板

图 3-15　左中右分块式仪表板

图 3-16　中置式仪表板

5）按材料分类

仪表板按材料分为金属仪表板、塑料仪表板和复合仪表板 3 种。

（1）金属仪表板。金属仪表板如图 3-17 所示，它一般用薄钢板和铝合金冲压成型，有整体式和组合式两种。整体式形状简单，采用冲压制造；组合式比较大，形状复杂，分块加工，然后焊接在一起。

（2）塑料仪表板。塑料仪表板如图 3-18 所示。它分为整体式和组合式两种，整体式塑料仪表板花纹形式复杂，装饰效果好；组合式塑料仪表板生产简单，组合方便。

（3）复合仪表板。复合仪表板如图 3-19 所示。它一般使用 PP、PE、PPO、AS、ABS、ABS/PC 等材料制成。其性能具有良好回弹性，可吸收 50%～70%的冲击能量，安全性高、耐寒、耐热、坚固耐用。

图 3-17　金属仪表板

图 3-18　塑料仪表板

图 3-19　复合仪表板

3. 仪表板造型特点

1) 仪表板造型应主次分明、功能醒目

仪表板的造型应使驾驶员对所有的仪表、显示、控制件功能一目了然，操作控制方便，不易发生混淆，没有导致误操作的设计，为驾驶员营造一个舒适的驾驶环境。

2) 仪表板造型的整体感应较强

仪表板包括各种仪表、开关等控制件，形状各异，要把这些不同的部件组成一个统一的整体，而且各部件间的连接不能生硬，如图 3-20 所示。

3) 仪表、显示器、标志符号和控制件应符合标准，安排协调

仪表板造型应遵照有关的法规，安装部位和造型要特别注意符合标准和协调一致。

4) 安全性

仪表板造型要充分考虑汽车碰撞时对车内乘员的保护。现代汽车仪表板全部采用软化结构，以防止在紧急制动或事故中对人体造成伤害。

5) 仪表板造型与整个室内造型应统一

仪表板是整个内部环境中的一个连续环节，造型不可能脱离门护板和座椅。

图 3-20 仪表板的整体性

4. 仪表板的制作与材料

仪表板一般有软质和硬质两种，制作方法和材料见表 3-1。

表 3-1 仪表板的成型方法与材料

类 型		成型方法	材 料
硬质仪表板		注塑成型	改性 PP
软质仪表板	表皮	真空，搪塑成型	PVC, TPO
	骨架	注射，模压，吸塑	PPO, LFT, SMA－GF
	缓冲材料	浇注成型	PU 发泡

5. 仪表的作用

1) 水温表、油温表的作用

汽车温度升高一般先从油温开始，再传递到水温上，因此应时刻掌握汽车行驶时油温的变化。相反，若水散热系统有问题，油温马上就会升高。如果油温超过 120℃，温度过高可能导致发动机爆瓦和异常磨损，加装油温表和水温表显得尤为重要，可选用如图 3-21 所示的油温表。

图 3-21 油温表

2) 油压表的作用

通过油压表可以观测机油品质有无衰退,因为品质衰退的机油无法提供足够的油膜润滑度,易造成发动机机件磨损。

3) 真空表的作用

真空表可以准确检查引擎真空值有无异常,例如发动机电脑供油是否足够。它是利用进气歧管前的流量(压力)传感器及排气头段内的含氧传感器来检查的,如果发动机有漏气现象,有可能影响供油计算机进气量的数据,做出不正确的供油量,接着怠速就会不稳或出现引擎工作效率不好的问题。加装真空表就会较早地预知上述情况的发生。

应用实例:POLO 车型仪表改装

对于装饰仪表板,除装饰条外,一般以水温、油温、油压及真空 4 种仪表为主。现在以图 3-22 所示 POLO 车型的仪表为例作一介绍。

图 3-22 原装仪表

1. 仪表改装过程

(1) 取下仪表板面板下方的黑色塑料板。取下后如图 3-23 所示。
(2) 拧掉固定螺钉,取出仪表总成,如图 3-24 所示。

图 3-23 取下仪表盘下方塑料扣板

图 3-24 取出仪表总成

(3) 拔掉仪表总成的线束,如图 3-25 所示。

(4) 掰开仪表总成背面卡扣，如图 3-26 所示拆开仪表壳体。

图 3-25　拔掉仪表总成线束

图 3-26　仪表总成背面卡扣

(5) 改装后的仪表总成如图 3-27 所示。

图 3-27　改装后仪表

特别提示

改装时原仪表的安装位置应做好标记，以便于安装时很好地对位。

2. 仪表板的装饰

1) 用真皮装饰仪表板

真皮仪表板如图 3-28 所示。

操作程序如下：

(1) 用电热吹风枪加热，拆下原来仪表板表皮层。

(2) 用拆下的仪表板外层作为样板裁剪真皮仪表板。

(3) 按照原仪表板形状缝制真皮仪表板。

(4) 试装新缝制的仪表板外表层。

(5) 用胶粘贴仪表板外表皮。

(6) 待胶干燥后安装仪表板。

图 3-28 真皮仪表板

2) 用桃木装饰仪表板

桃木仪表板如图 3-29 所示。它材质细腻,整体感官档次较高,软硬适当,花纹清晰美观。使用桃木来装饰仪表板可以凸显回归自然的特色,降低车内乘客的疲惫感,放松身体。其装饰方法与真皮装饰步骤相似。

图 3-29 桃木仪表板

3. 汽车仪表板改装时的选用原则

(1) 成本应较低。
(2) 应保证安装后具有较高的安全性。
(3) 应具有良好的耐热性能
(4) 在行车过程中噪声较低。
(5) 使驾驶室内整体装饰效果好,协调性强。
(6) 质量应较轻,不能增加车重。

4. 仪表板装饰的注意事项

(1) 结合车型选择装饰风格。
(2) 结合车内其他内饰件进行选择装饰,避免不协调。
(3) 应根据车型具备的功能选择仪表。
(4) 选用合适的胶粘。

任务 3.3 汽车座椅装饰

知识目标	1. 了解汽车座椅装饰的种类有哪些 2. 知道不同类型汽车座椅的作用 3. 掌握汽车座椅改装及注意事项 4. 掌握真皮的鉴别方法
技能目标	1. 熟悉汽车座椅安装使用工具和设备 2. 掌握汽车座椅安装方法

阅读资料

汽车的座椅不仅提供座位，使人轻松舒适地乘坐，同时又是汽车的重要组成部件。汽车的座椅基本上都是由汽车配件厂专门生产的。座椅的主骨架和形体一般是按人体工程学原理，以保证乘坐舒适、安全而设计的。

项目案例

如今汽车座椅参照人体工程学的原理进行设计和制作，能够让人们在长途驾驶时不易疲惫。但是很多车的原厂座椅总有一些不尽如人意的地方，比如：材质较差、包裹性不好等。改装真皮座椅是汽车升级项目中最简单又最见效果的一种方式。一些原装是布面座椅的高档轿车完全可以靠改装真皮座椅来达到和同一品牌轿车的豪华型相媲美的内饰效果。如图 3-30 所示的布面座椅改装成真皮座椅后效果如图 3-31 所示。

图 3-30 布面座椅

图 3-31 真皮座椅

知识链接

1. 汽车座椅的种类

汽车座椅可按形状、功能、乘坐人数、饰面材料等进行分类。

1）按形状分

(1) 分开式座椅。分开式座椅分为如图 3-32 所示的半分开式座椅和如图 3-33 所示的斗式座椅。

图 3-32 半分开式座椅

图 3-33 斗式座椅

(2) 长座椅，如图 3-34 所示。

图 3-34 长座椅

2) 按功能分

(1) 固定式座椅，如图 3-35 所示。

(2) 可卸式座椅，如图 3-36 所示。

图 3-35 固定式座椅

图 3-36 可卸式座椅

(3) 调节式座椅，如图 3-37 所示。

(4) 儿童安全座椅，如图 3-38 所示。

图 3-37　调节式座椅　　　　　图 3-38　儿童安全座椅

(5) 赛车座椅，如图 3-39 所示。

图 3-39　赛车座椅

3) 按人数分

(1) 单人座椅，如图 3-40 所示。

(2) 多人座椅，如图 3-41 所示。

图 3-40　单人座椅　　　　　图 3-41　多人座椅

4) 按饰面材料分

(1) 真皮座椅，如图 3-42 所示。

(2) 仿真皮座椅，如图 3-43 所示。

图 3-42 真皮座椅

图 3-43 仿真皮座椅

(3) 人造革座椅，如图 3-44 所示。

(4) 布料座椅，如图 3-45 所示。

图 3-44 人造革座椅

图 3-45 布料座椅

(5) 短毛绒织物座椅，如图 3-46 所示。

图 3-46 短毛绒织物座椅

2. 汽车座椅装饰的项目

1) 真皮座椅改装

可以将原本的布饰、革等材质的座椅改成真皮座椅。

2) 椅套的装饰

可以在原座椅上安装自己喜欢的适合季节的座椅椅套。

3) 座椅加热垫

对于原车不带加热垫的座椅可以加装加热垫。

4) 儿童座椅

国际上交通部门对儿童座椅做了以下一些规定：

(1) 一岁以下儿童必须使用面向后坐的婴儿型或婴幼儿型儿童汽车安全座椅。

(2) 一至四岁的儿童必须使用儿童汽车安全座椅，不能直接使用车载安全带。

(3) 儿童汽车安全座椅必须安置于汽车后座，用车载安全带系统固定，每个方向的移动度不能超过 2.5cm。

(4) 四岁以上，80 磅以下的儿童强烈建议使用儿童增高座椅。

(5) 经过严重车祸后的儿童汽车安全座椅不能再使用。

3. 座椅装饰的目的

(1) 提高汽车档次。

(2) 乘坐舒适。

(3) 清洁干净。

(4) 使用要小心，护理要得当及时。

4. 座椅装饰的材料及特点

1) 真皮座椅装饰

汽车真皮座椅一般都采用进口或国产的黄牛皮和水牛皮，也有使用其他皮质的，如马皮、猪皮、羊皮等，市面上常见的也都是以黄牛皮和水牛皮为主。

(1) 黄牛皮。毛孔细小呈圆形，分布均匀紧密，排列不规则；革面丰满光亮，柔软纹细；手感坚实富有弹性。

(2) 水牛皮。毛孔比黄牛皮大，数量稀少；革面弹性较差略显粗糙；手感比黄牛皮硬。

(3) 羊皮。毛孔排列均匀细腻，革面较牛皮薄，棉羊皮毛孔细小呈扁圆形，排列分布均匀，手感柔软，不结实；山羊皮呈圆弧排列 2~4 个粗毛孔，周围有大量绒毛孔。

(4) 猪皮。毛孔粗大、相距远，一个毛孔 3 根毛，呈三角排列；皮面不平整、粗糙，手感柔顺性差。

(5) 马皮。马皮的表皮层较薄，占皮层厚度的 2%~3%。马皮真皮层的乳头层和网状层分界明显，编织紧密度不如黄牛皮。

2) 混纺座椅装饰

混纺座椅装饰最大的好处在于易于清洗，可机洗；而且非常结实耐用，不易磨损。

3) 纯毛座椅装饰

纯毛座椅装饰摸上去手感非常柔软，乘坐舒适。纯毛座套的透气性良好，不粘身，利于汗液的挥发，清洗时必须选择干洗。

4) 帘式座椅装饰

帘式座椅装饰由竹制品或硬塑料制成，一般在夏季使用，凉爽舒适。

5. 汽车座椅装饰的特点

(1) 座椅是汽车驾驶室内体积最大的部件，所以在实际使用中，其体积尽量要小，质量要轻，成本也要低。

(2) 座椅是支撑人体的部件，因此要确保安全，必须满足各种标准和法规(形状、尺寸、强度等)的要求。

(3) 座椅应使乘员有良好的静压感，要让驾驶人员驾驶时坐姿自然，使身体压力的分布不会妨碍血液循环，减小疲劳感。合理选用座椅弹簧和衬垫材料，采用座椅调节装置和靠背倾斜调节装置调节座椅的高度和前后位置，使其功能合理化。

(4) 座椅坐垫面必须可靠地承受入座人体的坐骨骨节，坐垫前角不要支撑大腿部。座椅靠背必须能承受制动踏板的反作用力，靠背应使人长时间的前弯姿势不会疲劳。

(5) 坐垫倾斜角应可以调节，能调节人身下肢角度，使驾驶员在市区行车和在汽车专用道路上行车一样，随行车条件的不同而改变姿势，舒服驾驶。

(6) 为减少落座人体与座椅靠背的相对振动，座椅应有弹簧系统。

(7) 从制动踏板和离合器踏板到座椅的距离，应以使双脚将踏板到底的移动距离和角度合适。

6. 座套的材料

1) 纤维座套

纤维座套如图3-47所示。它是以棉短绒为原料，经多道工艺制成粘胶溶液，再经过纺炼、精练加工而成的再生纤维。具有吸湿、透气快速排干功能，耐用性强，超过大多数的天然纤维及其人造纤维，同时又具有柔软的手感、良好的布面光洁度、良好的悬垂性、吸湿透气性和较高的弹力等特性。

2) 冰丝座套

冰丝座套如图3-48所示。它又叫人造丝、粘纤和粘胶长丝，用天然棉皮经科学提炼而成，使用感觉同亚麻凉垫很相似，手感更加柔软，颜色也非常雅致，具有透气性好，自动调湿、日照升温慢、光滑凉爽、透气、抗静电、色彩绚丽等特点。此外还有防霉、防虫、防静电、无辐射等效果。

3) 涤纶座套

涤纶座套如图3-49所示。它有非常高的强度和耐磨性，抗皱性超过一切纤维，织物的保形性好，有很强的耐光性和耐热性。

图3-47 纤维座套

图3-48 冰丝坐套

图3-49 涤纶座套

4) 丙纶座套

丙纶座套如图3-50所示。它的优点是质地轻，保暖性好，吸湿排汗作用好，但是丙纶耐光性和热稳定性较差，易老化。

5) 亚麻座套

亚麻座套如图3-51所示。它的吸湿散湿能力强，具有低静电、低磁场、平直光洁特点。

6) 毛绒座套

毛绒座套如图3-52所示。它色泽鲜亮、色彩生动柔和、手感细腻、柔滑、无异味。

图3-50 丙纶座套　　　　图3-51 亚麻座套　　　　图3-52 毛绒座套

7. 安装儿童座椅目的

(1) 保证儿童安全。

(2) 增加乘坐舒适性。

8. 儿童座椅种类

1) 按安装方向分类

(1) 后向式儿童座椅，如图3-53所示。

(2) 前向式儿童座椅，如图3-54所示。

图3-53 后向式儿童座椅　　　　图3-54 前向式儿童座椅

2) 按大小型号分类

(1) 婴儿座椅，如图3-55所示。

(2) 幼儿座椅，如图 3-56 所示。

(3) 小学生座椅，如图 3-57 所示。

图 3-55　婴儿座椅

图 3-56　幼儿座椅

图 3-57　小学生座椅

应用实例：真皮座椅的改装

1. 真皮座椅

1) 真皮座椅的改装过程

(1) 拆卸座椅，如图 3-58 所示。

(2) 将拆下的座椅椅套取下来，根据取下的座椅裁剪样板，如图 3-59 所示。

(3) 根据裁剪的样板进行下料，如图 3-60 所示。

图 3-58　拆下座椅

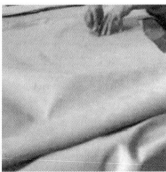
图 3-59　裁剪样板

图 3-60　下料

(4) 将裁下的真皮材料进行加工，缝制出所需的汽车座椅椅套。缝制椅套过程如图 3-61 所示。

(5) 将缝制好的椅套安装到座椅上，如图 3-62 所示。

(6) 安装完椅套后，用热吹风机软化并擀平，如图 3-63 所示。

(7) 将平整后的座椅进行清洗，并装回车内，如图 3-64 所示。

图 3-61　缝制座椅椅套

图 3-62　安装椅套

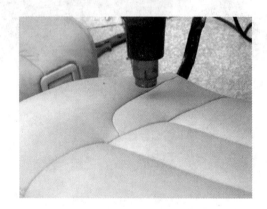

图 3-63　平整座椅

图 3-64　改装后效果

2) 真皮座椅的鉴别方法

真皮座椅的鉴别常采用以下几种方法：

(1) 看。观察皮面光滑程度、皮纹纹理、色泽、光亮度和反光情况，厚薄均匀且厚度不应低于 1.5mm，若皮纹纹理不明显，只是异常光滑，说明皮子在加工过程中进行了磨面处理，或者是用牛皮的第二层皮喷上颜色后压出仿制，这种皮不仅没有透气性，而且使用寿命也会受到很大影响。一般天然皮革有糙斑，并且皮面的毛孔分布不均匀，但这不会影响整体的美观。此外真皮断面表层结构紧密，可见毛孔；内层较粗糙，可见细的纤维，不易拉出。

(2) 摸。用手触摸感觉滑爽又有弹性为优质，若皮面板硬或发粘均为下品。

(3) 擦。用潮湿的细纱布在皮面上来回多次擦拭，真皮无褪色，若为假的则有褪色现象。

(4) 拉。有两只手拉若能恢复原样，则质量较好，若有缝痕或漏色则说明质量较差。

(5) 烧。真皮很难燃烧。

3) 真皮坐套的选择

(1) 选择有一定规模且正规的店铺进行装饰。

(2) 选择生产皮革的知名厂商。

(3) 与汽车内饰整体颜色和谐。

4) 真皮坐套制作注意事项

(1) 皮料部位选择。牛背皮用在座椅的靠背及坐垫,牛肚牛脖皮用在座椅裙部。

(2) 牛皮面缝制一次完成,不能修改留下针眼,合缝要整齐。

(3) 套装时不要划伤撕裂皮套。

(4) 通过拍打将皮套贴实。

(5) 选择防锈的固定皮套卡钉,且分布均匀,松紧一致。

5) 真皮座椅的保养

(1) 皮革应定期上油保养,确保皮革柔软有弹性,不易发生龟裂、褪色和变质。

(2) 皮革保养一般间隔3~6个月,视实际使用情况而定。

(3) 避免使用不当损伤皮椅,如运载货物、践踏、用水擦或是放置有尖角的物品。

(4) 浅色系皮革保养应使用皮革专用清洁液擦拭,再进行上油保养;在保养油的选择方面,尽量以天然、不易挥发性油品为佳,避免以非皮革专用保养油造成损伤。

(5) 若皮革吸到水分后其纤维会胀大松软,水分蒸发后皮革会变形、变质。

2. 椅套

1) 椅套的装饰

用弹性皮筋和锁扣固定枕套,如图3-65所示,用卡盘将下部坐垫固定。

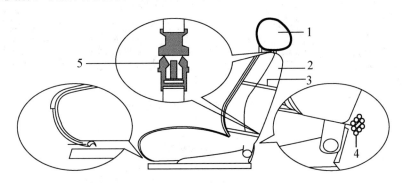

图3-65 椅套示意图

1—头枕;2—座椅;3—皮筋;4—固定卡盘;5—锁扣

椅套安装过程如下。

(1) 安装前的检查。当汽车坐垫准备安装前,检查汽车坐垫品质好坏和绷缝线结实程度。

(2) 安装前座椅椅套。汽车前排座椅座套一般有帽头帽兜,汽车坐垫连体处有一个或两个卡扣,安装步骤如图3-66所示。

(3) 安装后排汽车椅套。

① 在安装之前,先观察后长座椅的安装方式。后排座椅其实有两种,一种是带扣式的,如图3-67所示,一种是不带扣式的,如图3-68所示。

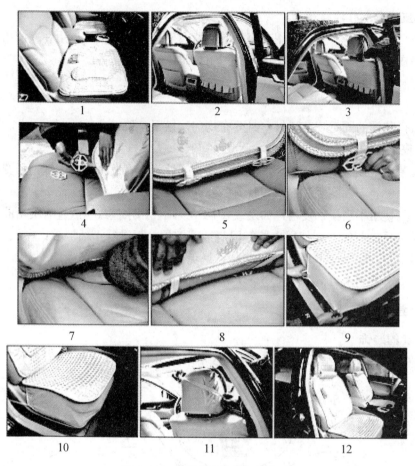

图 3-66 前排座椅椅套安装步骤

1—取出前排座套；2—套入背套；3—套好头枕套；4—取出卡盘；5—安装好卡盘；6—将卡盘塞入缝隙；7—塞入卡盘；8—卡紧；9—调整围裙；10—将围裙松紧带卡好；11—固定头枕；12—安装后效果

图 3-67 带扣式的汽车座椅

图 3-68 不带扣式的汽车座椅

② 不带扣式的座椅直接用力把长座拔出来，有锁扣的长座椅按下锁扣再把长座椅拔出。对于座椅和车体用螺钉固定的，应该先用螺丝刀拆开，使长座和后靠分开。靠背安装过程如图 3-69 所示。

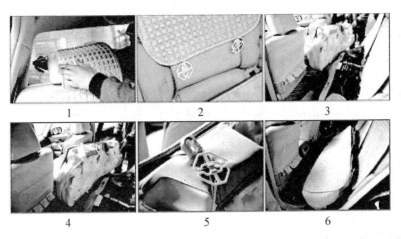

图 3-69　后排靠背座套的安装

1—取出后排座套；2—安装卡盘；3—放倒后排椅靠；4—套入座套；5—安装卡扣；6—调整好座套

③ 汽车椅套长座和后靠分开后，将长套通过汽车坐垫上的卡扣从下面穿过并固定好长座套，安装好座套，如图 3-70 所示。

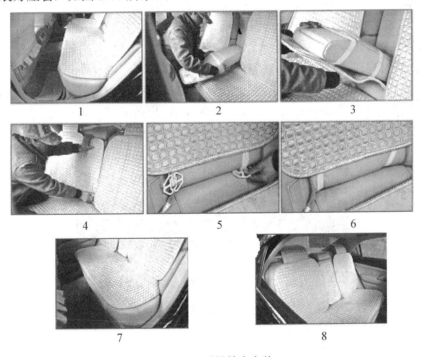

图 3-70　后排椅套安装

1—装回后排座椅；2—按出后排扶手准备装背靠；3—推成斜角套入扶手；4—推回扶手；
5—卡好卡扣；6—固定；7—整平；8—装完效果

特别提示

(1) 后排座椅安装好后，注意安全带应复位。
(2) 应把汽车坐垫长垫和靠背的固定卡插入缝隙中。

2) 坐垫洗涤养护

(1) 选用中性或低碱性洗涤剂，其中不要含氯漂成分。

(2) 水温以30℃为宜。

(3) 洗涤时应避免用力揉搓，尤其忌用硬刷。

(4) 水洗晾干即可，可用脱水机甩干，用手弄平后挂晾，不可拧干。

特别提示

洗涤时不要使劲刷，避免起毛，花纹颜色褪色。

3. 座椅加热垫的安装

对于一些原车不带加热垫的汽车，在冬季来临之时很多车主会考虑加装加热垫，下面以迈腾安装加热垫为例介绍座椅加热垫的安装。

(1) 首先将车内电源关闭，观察车钥匙是否处于关闭状态，拉下汽车手刹，用工具将要安装加热系统的汽车座椅拆卸下来，放置于干净、场地宽裕的地方。

(2) 将汽车座椅的外蒙皮小心拆下，记住拆卸的顺序。确定加热垫铺设位置，将加热垫带有网格胶的那面朝下，贴在海绵上。

(3) 将加热垫上的网格胶从一端撕下，边揭边粘贴。

(4) 加热垫保持平整，不可有褶皱，加热垫线束从海绵垫尾部引出，与主线束对接。

(5) 在汽车地毯下面进行布置主线束，如图3-71所示。

图3-71 布线

特别提示

(1) 线束保险丝、继电器和接插头安装在易散热的地方，注意远离暖风机风口。

(2) 主线束应躲避油门连杆和驾车者易接触位置，保证行车安全和线束安全。

(6) 将开关装至预先开好的开关孔位，整个系统安装完毕。

(7) 安装测试：发动车辆，检查原车电气线路是否出现异常，加热垫是否发热。如无异常，则安装结束。

4. 儿童座椅

1) 儿童座椅安装

儿童安全座椅(如图 3-72 所示)是一种固定于汽车座位上,供儿童乘坐且有束缚并能在发生车祸时最大限度地保障儿童安全的座椅。它可以正向安装也可以反向安装,现以反向安装法为例介绍儿童座椅安装过程。

(1) 将儿童座椅按图 3-73 所示的方式放在后排座椅上。

图 3-72 儿童座椅

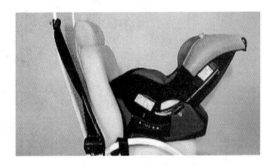

图 3-73 放置儿童座椅

(2) 取出安全带,由前向后安装到儿童座椅的导向槽内,如图 3-74 所示。

(3) 按照图 3-75 所示将安全带卡入儿童座椅上部的导向槽内。

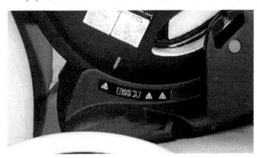

图 3-74 安全带穿入导向槽

图 3-75 卡入上部导向槽

(4) 将安全带绕过儿童座椅底部卡入另一侧导向槽,如图 3-76 所示。

(5) 扣上安全带卡扣,收紧安全带,安装完成的效果如图 3-77 所示。

图 3-76 卡入导向槽

图 3-77 安装完成效果

特别提示

儿童安全座椅如果能反向安装，一定要反向安装，因为这样安装可以最大限度地保护儿童的安全。

正向安装效果如图 3-78 所示。安装过程与反向安装基本相同。

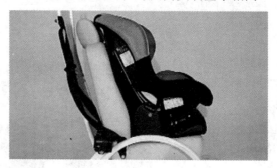

图 3-78　正向安装效果

2) 儿童座椅选用原则

(1) 大小应与儿童身高相当。

(2) 安装形式与汽车相配套。

(3) 安装位置一般选在后排座椅上。

任务 3.4　汽车地板装饰

知识目标	1. 了解汽车地板装饰常用材料 2. 知道汽车地板装饰的作用及类别 3. 掌握汽车地板装饰选用原则
技能目标	掌握汽车脚垫安装方法

阅读资料

汽车内部部件较多，各部件主要安装在地板上，所以地板清洗起来比较麻烦，这使汽车地板装饰成为汽车装饰必备的一部分。汽车地板装饰主要以脚垫为主，也可以用地胶或地革。

知识链接

1. 汽车脚垫

汽车脚垫按材质主要分为 4 类：亚麻脚垫、塑料脚垫、橡胶脚垫和毛绒脚垫。

1) 亚麻脚垫

亚麻脚垫如图 3-79 所示。它易变形、较软、清洗后容易起毛，车内温度较高时易产生异味，但透气性较好。

2) 塑料脚垫

塑料脚垫如图 3-80 所示。它的最大优点是容易清洗，拆洗方便，但温度较低时易变硬。

图 3-79　亚麻脚垫

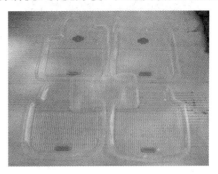

图 3-80　塑料脚垫

3) 橡胶脚垫

橡胶脚垫图 3-81 所示。它的使用范围较广，清洗很方便，相对比较经济耐用。

4) 毛绒脚垫

毛绒类脚垫如图 3-82 所示。它可分为绒质和纯羊毛两种，绒质脚垫和纯羊毛脚垫显得比较上档次，但是毛绒类脚垫清洗比较麻烦。

图 3-81　橡胶脚垫

图 3-82　毛绒类脚垫

特别提示

选购脚垫要注意制作工艺是否精美，全毛脚垫需观察有无掉毛现象。

2. 汽车地胶

1) 汽车地胶的选用

(1) 乘车人员流动性较大时选用。

(2) 搭载乘车人员较多时选用。

(3) 城市环境卫生条件一般时选用。

(4) 经常出入特殊地点，如郊区、公园、医院等地时选用。

2) 汽车地胶类型

汽车地胶分为手工缝制地胶(如图 3-83 所示)和成型地胶(如图 3-84 所示)两种。

图 3-83　手工缝制地胶

图 3-84　成型地胶

汽车地胶一般用 3mm 厚的橡胶制品做成。手工缝制的地胶能有效防止灰尘和脏物渗入地毯，但防水能力差一些。成型地胶是一次性压制成的，中间无缝，防泄漏性好，但遇凹凸大的车内地面时，铺出的美观性较差。

 特别提示

若地胶铺得不好，周边容易翘、中间不平整，整体感观较差。

3) 汽车地胶鉴别方法

(1) 闻。质量好的地胶无味道，假汽车地胶内室温度较高时有刺鼻怪味。

(2) 摸。优质地胶手感柔软，有弹性而且撕不烂；假地胶一撕即断。

(3) 看。质量好的地胶应无接缝和缝线，背面有一层防滑防潮隔音棉，铺装时不用胶粘。

3. 铺装地胶的注意事项

(1) 地胶的四外要留有足够的余量。
(2) 保证铺装地胶的几块料的绒毛倒向一致。
(3) 变速器杆、各脚踏板等位置孔要定位、剪缝好。
(4) 地胶四边一定要粘牢。

应用实例：地胶的安装

地胶安装方法如图 3-85 所示。

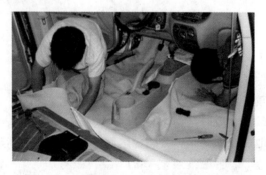
图 3-85　安装地胶

(1) 安装时需要把门内胶条拆下，并应把前排座椅拆下，然后将地胶整体安装到绒面地板上。

(2) 按照车内地板形状铺好边角位置，不能有缝隙。

(3) 压实铺装好的地胶。

(4) 安装好座椅。

任务 3.5　车内精品

知识目标	1. 了解汽车常用的内饰精品 2. 知道汽车内饰精品的选用方法
技能目标	1. 掌握精品内饰安装的注意事项 2. 知道内饰精品的选用原则

阅读资料

汽车精品是汽车文化的延伸和汽车品牌传播的工具，汽车精品的发展提升了人们对汽车品牌概念和文化认知，促进了汽车市场全面的发展。

知识链接

汽车精品一般分为汽车礼品和汽车用品两大类。汽车礼品如图3-86所示，包含有汽车纪念品、汽车广告礼品、汽车促销礼品、汽车宣传礼品等。汽车用品如图3-87所示，它包含有汽车改装用品、汽车护理用品、汽车加装配件等。

图 3-86　汽车车模

图 3-87　汽车香水

1. 精品分类

1) 观赏类饰品

汽车内饰观赏类饰品按照在车内的放置方式分为挂饰、贴饰和摆饰3种。

(1) 挂饰。汽车挂饰如图3-88所示。它是指通过链类连接件挂在车顶的一类装饰品，挂饰一般布置在前后风窗玻璃的内侧，主要悬挂在车内后视镜架。

特别提示

挂饰的安放不能影响驾驶者的视线。

(2) 贴饰。汽车贴饰如图 3-89 所示。它是指将图案或标语等贴在车内的装饰，贴饰种类比较多。贴饰主要布置在控制台前排乘员席前端、车门内侧及前排座椅后侧。

图 3-88 挂饰

图 3-89 贴饰

 **特别提示**

车辆管理条例规定，车窗玻璃上不能粘贴饰品或彩贴。

(3) 摆饰。汽车摆饰如图 3-90 所示。它是指将饰品放置于汽车的控制台或座椅上的一种装饰，主要有展示品类和布偶类，摆饰主要布置在控制台上端和后排座椅上，摆饰在车高速行驶时不能产生滑动。

2) 实用类饰品

汽车实用类饰品多种多样，车主常会根据自己的需求配置不同的装饰用品。实用类物品有的布置在控制台上，如汽车钟、指南针等；有的布置在操纵件上，如变速杆套、驻车制动套等；有的布置在座椅背后上，如饮料食物便利袋、收纳便利袋等。

(1) 汽车眼镜架如图 3-91 所示。它用于放置眼镜，避免眼镜破碎或划伤镜面。

图 3-90 摆饰

图 3-91 汽车眼镜架

(2) 饮料手机架如图 3-92 所示。利用它可方便地放置饮料或者手机，避免滑脱。

(3) 汽车时钟如图 3-93 所示。它既可以用于显示时间，又可以进行装饰。

图 3-92　饮料手机架

图 3-93　汽车小花时钟

(4) 汽车方向盘套。在方向盘上安装上高档牛皮制作的转向盘套可以防滑，如图 3-94 所示。高档牛皮透气性能良好，富有弹性，握感好，吸汗性强。毛绒棉把套冬季可以防止刚接触的温度较凉，手感舒服。

(5) 纸巾盒套如图 3-95 所示。它用于放置纸巾，其外观精美。

3) 香品类饰品

香品类饰品如图 3-96 所示。

图 3-94　汽车方向盘套

图 3-95　纸巾盒套

图 3-96　香品类饰品

(1) 汽车香品的功能如下。

① 清新车内空气，清除车内异味。

② 提高驾驶舒适性。车用香品可散发出怡人的清香，营造温馨舒适的乘车环境。

③ 提高驾驶安全性。车用香品可使驾驶员保持清醒、心情愉快，从而减少事故的发生率，提高驾驶安全性。

(2) 车用香品的种类。现今市场上的车用香品种类繁多，按其形态可分为气雾型、液体型和固体型。

① 气雾型。气雾型香品如图 3-97 所示。它主要由香精和溶剂组成，可分为干雾型、湿雾型等多种。香品里的除臭剂可以覆盖和稀释车内某些异味，比如行李厢味、烟草味、鱼腥味和小动物体味等，但挥发速度极快，保持时间短。

② 液体型。汽车液体型香品如图 3-98 所示。它又称汽车香水，由香精与挥发性溶剂混合而成。

液体车用香品放置在具有艺术造型的精美容器中，比固体香膏香味要浓，散发速度较固体型快，但是气味浓香、使用便利。

③ 固体型。汽车固体型香品如图 3-99 所示。它主要是将香精与一些香料混合，然后加压成型，一般可用 2～3 个月，具有香味清淡、使用周期长、无需补充等特点。

图 3-97　气雾型香品　　　　　图 3-98　液体型香品　　　　　图 3-99　固体型香品

(3) 汽车香品选择原则如下。

① 选择气味清淡，刺激性小的香品。

② 选择提神醒脑的香品。

③ 对于常开空调的车主，选择去异味强的香品。

④ 尽量选择质量好的由正规厂家生产的香品。

2. 内饰精品的选购原则

(1) 美观性原则。

(2) 协调性原则。

(3) 安全性原则。

3. 精品装饰的安装注意事项

(1) 挂饰链绳的长短应适中，过短没有摆动效果，过长摆动幅度太大，会影响驾驶员视线。悬挂的链绳应置在镜面背后，不要遮挡后视镜和影响驾车视线。

(2) 控制台上的饰品应采用吸盘式安装或防滑安装，即饰品的下方应带有吸盘或防滑垫，将饰品固定在控制台上，否则摆饰会因汽车颠簸而经常移动，甚至掉下损坏或飞出伤人。

项 目 小 结

(1) 汽车内部装饰是指对车内篷壁、地板、控制台等外表面，通过加装、更换面料及放置饰品等方法改变其外观，以营造温馨、舒适的车内环境。

(2) 顶棚内饰按照制造成型方式分为软顶和硬顶两种。软顶一般由面料和泡沫层通过层压法或火焰法复合压制在一起而成型。硬顶内衬一般指成型硬顶，它主要由装饰面、泡沫层和基材 3 部分组成，通常是利用大型生产设备，用热压成型法将它们复合压制成一个整体，具有一定刚性和立体形状。

(3) 仪表板是汽车内饰中结构最为复杂、技术含量最高、零部件最多的的总成系统。仪表板上有很多功能性的零部件，如仪表组合、音响组合、各种电器开关、空调控制器等，仪表板的装饰应注重专业性和安全性。

(4) 汽车的座椅不仅提供座位，使人轻松舒适地旅行，同时又是汽车的重要组成部件。汽车的座椅基本上都是由汽车配件厂专门生产的。座椅的主骨架和形体一般是按人体工程学原理，以保证乘坐舒适、安全而设计的。

(5) 汽车座椅的装饰包括真皮座椅的改装、儿童座椅的安装、椅套的安装和座椅加热垫的安装等项目。

(6) 汽车脚垫作为内室地板的防护，按材质分主要有亚麻脚垫、塑料脚垫、橡胶脚垫和毛绒脚垫4大类。

(7) 汽车精品一般分为汽车礼品和汽车用品两大类。汽车礼品包含有汽车纪念品、汽车广告礼品、汽车促销礼品、汽车宣传礼品等。汽车用品包含有汽车改装用品、汽车护理用品、汽车加装配件等。

习 题

一、填空题

1. 汽车内部装饰主要是对汽车驾驶室以及乘客室进行装饰,包括:(　　)、(　　)、(　　)和(　　)。
2. (　　)座椅对座椅的舒适性、方位的可调性要求高。
3. 顶棚内饰按照制造成型方式分为(　　)和(　　)两种。
4. 软顶内衬按照安装形式不同分为(　　)和(　　)。
5. 硬顶内衬一般指成型硬顶，它主要由(　　)、(　　)和(　　)3部分组成。
6. 按照使用和视觉感官的舒适性，仪表板可分为(　　)、(　　)和(　　)。
7. 汽车精品一般分为(　　)和(　　)两大类。

二、判断题

1. 汽车顶棚内衬层的结构基本上可分为填充型、成形型、吊装型和粘贴型4种。
 (　　)
2. 高性能、低成本、质量轻、安全可靠、美观使用，这是对仪表板的重要要求，也是各大厂家竞争的焦点和市场的卖点。 (　　)
3. 轿车座椅的典型结构为复合型结构，由骨架、填充层、钢丝网和表皮组成。(　　)
4. 汽车座椅的装饰主要集中在表皮层，主要是对表皮层材料的选用和加工制作。
 (　　)
5. 车身内饰和地毯等纤维绒布织品容易积聚污垢，使细菌繁殖，吸尘器不仅能够除尘，也可以清除细菌。 (　　)
6. 轿车按座椅的使用功能分类，可分为驾驶员座椅、乘客座椅、儿童座椅3种。
 (　　)

三、选择题

1. 汽车顶棚内衬层的结构基本上可分为(　　)。
    A．填充型　　　　B．成形型　　　　C．吊装型　　　　D．粘贴型
2. 汽车内部装饰主要是对汽车驾驶室以及乘客室进行装饰，包括(　　)。
    A．地板　　　　　B．篷壁　　　　　C．座椅　　　　　D．仪表板
3. (　　)是对汽车仪表板的性能要求。
    A．低成本　　　　B．高安全性能　　C．降低噪声　　　D．装饰效果好
4. 轿车按座椅的使用功能分为(　　)。
    A．驾驶员座椅　　B．乘客座椅　　　C．儿童座椅　　　D．豪华座椅
5. (　　)对座椅的舒适性、方位(高低、前后、左右)的可调性要求高。
    A．驾驶员座椅　　B．乘客座椅　　　C．儿童座椅　　　D．豪华座椅
6. 车用香品按形态可分为(　　)。
    A．气雾型　　　　B．液体型　　　　C．固体型　　　　D．挥发型

四、简答题

1. 汽车顶棚粘贴型内衬的装饰方法有哪些？
2. 汽车内衬的作用有哪些？
3. 汽车内衬的选用原则有哪些？
4. 精品装饰的安装注意事项有哪些？

五、简述题

1. 粘贴法更换车门衬板外表层的步骤有哪些？
2. 试述真皮座椅的鉴别方法。

项目 4

汽车防护

随着汽车数量增加以及汽车后市场的发展,人们对汽车行驶安全性及使用舒适性的要求也越来越高,汽车防护产品越来越多。所谓汽车防护是指在汽车上安装一些示警装置或防护装置,通过这些装置给汽车和乘坐人员提供安全便捷的防护措施。

任务 4.1　汽车车窗防爆隔热膜

知识目标	1. 了解汽车车窗防爆隔热膜的发展过程 2. 了解汽车车窗防爆隔热膜的组成 3. 知道汽车车窗防爆隔热膜的作用及鉴别方法 4. 掌握汽车车窗防爆隔热膜安装及注意事项
技能目标	1. 熟悉汽车车窗防爆隔热膜粘贴使用工具和设备 2. 掌握汽车车窗防爆隔热膜粘贴方法

阅读资料

经研究发现，驾驶者在行车过程中，车内良好的温度环境会减少交通事故发生的概率。例如车内温度由 21℃提高到 27℃时，司机反应时间会延长 22%左右，误操作几率会提高 50%左右。良好的隔热措施配合车内空调，能有效增加司机的应变能力，降低意外事故发生的概率。此外防爆隔热膜还有防爆的作用，能有效地防止事故发生时因玻璃碎片飞溅造成的附加伤害。玻璃破碎防爆膜的作用如图 4-1 所示。

图 4-1　玻璃破碎防爆膜的作用

项目案例

汽车防爆隔热膜是指贴在汽车玻璃上的一种透明薄膜，使用坚固耐潮、耐温性好、透光性高的材料制成，当玻璃破碎时能紧紧贴在玻璃碎片上，能起到防爆隔热的作用。

在一些现代建筑上人们常会使用玻璃幕墙或者落地玻璃阳台，这种设计会导致更多的太阳能辐射热传入室内，尤其是夏季高温天气会增加空调的耗电量。在 20 世纪 60 年代，美国研制出了一种具有隔热节能、抗紫外线、美观舒适、安全防爆作用的隔热膜。随着人们对这一材料的认可和车辆使用的增多，如今隔热膜也广泛地应用到汽车车窗玻璃上。汽车粘贴防爆隔热膜前和粘贴防爆隔热膜后的效果分别如图 4-2 和图 4-3 所示。

项目 4　汽车防护

图 4-2　粘贴防爆隔热膜前

图 4-3　粘贴防爆隔热膜后

知识链接

1. 防爆隔热膜的发展

汽车车窗防爆隔热膜的发展先后经历了茶色膜、防爆膜、防爆隔热膜 3 个阶段。

(1) 茶色膜。最早的茶色膜俗称为太阳膜。优点是遮光性强，安装简单；缺点是隔热效果差、易褪色、易脱胶。

(2) 防爆膜。防爆膜是利用新型粘胶和较厚的膜层压合到一起，提高了防爆、隔热、防晒的效果，隔热率一般在 20%～60%，防紫外线能力达到 80% 左右。

(3) 防爆隔热膜。防爆隔热膜是在基膜上电镀金属涂层，而一般太阳膜则在基膜上涂了一层颜色层。好的防爆隔热膜对紫外线阻隔率达到了 90% 以上，红外线阻隔率提高到 30%～95%，胶的黏性更强，从而达到既降低膜的厚度又提高防爆性能的效果。

2. 防爆隔热膜的结构

防爆隔热膜的制造非常讲究，优质的防爆隔热膜以带色薄膜塑料为基体，采用真空镀层技术，在基体上电镀一层超薄的金属，达到遮光、隔热和阻隔紫外线等的作用，同时高强度的基体具有一定的防爆裂作用。其结构层主要由透明基材、易施工胶膜层、感压式粘胶层、隔热层、防紫外线层、安全基层及耐磨外层组成。图 4-4 所示为防爆隔热膜的结构示意图。

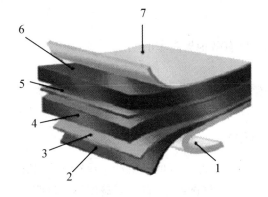

图 4-4　防爆隔热膜的结构示意图

1—透明基材；2—胶膜层；3—感应层；4—防紫外线层；5—隔热层；6—安全基层；7—耐磨层

(1) 透明基材。透明基材是一层可以剥离掉的透明隔离层，起到粘贴前保护隔热膜的作用，施工过程中应将该层剥离掉。

(2) 胶膜层。胶膜层主要由耐候性良好、高透明的丙烯酸酯胶粘剂组成，能使膜紧贴在玻璃上，方便施工，好的粘胶层在粘贴后不会产生脱胶。

(3) 感应层。感应层决定汽车防爆膜质量优劣，质量优良的感应层非常清晰，不影响视线，并能抵抗紫外线，不褪色，粘接力强，能有效黏附住破碎的玻璃，不伤客。

(4) 防紫外线层。防紫外线层是在隔热膜上涂一层特殊涂层，它能有效地隔断紫外线，保护内饰，使乘客免受紫外线伤害。

(5) 隔热层。隔热层是在膜上通过真空蒸镀或真空磁控溅射金属铝、银、镍等基层，同时加入一些抗 UV 的吸收剂，以反射红外线及阻隔紫外线，从而达到隔热的效果。

(6) 安全基层。安全基层是由高强度、高透明 PET 聚酯与颜料熔融挤出双向拉伸制成，由于颜料夹在膜里面，可有效防止变色。安全基层能起到阻挡冲击、减少外来伤害的作用，能够有效地过滤阳光和眩光，提高行车过程中的安全性和舒适性。

(7) 耐磨层。耐磨层由耐磨的聚氨酯材料制成，它非常坚韧，涂布在隔热膜外层，该层非常耐刮擦，防止车在运动中沙石等对膜和玻璃的划擦，也可以防止洗车过程中因操作不当对玻璃和膜的损伤，使玻璃看上去透光性好经久如新。

3. 汽车防爆太阳膜的作用

(1) 抵御有害紫外线。

长期在紫外线辐射条件下，人体皮肤会受到伤害，严重时会引发皮肤疾病。对于乘员来说，人体基本上处于静止状态，易受到紫外线伤害。防爆隔热膜的紫外线防护层可有效阻挡紫外线，抵御紫外线对人体皮肤的伤害。

(2) 提高防爆性能。

汽车防爆隔热膜可以有效防止汽车玻璃破碎时对乘车人员和车内物体造成的损害。

(3) 提高空调效能。

汽车防爆太阳膜的隔热率可达 50%~95%，减少了汽车空调的使用率，节约燃油，提高空调使用效率。

(4) 提升车的档次。

防爆隔热膜的粘贴可以有效地提高车的档次。

(5) 保证乘车隐密性。

汽车防爆隔热膜的颜色一般都显得很厚重，从外向内观察粘贴防爆隔热膜后车窗玻璃的透视性会降低，同时增加车内的隐密性。

4. 风挡玻璃膜的要求

(1) 我国 2004 年 10 月 1 日起实行的《机动车运行安全技术条件》规定：汽车前风挡玻璃的可见光透射率不允许小于 70%，所有车窗玻璃不允许张贴镜面反光遮阳膜。

(2) 前风挡玻璃应具有足够的透光性。

(3) 所贴膜应以视线清晰、不增加前风挡玻璃的反光和不影响驾车安全为首要前提。

应用实例:贴膜工具及流程

1. 贴膜工具及用品

贴膜工具和用品包括保护工具、清洗工具、裁膜工具、热成型工具、排水工具及清洗液和安装液。

1) 保护工具

(1) 遮盖材料。遮盖材料如图 4-5 所示。它可以防止内饰部件和车身被清洗液和安装液淋湿或弄脏。

(2) 毛巾。如图 4-6 所示,毛巾主要用来保护仪表台、座椅或内饰,同时可以吸收清洗液和安装液,一般选用纯毛且不掉毛的毛巾。

图 4-5 遮盖纸

图 4-6 毛巾

2) 清洗工具

(1) 喷壶。喷壶如图 4-7 所示,它可以盛放清洗液和安装液,使喷出的液体以所需的雾形喷出。

(2) 铲刀。如图 4-8 所示,铲刀可以清除玻璃表面的顽固污渍及粘贴物。

图 4-7 喷壶

图 4-8 铲刀

3) 裁膜工具

(1) 剪刀。如图 4-9 所示,剪刀用来裁剪膜的形状。

(2) 尺。如图 4-10 所示,直尺和卷尺可测量车窗及膜的尺寸,便于粗裁切。

(3) 工作台。如图 4-11 所示,工作平台便于裁切出想要的形状。

图 4-9　剪刀　　　　　　图 4-10　尺　　　　　　图 4-11　工作台

4) 热成型工具

(1) 热风枪。如图 4-12 所示，热风枪可以加热窗膜，使其收缩变形，与玻璃形状一致，并便于和玻璃很好地贴合。

(2) 塑料刮板。如图 4-13 所示，塑料刮板用来刮平窗膜，并辅助成型。

5) 排水工具

排水工具主要是橡胶刮板，如图 4-14 所示。橡胶刮板能彻底排除玻璃上的水。

图 4-12　热风枪　　　　图 4-13　塑料刮板　　　　图 4-14　橡胶刮板

6) 清洗液和安装液

清洗液和安装液用于玻璃的清洗和安装，专用的清洗液和安装液能保证贴膜的安装质量。

2. 贴膜的工艺过程

1) 准备工作

(1) 车内遮盖防护。由于贴膜过程中会使用清洗液和安装液，为避免对车身及电器元件造成损伤，应做好必要的防护，尤其是在进行前风挡玻璃贴膜时要注意，以防止水流入中控台内造成不必要的损失。遮盖防护如图 4-15 所示。

图 4-15　遮盖防护

项目 4 汽车防护

> **特别提示**
>
> 贴膜时前后机盖应遮盖,防止在安装过程中划伤漆面,内室应使用塑料保护套包好,以防喷安装液弄脏车门、地板、车座和空调出风口,造成事故和损伤。

(2) 制作贴膜样板。利用塑料薄膜或报纸等,在需要进行贴膜的玻璃上勾勒出基本形状,以便于下料、裁膜。图 4-16 所示为制作样板。

图 4-16 制作样板

2) 施工流程

(1) 车窗玻璃密封胶条的清洗。贴膜前需要先用吹风枪、刮板等清洁密封胶条内部的沙石、灰尘,之后通过反复升降玻璃,带出胶条内部的污物,并用毛巾擦净玻璃边缘。图 4-17 所示为清洁玻璃密封。

(2) 清洁车窗玻璃。贴膜时需要在外部打样内侧粘贴,所以车窗玻璃的内外侧均需进行彻底清洁。若清洁不彻底,粘贴的膜会出现气孔、贴不牢等问题降低玻璃膜的使用效果。一般污物用清洗液配合刮板反复擦可去除,如果污垢过多,内侧可使用专用的去污粉进行清洁,而外侧玻璃可使用洗车泥进行清洁。图 4-18 所示为玻璃清洁。

图 4-17 清洁玻璃密封

图 4-18 玻璃清洁

(3) 粗定型。将粗裁的膜用安装液黏附在外侧玻璃上，进行外部粗定型。有时车窗玻璃膜在车窗上会出现褶皱，这些褶皱可以在用风筒和刮板烘烤定型时去除，以使车膜和玻璃之间形成完好的贴合。图4-19所示为烘烤定型。

(4) 裁膜。根据车窗玻璃的形状，对车膜进行细致的剪裁，去掉多余的膜。车膜边缘应比车窗边缘略小几毫米，以防止玻璃升降过程中造成卷边和膜上的粘液粘在密封胶条上影响玻璃升降。图4-20所示为裁膜。

图4-19　烘烤定型

图4-20　裁膜

贴膜时，各部分受热应均匀，以防受热不均产生开裂。

(1) 前风挡玻璃膜不应超过陶瓷小黑点，为了不影响行车视线必须整张粘贴。
(2) 侧风挡玻璃裁切时应小于玻璃3～5mm。
(3) 后风挡玻璃因有加热丝，不要整张粘贴。
(4) 裁切时注意不要划伤玻璃。

(5) 贴膜。撕去车膜背面的保护层，在内侧玻璃和车膜上喷上安装液，并将二者贴合在一起，并仔细修整车膜边缘使之与车窗配合完好。图4-21所示为贴膜。

(6) 挤水。将车膜背面撕下的保护膜再次喷洒安装液，用专用刮板刮压玻璃膜，挤出膜和玻璃之间的安装液，并保证二者完全贴合无气泡。图4-22所示为挤水。

(7) 粘贴玻璃警示贴。玻璃膜粘贴完之后，为保证粘贴质量须在3日后才能开启车窗玻璃。因此贴膜完成后经检验没有问题，工作人员应在玻璃升降器把手位置粘贴警示贴以防立马开启车窗玻璃，如图4-23所示。

项目 4　汽车防护

图 4-21　贴膜

图 4-22　挤水

图 4-23　粘贴警示贴

3. 防爆隔热膜的鉴别

劣质的防爆隔热膜粘贴后，轻则产生气泡等粘贴缺陷；严重时会导致司乘人员看车外物体产生重影或失真而影响行车安全性。因此鉴别防爆隔热膜质量的优劣变得至关重要。

1) 透光性的鉴别

对光检验汽车玻璃膜的透光性和单向透视性。优质防爆隔热膜应具有很好的透光性，甚至可以达到 95%。不论颜色深浅，冲光观察，清晰度都应在 60m 以上，且没有雾蒙蒙的感觉。图 4-24 所示为检查透光性。

2) 隔热效果的鉴别

取一块膜的边角料，在红外线烤灯或碘钨灯上方烘烤 10min 左右，用手去感觉膜的背面，温度升高不明显的为优质膜。图 4-25 所示为烤灯鉴别膜隔热性。

3) 涂层的鉴别

优质膜的涂层是用金属溅射制成的，可以通过现场测试手机信号来鉴别，对手机信号屏蔽较差的为金属膜，此外通过消毒水浸泡，金属膜不脱色。图 4-26 所示为鉴别涂层方法。还可以撕开车膜的内衬后，用指甲刮一下，如果颜色会掉就是劣质膜，这种膜使用不久后就会明显褪色。

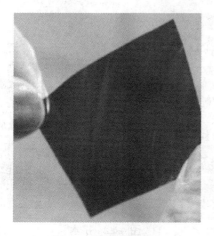

图 4-24　检查透光性

图 4-25　烤灯鉴别膜隔热性

图 4-26　鉴别涂层方法

4) 柔韧性的鉴别

防爆隔热膜要求有防爆作用，要想满足防爆性能要求需要测试膜的柔韧性，优质的膜手感细腻、光滑、质地均匀、质感强。柔韧性好的膜耐紫外性能力较强，不易老化。

5) 耐磨性的鉴别

耐磨性好的膜手感厚实平滑，好的防爆膜表面经过硬化处理，长期使用不易划伤表面。低档膜手感薄而脆，容易被刮伤，令膜面不清晰。

6) 颜色的鉴别

劣质膜以染色工艺为主，颜料吸附在薄膜表面，不仅均匀性与稳定性差，色差较重，更容易褪色和变得模糊。优质膜采用磁控溅射工艺制造，通过强力磁场吸附金、银、镍、钛等贵稀太空金属原子，不仅色泽均匀，更天然具备太空金属色泽、视觉清晰度高、通透性极佳，非常适用于汽车前风挡风玻璃。

4. 防爆隔热膜选用原则

1) 查证书

优质的防爆隔热膜应有正规生产厂家，经销商应有经过公证的授权证书和对公证书的法律认证。由于优质的安全膜以进口为主，若为进口膜还要有外交认证、进口报关证和完税证明。

2) 查标识

激光防伪标识会破坏膜的控光性，正规膜不在膜上印防伪标识，有激光防伪标志的产品肯定是假货。

3) 查膜厚

防爆隔热膜的膜厚一般在 150μm 以上才能具备初级防护功效，高端的安全膜厚度能达到 400μm。普通的膜厚度一般只有 20～30μm，用手直接触摸可以感觉到明显的厚度差异。

4) 查安装胶层

取一块膜的边角料，把衬膜撕开，黏在手上往下甩不脱落，将膜揭下来的时候，感到很黏并且手上没有异味，说明膜的粘胶性能好。

5) 查是否掉色

汽车玻璃膜通常采用本体渗染和溅射金属着色的方法令膜有颜色，本体渗染使膜有颜色的称自然色膜，溅射金属使膜具有金属色的称为金属膜，采用这两种方法着色的膜是不易褪色的，尤其是金属膜。用牙轻咬一下膜，如果被咬之处有透明点，说明膜是粘胶着色的，而非采用本体渗染和溅射金属着色的方法。

6) 查透光性和可视性

尽量选用透光性高的膜，尤其是前风挡和前排座椅位置的膜透光性要高。此时侧窗膜无需挖孔且不影响视线，夜间行车时还能把后面来车大灯照射在倒后镜的强烈眩光反射减弱，使眼睛非常舒服；在雨夜行车、倒车、调头时也能保证视线良好。

7) 查紫外线阻隔率

对于高质量的膜，紫外线阻隔率一般不低于 98%，高的可达 100%。高紫外线阻隔率能有效防止车内的人被过量的紫外线照射，灼伤皮肤，还能保护车内音响不会被晒坏。

8) 查保质期

一般正规厂家生产的膜都有较长的质量保证期，通常是 5 年。例如优玛、雷朋、龙膜、3M 等中高级防爆膜在市场上基本处于同一档次，质量保证期在 6～8 年；强生、威固、加拿大福瑞达等保质期可长达 8 年。

5. 贴膜的验收标准

1) 贴完膜后全项检查

(1) 膜面不能有折痕、气泡、划伤等，膜内不能存在疵点和杂物。

(2) 在玻璃边缘应留 1～2mm 的微间隙，以粗略观察不容易发现为宜。

(3) 检查前风挡玻璃的陶瓷小黑点，应不遮盖黑色釉点区、不翘边、美观协调。

(4) 检查是否有因挤水用力不均匀和挤水路径无规则而产生的视觉重影、水痕。

2) 侧窗膜的检查

(1) 检查每块玻璃有无明显的漏光现象。

(2) 驾驶座两侧的贴膜应先整张装贴，从驾驶室看两侧后视镜无影响视线的感觉，若有应采取挖孔处理，且务必将边缘修整平滑。

(3) 看车窗玻璃的边缘与膜的边缘是否平行，膜边缘是否平滑。

(4) 检查膜与玻璃的贴合，不能有气泡等缺陷。

3) 后风挡玻璃膜的检查

(1) 后风挡玻璃内侧有加热丝，膜不可以整张贴，以免长时间加热导致影响其使用寿命。

(2) 检查拼接处是否对齐。

(3) 检查玻璃下缘是否有水或气泡残余。

6. 粘贴防爆隔热膜的注意事项

(1) 贴膜前，应该要求技工先对玻璃进行彻底清洁，一般可用不起毛的布从湿到干、从上到下擦拭干净，再将玻璃边缘擦干。

(2) 必须在室内清洁环境下施工。

(3) 裁切压膜工具表面不能有毛刺或缺口。

(4) 选用的清洁液和安装液应为专业产品，不能有腐蚀性。

7. 汽车贴膜后的注意事项

(1) 侧窗在汽车贴膜后 3~5 天之内不要开启。

(2) 贴膜后，不要急于开冷气也不要暴晒。

(3) 不要用含有酒精或氨水的溶液清洗玻璃膜。

(4) 不要用指甲或尖锐物将膜边缘揭开，以免污物进入。

(5) 如果玻璃上有雾气、水纹或者气泡，一定要在 24h 内返回贴膜店内处理。

(6) 禁用黏性标签直接贴在膜上。

(7) 汽车贴膜后 2~3 周内尽量不要清洗，可使用不起毛的布等柔软物品蘸肥皂水擦拭，注意不要夹入砂粒或尖锐颗粒，也不要使用硬毛刷和磨片等，以免划伤膜表面。

8. 常见防爆隔热膜的粘贴缺陷

(1) 橘皮纹，如图 4-27 所示。

(2) 气泡，如图 4-28 所示。

图 4-27 橘皮纹

图 4-28 气泡

(3) 不合格的裁贴，如图 4-29 所示。

(4) 漏光，如图 4-30 所示。

图 4-29 不合格的裁贴

图 4-30 漏光

(5) 不合格的接缝，如图 4-31 所示。

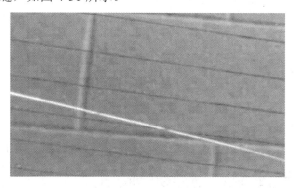

图 4-31 不合格的接缝

9. 防爆隔热膜粘贴缺陷原因

(1) 劣质的膜以及膜的末端粘贴后易产生气泡。
(2) 气泡产生原因是水分处理不干净和水质较差。
(3) 膜形状和尺寸裁切错误。
(4) 玻璃表面灰尘处理不彻底易产生橘皮纹现象。
(5) 使用劣质的安装液，会使膜受到腐蚀产生透光现象。

10. 防爆隔热膜黏贴缺陷解决办法

(1) 裁膜前，在膜底部垫一张白纸，用较强的光线或阳光照射膜，检查膜面是否有褶皱。
(2) 使用质量优良的水，同时应多次赶压膜，防止气泡产生。

特别提示

金属和陶瓷膜采用的胶为压力敏感胶，需要使用牛筋压板进行反复赶膜，才能使胶在压力充分作用下重新组合，充分发挥胶的特性。

任务 4.2　贴犀牛皮

知识目标	1. 了解犀牛皮的使用和结构组成 2. 掌握犀牛皮的作用 3. 掌握犀牛皮的安装部位
技能目标	1. 掌握犀牛皮安装及步骤 2. 掌握犀牛皮安装及注意事项 3. 掌握安装工具的使用

阅读资料

犀牛皮又称为漆面保护膜，或称防划膜，它是一种高性能聚氨脂薄膜，坚韧耐磨，可有效地防石击、抗异物刮擦，并且有优异的抗热、抗老化能力。犀牛皮的材料具有延展性、透明性及曲面适应性，装贴后绝不影响车身外观，例如上海大众帕萨特、奥迪 A6、进口的本田佳美、欧宝等原厂都配有原装的 3M 犀牛皮。

项目案例

汽车犀牛皮使汽车漆面真正地实现了完全零氧化，同时不改变汽车颜色和漆面的靓丽，可有效保护汽车易受损部位，如保险杠、门边、后视镜、轮毂、门把手、引擎盖等部位的刮蹭。如图 4-32 所示，车门把手安装犀牛皮后防划，使内衬经久耐用，保持一新。

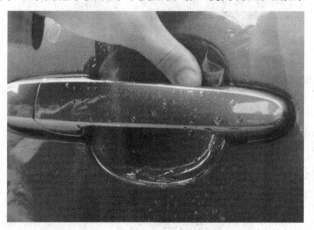

图 4-32　车门把手犀牛皮

知识链接

1. 犀牛皮的发展

20 世纪 60 年代，犀牛皮技术在美军直升机上用于保护螺旋桨边缘。

20 世纪 70 年代，犀牛皮在军事上用于保护雷达罩漆面。

20 世纪 90 年代，犀牛皮在赛车上得到使用。

现在，犀牛皮广泛地应用在轿车门把凹处、车前后保险杠四周、后视镜背面、四门踏板、车轮罩周围等这些易划伤部位，如图4-33所示。

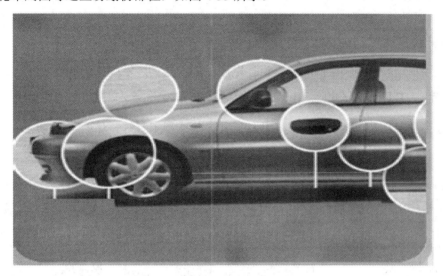

图4-33 粘贴犀牛皮的部位

2. 犀牛皮的结构

犀牛皮一般由PVC薄膜层、丙烯酸胶层和离析纸组成，如图4-34所示。

图4-34 犀牛皮的结构

1—PVC薄膜层；2—丙烯酸胶层；3—离析纸

1) PVC薄膜层

PVC膜又称聚氨酯层，厚度一般约为0.15mm，透明度高、延展性好。具有优异的抗碎片击打能力、抗穿刺能力、抗刮擦能力、良好的防化学腐蚀能力等。

2) 丙烯酸胶层

丙烯酸胶层又称为粘接胶层，厚度一般约为0.05mm，具有适中的初始黏度、超强的粘贴强度、优异的抗胶转移性能，优质的粘胶层粘贴后一般不会产生脱胶现象。

3) 离析纸

离析纸是一层可以剥离掉的保护隔离层，起到粘贴前保护犀牛皮的作用，在给汽车施工过程中会将该层剥离掉。

3. 犀牛皮的作用

(1) 使车的内衬、漆面与外界隔离，具有防灰尘、防鞋油、保持车内清洁等功能。

(2) 犀牛皮的表面具有防止划伤的耐磨层，可减少内衬和漆面被划伤的可能。

(3) 犀牛皮的粘贴不会因高温而产生变质、变色，在复杂表面也不会改变产品性能。

应用实例：车门和后视镜贴膜

现在以车门和后视镜贴膜为例，讲述贴膜使用的工具、贴膜工艺过程及注意事项。

1. 贴膜工具及用品

贴膜工具和用品包括清洁工具、裁切工具、热成型工具等，如图 4-35 所示。

图 4-35　粘贴工具

1—鹿皮；2—细海绵；3—喷壶；4—遮盖布；5—毛巾；6—吹风机；7—刮板；8—切纸刀

2. 车门粘贴犀牛皮工艺过程

(1) 用中性清洗液清洗待粘贴的部位，如图 4-36 所示。尤其是待粘贴部位的灰尘和蜡等杂质。

(2) 裁切犀牛皮，如图 4-37 所示。

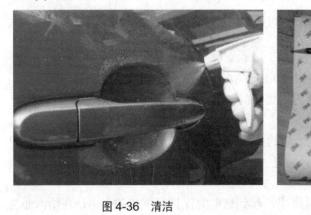

图 4-36　清洁

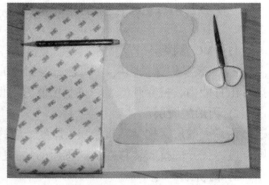

图 4-37　裁切犀牛皮

(3) 把已裁好的犀牛皮放入拉手内并与原车拉手轮廓对齐，如图 4-38 所示粘贴。

(4) 挤出犀牛皮内的水使之与漆面充分贴合，如图 4-39 所示。

图 4-38　粘贴

图 4-39　挤水贴合

(5) 粘贴完毕后，擦干车身。

3. 后视镜贴犀牛皮过程

(1) 施工前清洁，如图 4-40 所示。

(2) 粘贴对位，如图 4-41 所示。

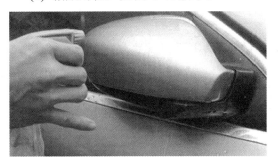

图 4-40　清洁

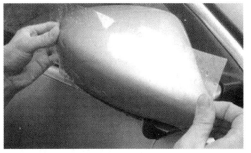

图 4-41　粘贴对位

(3) 用刮刀刮压犀牛皮，使其服帖平整，如图 4-42 所示。

图 4-42　刮平

特别提示

贴粘贴过程中，若很难使犀牛皮和漆面或内衬粘合在一起可以用电热吹风机软化后再进行刮平。

(4) 裁切多余的犀牛皮，如图 4-43 所示。

(5) 粘贴后的效果如图 4-44 所示。

图 4-43　裁切

图 4-44　施工完毕效果图

4. 犀牛皮的安装和使用注意事项

(1) 原来有蜡的安装位置须进行除蜡处理，防止粘贴后出现犀牛皮脱落的现象。

(2) 预粘贴表面必须完全清洁干净。

(3) 如果购买的犀牛皮存放时间过长黏性下降，可以将犀牛皮放至水中或酒精中浸泡 10～20min，即可增加犀牛皮黏性物质的黏性。

(4) 粘贴过后，要保证 24h 内不要冲洗粘贴有犀牛皮的部位，防止犀牛皮脱落。

任务 4.3　汽车防盗器

知识目标	1. 了解汽车防盗器的种类 2. 知道汽车防盗器的作用 3. 掌握汽车防盗器安装及注意事项 4. 掌握防盗器的选用原则
技能目标	1. 熟悉汽车防盗器安装工具和设备 2. 掌握汽车防盗器安装方法

阅读资料

汽车防盗几乎是每个车主关心的问题，车主都会加装防盗装置。市场上常见的防盗装置有电子防盗器、中控锁、排挡锁、方向盘锁、轮胎锁等。电子防盗器在防盗状态下可以锁死引擎，既便是原车钥匙也无法将车发动，同时能连接控制 4 个车门，开关车门十分方便，既有鸣笛警示功能，又能调整到静音防盗状态，防止扰民，所以深受车主喜爱。也有一些车主会配装机械式排挡锁，将车的挡把放在空挡或倒挡位置锁上，即使盗贼启动车，也不能将车开走，车内空间小，锁杆坚硬不易被锯断。选择防盗器、排挡锁要从产品质量、安装技术及售后服务 3 方面加以考虑，在安装时要注意尽量不改原车线路。

项目 4 汽车防护

项目案例

汽车防盗报警器就是安装在汽车内部的防盗装置,它与汽车相关电路连接,可以锁止起动机供油或点火系统的电路,防盗器的安装可以延长盗车时间,同时起到阻吓窃贼、防盗作用,图 4-45 所示为安装电子防盗器。

图 4-45　安装电子防盗器

知识链接

1. 常见汽车防盗装置的种类

1) 机械式防盗装置

机械式防盗装置是采用金属材料制作的各种防盗锁具,包括转向柱锁、方向盘锁、变速杆锁、踏板锁(离合器踏板锁、制动踏板锁)、车轮锁等。

(1) 转向柱锁。转向柱锁如图 4-46 所示。它主要由锁杆、凸轮轴、锁止器挡块、开锁杠杆和开锁按钮等组成。转向柱锁能使驾驶员拔出钥匙时,转向柱自动被锁住,使汽车无法驾驶。

(2) 方向盘锁。方向盘锁如图 4-47 所示。它主要用来锁置方向盘,防止窃贼转动方向盘。

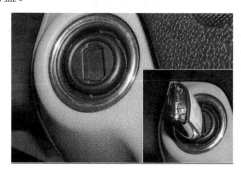 

图 4-46　转向柱锁　　　　　　　　图 4-47　方向盘锁

(3) 变速杆锁。变速杆锁如图 4-48 所示,也称转速锁、排挡锁,使用时把换挡杆锁定于空挡或倒车挡,使窃车贼无法操纵轿车正常行驶。也有的变速杆锁可以将方向盘和变速杆锁在一起，可以同时防止窃贼转动方向盘和拨动变速杆。

(4) 制动器踏板锁。制动器踏板锁也称制动锁，如图 4-49 所示。它的原理是牢牢地锁住制动系统或锁住制动器踏板杆，使汽车处于制动状态，四轮抱死的车辆无法行驶，盗贼无法开走汽车。

图 4-48　变速杆锁　　　　　　　　　图 4-49　制动踏板锁

(5) 车轮锁。车轮锁如图 4-50 所示。它可以锁住轮胎，起到防盗和防拖的作用。

2) 电子式防盗装置

电子式防盗装置如图 4-51 所示。它也可称为微电脑防盗装置，随着电子技术的发展而迅速发展起来，在车锁上加装电子识别，开锁配钥匙都需要输入十几位密码的汽车防盗方式。电子防盗装置品种繁多，设计先进，结构复杂，性能良好。一般分为定码式电子式防盗器和跳码式电子式防盗器两种。

图 4-50　车轮锁　　　　　　　　　图 4-51　电子防盗器

(1) 定码式电子式防盗器。定码式防盗器的特点是密码量少，工作原理主要是利用密码扫描器或解码器，通过它们接收到的空间无线电信号截取主机密码，从而通过复制解除防盗系统。缺点是密码重复概率较大。应用较多的有中一、贝奥斯、铁将军等品牌。

(2) 跳码式电子式防盗器。跳码式防盗器的工作原理则是通过在防盗工作过程中，不断变化的大量密码函使主机能确认由车主发出的信号来工作。它的优点就是密码量多，不容易出现重复。应用较多的有捍将、鹰卫士等品牌。

 **特别提示**

在使用电子防盗器时，应注意停车时将挡位置于空挡。

3) 网络式防盗器

网络式汽车防盗系统主要利用 GPS 卫星定位系统对汽车进行监控达到防盗目的，这是目前国际上比较流行而且比较先进实用的一种新型防盗方式。网络式防盗器主要有两种：GPS 卫星定位防盗系统和 GSM、GPRS 移动防盗器。

(1) GPS 卫星定位防盗系统。GPS 卫星定位防盗系统是一种主动监护式防盗器，当车辆强制点火或起动后，定位系统通过 GPS 确定车辆的位置，再通过网络将位置和报警信息传送到报警中心。GPS 卫星定位防盗系统主要依靠卫星监控中心对车辆 24 小时不间断、高精度的监控服务，实时监测车辆位置，进而迅速准确地找到被盗车辆。但它也有一定的局限性，有时会受到网络信号的影响而失去作用。

(2) GSM、GPRS 移动防盗器。GSM 移动防盗器依托 GSM 通讯网络，进行手机与汽车的智能联动防盗，具有防盗、监控、远程控制、远程报警、定位、反劫等多种功能，是汽车防盗较好的方式，具有安装隐蔽、技术先进、性能可靠等特点。

4) 指纹识别式防盗系统

汽车指纹识别防盗系统如图 4-52 所示。这是一种新型、防盗效果很好的防盗系统。它通过人体指纹识别控制汽车的电路、油路、启动马达等开合，达到防盗的目的。但是受到开启指纹的唯一性的局限，价格也较贵，应用不是很广。

2. 汽车电子防盗系统的组成

汽车电子防盗系统主要由防盗 ECU、感应传感器、防盗识别系统、门控开关、报警和遥控器等组成。

图 4-52 指纹识别式防盗系统

1) 防盗 ECU

防盗 ECU 即遥控防盗系统控制单元，是防盗系统的核心部件。

2) 感应传感器

感应传感器由传感器或监测探头组成，当汽车被移动或车门被非法打开时，传感器将检测到的异常信号传送给防盗 ECU，防盗 ECU 根据其内部储存的数据进行比较，进而判断汽车是否正在被盗。若汽车被盗，防盗 ECU 控制报警装置发出声光报警信号，阻止汽车起动，切断燃油供给。汽车防盗系统使用的感应传感器主要有以下 4 种类型。

(1) 红外线式传感器。红外线式传感器就是通常所说的红外探头，它通过红外辐射的变化来探测是否有人强制入侵车内，一般安装在汽车内驾驶员位置附近。

(2) 超声波式传感器。超声波式传感器一般由超声波发射器和超声波接收器组成，是对汽车门窗和车身的破损及车内的状态改变进行监控的装置。

(3) 振动传感器。振动传感器能检测汽车受到冲击振动时发出报警信号，以达到监控防盗作用。

(4) 玻璃破碎传感器。玻璃破碎传感器用来接收玻璃受撞击和破碎时产生的振动波，然后转换成电信号输送给防盗 ECU，从而起到防盗作用。

3) 防盗识别系统

防盗识别系统如图 4-53 所示。它也称为电子禁起动系统，利用电子钥匙解码器解读点火开关钥匙上的密码电阻,具有防盗功能。

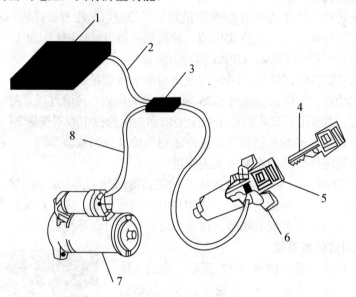

图 4-53 防盗识别系统

1—发动机 ECU;2—信号线;3—脉冲转发器;4—钥匙;
5—点火开关;6—识读线圈;7—防盗器;8—传感器接线

4) 门控开关

门控开关包括发动机罩开关、门开关及行李箱开关等。当所有车门、发动机盖及行李箱关闭时,防盗装置使所有的车门锁止,汽车防盗系统进入预警状态。

5) 报警装置

报警装置由扬声器和前照灯组成。当非法触碰车身及门锁时,扬声器报警同时前照灯闪烁。

6) 遥控装置

遥控装置由遥控发射器与接收器组成,包括按键和指示灯。它利用手持遥控发射器在远离车辆的地方将密码发送给遥控接收器,进行车门开启或上锁。遥控信号一般采用红外线或无线电波形式发送。

(1) 遥控器。遥控器是利用发射开关规定代码的遥控信号,控制汽车所有车门包括行李箱门的开启和锁闭,且具有寻车功能。

(2) 接收器。接收器的功用是接收信号,并对接收的信号进行放大和调制,检查身份鉴定代码是否相符,当代码一致时,判别功能代码并驱动相应的执行器。

3. 防盗器的主要功能

(1) 通过遥控器控制汽车中控锁。

(2) 当车门忘记锁时起到提示的作用。

(3) 起到开车门闪灯、阻吓盗贼、紧急呼救寻车的作用。

(4) 防抢。

4. 防盗装置常见的品牌

我国市场上汽车防盗装置常见的几个品牌介绍如下。

(1) 机械式防盗器：蓝鹰锁、银狼雄风、大将军。

(2) 电子式防盗器：铁将军、鹰卫士、科警。

(3) 网络式防盗：大三通、顾高、讯晖、新天元、110护车神。

(4) 指纹识别式防盗系统：英瑞斯、宝指灵等。

应用实例

1. 中央电动门锁的安装

中央电动门锁通过中央电动联锁机构用车门钥匙从左前门操纵4个车门和行李箱同时打开或关闭。中央门锁采用一个开关去控制另一些开关，它用电磁驱动方式执行门锁的关闭与开启。中央门锁执行机构分两种形式：一种是电磁线圈形式，另一种是直流电动机形式，两种形式都是通过改变直流电的极性来转换物体运动方向，执行关闭或开启动作的。轿车的中央门锁多是电磁线圈式，锁门时给电磁线圈正向电流，磁铁带动连杆向左移动，扣住门锁舌片；开门时给电磁线圈反向电流，磁铁带动连杆向右移动，脱离门锁舌片。中央电动门锁的继电器装在中央配电盒中，中央电动门锁共有5把电动锁，分别与车门边锁和行李箱锁相连，电动锁锁体内装有电机和连杆机构，通过微动开关供电，带动门边锁动作。

1) 前门电动锁的安装

(1) 选择合适的前门电动锁，先拆下车门把手锁紧螺钉，拆下前门内护板，将锁体放入车门护板中，装上锁体挂钩，插上电控插头和连接导线。

(2) 装上车门外缘上的两个锁体固定螺钉并拧紧，安装车门内护板。

(3) 安装后测试车门锁，测试时，先试开关，看中央门锁的动作是否灵活，防止发生关不上、打不开的故障。

2) 门边锁的安装

门边锁装在4个车门的门边，是一套机械锁，由中央电动门锁装置和车门把手控制开启和关闭。门边锁的安装步骤如下。

(1) 安装门边锁和安装前门锁一样需要先拆下前门内护板。

(2) 用工具勾住门锁挂钩，将门锁在门边上定位。

(3) 用扳手拧紧两个门锁固定螺栓。

(4) 在车门外的车门把手上检查门锁的动作情况。

特别提示

门边锁在门边槽中要定位，装紧装牢，关闭车门前要先检查控制机构，使开启和关闭动作活动自如。

3) 行李箱盖锁的安装

行李箱盖锁孔在水平位置时，由中央门锁联动装置控制行李箱盖锁，也可用主钥匙单独开启和锁住。行李箱盖锁的安装步骤如下。

(1) 行李箱盖锁安装时，先用钥匙检查新锁的动作是否正常。

(2) 开启行李箱，拆下固定行李箱盖内护板的螺钉。

(3) 将行李箱盖锁装入行李箱盖锁孔中，拧上两个固定螺母。

(4) 分别装回左、右侧操动机构的挂钩及拨上固定夹。

(5) 将内护板在行李箱盖上定位，装上固定螺钉，并拧紧这个螺钉。

(6) 按动行李箱锁盖，检查行李箱锁盖的动作是否正常。

特别提示

安装中控锁时，马达拉杆与原车拉杆一定要平衡固定，位置不能差距太大，不能与原车任何可以活动的地方有摩擦。

2. 中央电动门锁的功能

1) 中央控制功能

驾驶员可以通过身边的集控门锁控制汽车的各个车门。例如驾驶员锁住身边的车门中控锁时，其他车门也同时锁住，驾驶员可通过门锁开关同时打开各个车门，也可单独打开某个车门。

2) 单独控制功能

除驾驶员身边的其他车门外，每个车门设置有单独的弹簧锁开关，可独立地控制每个车门的打开和锁住。

3) 遥控控制功能

现在安装的中央集控门锁一般可以通过遥控器控制操作，遥控器一般为按钮式，可以通过遥控器的控制键随意控制 4 个车门和行李箱门的开关，操作起来方便易行。

4) 超速控制功能

当行车速度达到一定时，各个车门能自行锁定，防止乘车人员误操作车内门把手而导致车门开启，造成意外伤亡。

3. 中央集控门锁的基本结构

中央集控门锁的工作原理是将电能转化为机械能，用电动机带动齿轮转动来开关车门。目前汽车上装用的中央集控门锁种类很多，但其基本组成主要有门锁开关、门锁执行机构和门锁控制器。

(1) 门锁开关。大多数中央集控门锁的开关都是由总开关和分开关组成的，总开关装在驾驶员身旁的车门上，可将全车所有车门锁住或打开；分开关装在其他各车门上，可单独控制一个车门。

(2) 门锁执行机构。门锁执行机构受门锁控制器的控制，执行门锁的锁定和开启任务。

门锁执行机构有电磁式、直流电动机式和永磁电动机式，3 种结构都是通过改变极性转换其运动方向而执行锁门或开门动作的。

(3) 门锁控制器。门锁控制器是为门锁执行机构提供锁/开脉冲电流的控制装置，应具有控制执行机构通电电流方向的功能。同时由于门锁执行机构长期带电要消耗较大的电能，为了缩短工作时间，门锁控制器应具有定时功能。

4．中央集控门锁的遥控原理

1) 中央集控门锁的无线遥控功能

中央集控门锁的无线遥控功能是指不用把钥匙插入锁孔中就可以远距离开门和锁门，其最大优点是不管白天黑夜，无须探明锁孔，可以远距离、方便地进行开锁和闭锁。

2) 遥控的基本原理

遥控从车主身边发出微弱的电波，由汽车天线接收该电波信号，经电子控制器 ECU 识别信号代码，再由该系统的执行器(电动机或电磁线圈)执行启、闭锁的动作。

门锁遥控系统通常由一个便携式发射机和一个车内接收机组成，从发射机发出的可识别信号由接收机接收并解码，驱动门锁打开或锁止，其主要作用是方便驾驶员锁门或开门。当中央集控门锁接收到正确的代码信号时，控制波接收电路就被触发至接收时间加 0.5s，然后再恢复到待机状态。如输入的代码信号不符，将不能触发接收电路。如果在 10min 内有多于 10 个代码信号输入不符，该锁就认为有人企图窃车，于是停止接收任何信号，包括接收正确的代码信号。这种情况必须由车主用钥匙机械地插入门锁孔才能开启车门。信号接收的恢复只要通过钥匙点火启动以及把遥控门锁系统主开关关掉再打开。如果用遥控机构 30s 不开门，则车门将自动锁上。

5．防盗器安装流程

(1) 引导施工车辆进入施工区位。

(2) 注意拉好手刹，熄灭引擎并拔掉钥匙。

(3) 安装前应认真检查汽车的电路有无损坏，并由客户签字确认。

(4) 用试电笔找相关线路，并正确连接。

(5) 安装系统配线时，+12V 电源线必须最后安装，安装时需拔下保险。

(6) 防盗器主机固定好，防止车辆行驶中松动出现异响。

(7) 紧急解除开关必须隐藏在车厢隐避处，严禁外露。

(8) 安装报警喇叭时，喇叭口应朝下，防止进水损坏。

(9) 保证线路连接牢靠，绝缘性能好。

(10) 安装完毕后，应逐项检查各项功能，并告知车主使用方法及注意事项。

(11) 签字确认后交车。

(12) 施工完毕后，立即清理现场。

6．防盗器的选用原则

(1) 根据汽车的档次选用合适的防盗装置。

(2) 从设计和质量方面选择防盗器。

(3) 如对质量方面不太了解，考虑产品的品牌。好的品牌往往具有可靠的工艺和设计水准。

(4) 选用具有良好售后服务的商家。

7. 安装注意事项

(1) 安装前先将线全部接上，自检线路正确无误后，再分别把电源、震动器、LED 灯插上主机，主机及震动感应器的位置应避免高磁场的地方。

(2) 拆装车辆时要认真仔细，并对各种车型结构要了解清楚，在无把握的情况下不可拆装，以免给客户造成损失。

(3) 对各种车型的电路要按规定方式科学查找，不可仅凭经验。只查找与安装防盗器有关的线路，严禁测试电脑线路和安全气囊、ABS 线路。

(4) 刹车带助力的车型、方向盘带助力的车型，若断点火线(ON)，在设定防抢时，会在 30s 左右熄火，此时的车辆在高速时，熄火后车辆的刹车以及转向都很沉重或失效，将会给第三者造成重大伤害。建议断接起动马达线，不要断点火线。

(5) 当可断 ON 线的车型安装时(如化油器、柴油车类不带电脑的)，30A 断电器的小白线要接在 ON 线上，防盗器上的输出负电的小黄线要接在断电器上的小黄线。

(6) 固定主机、震动感应器时注意是否有高温及漏水。

(7) 防盗器装得好与不好，反映在车线连接是否正确，接线质量是否过关。线不能虚接，不该搭铁的地方不能搭铁，搭铁的地方必须搭实；接线处必须紧固、绝缘，否则极易造成烧毁防盗器主机，或烧损车辆电路的严重后果。

8. 遥控故障处理方法

遥控的常见故障及其处理方法如表 4-1 所示。

表 4-1 遥控故障处理方法

常见故障	处理方法
1. 乱报警	1. 检查 ACC、边门、脚刹接线是否正确 2. 检查振动感应器是否过于灵敏
2. 自动开锁	1. 检查 ACC、边门、脚刹接线是否正确、牢固 2. 检查中控锁接线是否正确
3. 打不开行李箱	1. 检查行李箱马达是否正常 2. 检查接线是否为负触发，如是正触发可用继电器来转换
4. 不能设定喇叭状态	1. 检查是否在防盗状态下 2. 检查工作时是否同时按下两个按键
5. 遥控失灵	1. 检查遥控器是否经水损坏，没电 2. 检查遥控器是否碰撞造成电池松动 3. 检查主机天线是否和车身搭铁
6. 报警时喇叭不响	1. 检查线路是否正确、短路、牢固 2. 检查报警喇叭本身是否有故障 3. 检查是否设定为无声报警

续表

常见故障	处理方法
7. 打开边门不报警	1. 检查边门开关 2. 检查边门线是否负触发,如是正触发可用继电器来转换 3. 检查边门线接线是否接在边门总线上
8. 不能遥控停止报警	1. 检查震动感应器是否过于灵敏 2. 检查 ACC 线、边门开关及接线是否牢固 3. 检查边门开关是否良好
9. 遥控距离近	1. 检查遥控器电池电量不足 2. 检查天线是否插好
10. 震动感应器不起作用	1. 检查粘纸是否失效,造成震动感应器脱落 2. 检查安装位置是否在车架上 3. 检查灵敏度是否调到最低
11. 进入防盗后还能启动	1. 检查断电继电器接线是否已接在油电路总线上 2. 检查检查主机小黄色线是否能控制接通负极 3. 检查检查断电继电器是否正常
12. 解除防盗方向灯闪烁	1. 检查边门是否已打开 2. 检查危险灯开关是否已打开

任务 4.4　底盘装甲及封塑

知识目标	1. 了解汽车底盘防护的种类 2. 知道汽车底盘防护的作用 3. 掌握汽车底盘防护及注意事项 4. 掌握底盘防护的区别
技能目标	1. 熟悉汽车底盘防护安装工具和设备 2. 掌握汽车底盘防护方法

阅读资料

汽车底盘是除轮胎以外最贴近地面的汽车部件。车辆在行驶过程中,路面上飞溅起的沙砾不断地撞击底盘,底盘上原有的防锈层会逐渐被破坏,金属暴露在外面。尤其是汽车高速行驶时,会加速底盘损伤的程度,细小的沙石会像锋利的小刀一样切削底盘,形成划伤和斑点。严重时还会使底盘变形、漏油、尾气泄漏、转向受损、制动失灵等。另外,天气、酸雨、融雪剂等都会侵蚀汽车底盘。随着汽车行驶里程和时间的延长,底盘会逐渐锈蚀、老化。底盘是汽车总成和机构的载体,车辆承受的各种载荷都要施加在底盘上,底盘受侵蚀后,会使总成和机构与底盘的相互配合尺寸发生变化,车辆行驶过程中产生的噪声也会很清楚地传递到驾驶室内。

底盘装甲和封塑能迅速而有效地使汽车底部形成特殊保护层,且具有独特的防锈抗腐蚀性能,使汽车底部的橡胶及金属完全隔绝水气腐蚀和砂石的撞击,大大减少噪声,底盘装甲和封塑特别适用于车身底部、行李箱、砂板、车轮坑槽等位置。底盘护板是安装在发动机下方防止道路不平时刮伤底盘的部件，一般由塑料和钢板两种材料制成。现在的车辆为有效地防护车身底部，多数厂家原厂制造车辆安装底盘护板。

项目案例

为防止底盘受侵蚀，要对底盘加以保护，以延长底盘保持良好的技术状态的时间。一般底盘保护有底盘封塑和底盘装甲两种方式，还有单独针对发动机和变速器的加装底盘护板等底盘保护方法。图 4-54 所示为未加装底盘防护的车辆，图 4-55 所示为加装底盘防护的车辆。

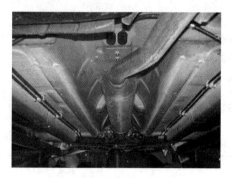

图 4-54　未加装底盘防护的车辆

图 4-55　加装底盘防护的车辆

知识链接

1. 底盘装甲及封塑

1) 底盘装甲

底盘装甲的学名是底盘防撞防锈隔音涂层，是一种高科技的黏附性橡胶沥青涂层，施工厚度一般为 4mm，局部 5mm 以上，无毒、高遮盖率、高附着性，可喷涂在车辆底盘、轮毂、油箱、汽车下围板、行李箱等暴露部位，快速干燥后形成一层牢固的弹性保护层，可防止飞石和沙砾的撞击，避免潮气、酸雨、盐分对车辆底盘金属的侵蚀，防止底盘生锈和锈蚀，保护车主的行车安全。底盘装甲具有良好的耐磨性，同时能够减轻驾驶时道路和轮胎的噪声，提高车主行驶的舒适性。

2) 底盘封塑

底盘封塑主要是保护汽车底盘裸露钢板，防止沙石击打、防腐蚀，要想隔绝沙石打击底盘发出的噪声，需要进行底盘装甲。封塑施工厚度一般为 2mm 左右。

2. 底盘装甲及封塑产生的原因

底盘的位置及性能决定底盘部件的防护必不可少，底盘防护的产生主要有以下几个方面的因素：

1) 烂底对行车安全性的影响

受损的底盘可能会导致底盘的一些零件变形，特别是上下托架、左右方向横拉杆等容易发生变形，一些轻微碰刮同样会引起机油底壳或油箱底等发生轻微渗漏。这些变形和渗漏不容易被检测到，但是会严重影响行车安全。进行底盘防锈处理能够有效抵挡这些不利因素的侵蚀，底盘不受损，安全自然有保障。

2) 气候对底盘使用寿命的影响

夏日里地表的烘烤，酸雨的侵袭，大气中的潮气、盐分，冬季雪道上除雪剂的腐蚀等每一种因素都能侵蚀汽车底盘部件。尤其在沿海城市，温暖潮湿的气候加上带着盐分的海风吹拂能加剧汽车生锈，导致车底提前老化，即便是钢筋铁骨也会被腐烂殆尽。

3) 石击对底盘的影响

当汽车行驶在路况不好的路面上时，路面上的沙石被碾动飞溅后会不断撞击汽车底盘与轮毂等部位，底盘上原有的防锈漆和镀锌层就会被破坏，从而让金属裸露在外，空气中潮气和酸雨接触后会导致生锈，这种锈渍会很快腐蚀汽车内壳机件。

4) 驾驶舒适度对底盘的要求

由于底盘防锈采用具有弹性的材质进行密封性处理，一方面大大增加了车辆行驶的平稳度；另一方面能够极大降低行驶过程中车辆的噪声和路上的嘈杂对司乘人员的影响，所以提高驾驶的舒适性是很多司乘人员的要求。

3. 底盘装甲及封塑的作用

在汽车高速行驶时，沙石对车辆底盘的撞击力度会大大增加，同时废气、灰土、湿气都会从底盘细小的孔洞中渗入车身，使车身锈蚀、剥落。

1) 防腐蚀

俗话说"烂车先烂底"，汽车的锈蚀一般先从底盘位置开始，如果汽车防护不当，行驶 3～5 年后底盘位置就会伤痕累累。尤其是在南方多潮湿天气、沿海或空气污染较严重的城市车底腐蚀会相当严重。

2) 防石击

车辆在行驶的过程中，会溅起小石子，石子冲击底板的力量与车速成正比，一般 10g 的小石子在时速达 80km 时冲击力会达到自身重量的 30000 倍，足以击破 30μm 以下的漆膜，漆膜一旦被击破，锈蚀便从疵点开始并沿着底盘位置扩大。

3) 防拖底

底部防护材料的厚度一般可达 1.5～2.5mm，当底部被路面凸起刮蹭时，将减轻对底盘的伤害；特别是在高速公路上时，路面摩擦很大，声音听起来也很吵，底盘防护使噪声变得很小。

4) 隔热省油

进入夏季，打开车内空调冷气向下沉，而车外的地面热气向上升，冷热空气大多集中在车辆的地板上进行交换，车辆底部防护效果如何直接影响车辆的制冷能量利用的效果。汽车底部安装防护后，膜内蜂窝状吸音因子将冷热彻底隔离，能有效地保持车内的温度。

5) 防震

发动机、车轮均固定在汽车底盘上，它们的震动在某一频率上会与底板产生共鸣，使人产生不舒适的感觉，底部防护会消除这种共鸣。

6) 隔音降噪

车辆行驶在快速路上，车轮与路面的摩擦声与速度成正比，车辆具有完好的底部防护能大大降低车内的噪声。

7) 省维修成本，汽车保值

汽车底盘支撑着汽车四大系统，保护底盘等于保护了上面的各个系统，节省了为此而产生的一系列维修费用。通常新车使用 3 年左右，就会发生锈蚀，车辆保养越好，价值越高，同时可以延长车辆的使用寿命。

应用实例

1. 底盘封塑的工序

任何污渍都会影响封塑的牢固程度。底盘封塑前要使用专用的去污、去脂剂把底盘上的沥青、油污等彻底清除干净，并进行烘干。如果是将整个底盘封塑，还要将传动轴等传动部分和排气管需要散热的部位，用胶带封起来再进行刷涂，以免封塑后影响这些部件的正常运转。二次封塑可以提高隔音和防撞效果，但两次封塑要间隔 20min，待第一层封塑层彻底干燥后再进行施工。底盘封塑前汽车底部如图 4-56 所示。

图 4-56　封塑前

1) 准备施工工具

(1) 喷嘴口径在 2mm 以上的喷枪一把。

(2) 用于遮盖不施工部位的遮盖纸、纸胶带若干。

(3) 用于涂刷不宜喷涂部位的排刷一把。

(4) 用于清洗工作区的毛巾、钢丝刷、高压水枪、水砂纸、铁铲刀、除尘枪、除油剂等。

(5) 施工人员使用的防护手套、防护帽、防护镜、防护口罩等。

(6) 举升机和 0.4MPa 压力以上的气源。

(7) 必需的拆装工具等。

2) 清洗底盘

(1) 在洗车区按一般洗车程序对车辆进行首次清洗，重点冲去底盘下部、轮胎上方等部位的大块泥沙。

(2) 用举升机把车辆升起，拆卸 4 个轮胎，配合专用清洁刷及专用清洁剂对车辆底盘进行彻底清洗。将 4 轮内衬里面、底板下面的死角用铁铲刀、钢丝刷、砂纸并配合高压水枪等进行彻底清洁，发现起皮、脱落的涂层用灰铲铲去，生锈的部位用砂纸抛光，再用高压水枪冲洗，确保无尘土、无锈。底盘清洁如图 4-57 所示。

图 4-57 底盘清洁

3) 风干及遮蔽

(1) 配合气动风枪对底盘清洁位置进行风干。

(2) 使用专用遮蔽纸及遮蔽胶带对底盘不必施工的位置进行严密遮蔽，尤其是排气管、传动轴、刹车盘、减震器等部位，同时须对车辆整个漆面进行全面遮蔽，如图 4-58 所示。

图 4-58 遮蔽

4) 开始喷涂

(1) 按不同型号材料的要求，用专用稀释剂进行调配。

(2) 连接专用喷涂工具，使用标准气压对需施工的部位均匀喷涂，达到整体覆盖的效果；间隔 20min 后，再进行第二次喷涂。

(3) 底盘大梁两侧至下裙位置及 4 个轮弧位置需加强喷涂，使防锈及隔音效果更明显，如图 4-59 所示。

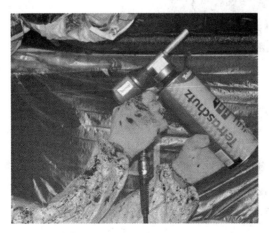

图 4-59 喷涂

5）检查清除遮蔽

(1) 喷涂完毕后，使用专用照明灯对施工位置进行仔细检查，以保证施工效果。

(2) 拆除遮蔽纸，检查并清洁污染的位置。

(3) 装上4个轮胎，并紧固轮胎螺钉。封塑后效果如图4-60所示。

图4-60 底盘封塑后效果

2．底盘装甲

底盘装甲前车身底部如图4-61所示。

1）准备工作

(1) 工具材料：使用清洁剂和如图4-62所示的底盘装甲胶。

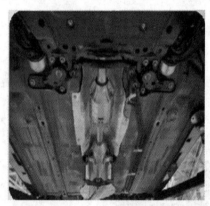

图4-61 底盘装甲前效果

图4-62 底盘装甲胶

(2) 工具设备，如举升机、气泵、喷枪等。

(3) 做好安全防护。

2）操作工序

(1) 清洗前升起车身拆卸轮胎，便于对减震器塔座部位的清洗和喷涂，如图4-63所示。

(2) 清洗干净后的轮弧和减震器塔座等部件如图4-64所示。之后清洁车身底部，使汽车底部达到无尘、无油，如有锈迹应铲除、砂光，车底清洁后用干布、压缩空气枪将预喷涂部位吹干。

图 4-63　拆卸轮胎

图 4-64　清洁后的轮弧位置

(3) 利用遮盖材料将不能喷涂的部位包覆，如排气管、发动机、传动轴、三元催化器、镀锌板类散热部件、各种管线及接口、螺钉；利用大张塑料薄膜包覆轮胎；利用遮蔽膜包覆整个轮弧，并沿车身裙边贴好，如图 4-65 所示。

(4) 施工部位是车辆底盘钢板、轮弧、叶子板、油箱外壳。施工人员需戴上口罩。每次使用前用力摇匀容器罐，拉开拉环，将喷枪吸管插穿铝膜，并拧紧容器罐与喷枪的对接口，即可开始喷涂，如图 4-66 所示。

图 4-65　遮盖

图 4-66　喷涂

特别提示

喷涂时，车身底部可活动部件及电线等不要喷涂。

(5) 车身喷涂后，待干燥即可，喷涂后效果如图 4-67 所示。

图 4-67　喷涂后效果

**特别提示**

（1）操作时，喷枪与施工面要保持25cm左右的距离，来回均匀喷涂，建议喷涂3~4遍。在第一次喷涂完毕后，对孔洞裂缝处应使用腻子封刮平整，再次喷涂。每遍之间隔20分钟待完全干透，喷涂层厚度保持在1.5mm以上才能保证它的隔音效果。

（2）施工完毕，略等20分钟左右，去除封盖物。如果在不应喷涂物体的漆面上有飞溅的塑料材料，可用毛巾沾少许酒精、汽油等清洗干净。喷涂后一定要等到表面干燥，即表面已经不黏手了，才能把车开走，并且48小时之内不要对底盘进行高压水枪冲洗。

（3）胶质材料在固结过程中会挥发有害气体，没有防护措施的情况下对操作者健康不利。施工人员操作时要注意呼吸道、眼睛的防护。眼睛一旦进入异物立即用清水冲洗。喷涂时，地点应选择在通风开放处。

3. 影响底盘装甲效果的因素

（1）材料。
（2）施工工艺。
（3）考虑汽车美容店是否正规。

4. 检测底盘装甲的标准

1) 耐水性
耐水性检验底盘装甲对水的作用的抵抗能力。表现为将底盘装甲置于水中浸泡24h，底盘装甲有无发白、失光起泡、脱落等现象。

2) 耐盐雾性
耐盐雾性检验底盘装甲对盐水侵蚀的抵抗能力。可用实验来判断涂层防护性能，用5%的盐水浸泡24小时，观察底盘装甲有无发白、失光、起泡、脱落、生锈等现象。

3) 耐酸(碱)性
耐酸(碱)性检验底盘装甲对有机溶剂侵蚀的抵抗能力。用3%的硫酸浸泡24小时，观察底盘装甲有无发白、失光、起泡、脱落、生锈等现象

4) 耐汽油性
耐汽油性检验时用97#汽油浸泡30分钟，次品会起泡、脱落。

5. 施工注意事项

（1）温度低于5℃或湿度大于85%时勿进行施工，天气晴朗施工效果最好。
（2）施工前，利用报纸、塑料薄膜遮盖不能喷涂的部位。
（3）施工过程中，喷枪施工气压为4~5bar，喷涂距离为15~20cm，喷涂速度约为每秒10~15cm，施工工程中可采用十字形喷涂法，两次以上的整体喷涂效果更佳。
（4）底盘装甲具有一定的厚度，是通过多次喷涂逐渐加厚的。下一次喷涂在前一次涂层表面半干时进行效果最好，在天气晴朗情况下可进行连续施工喷涂。
（5）对于砾石击打产生噪声的部位，例如油箱、叶子板应重点喷涂，适当增加涂层厚度会取得较好的降噪效果。
（6）喷涂过程中不慎粘在车身及其他地方的胶液立即去除。喷涂后即刻将喷枪清洗干净。

(7) 一般对于塑料材质的部件建议不用喷涂。

(8) 施工后，等待30分钟，用手触摸底盘表面，如表面干燥不粘手，将报纸、塑料薄膜进行清除，车即可上路。

(9) 注意如在雾天或雨天不建议施工。

(10) 一周内不要用高压水枪冲洗底盘。

项 目 小 结

(1) 汽车防护是指在汽车上安装一些示警装置或防护装置，通过这些装置给汽车和乘坐人员提供安全便捷的防护措施。

(2) 汽车防爆隔热膜是指贴在汽车玻璃上的一种透明薄膜，使用坚固耐潮、耐温性好、透光性高的材料制成，当玻璃破碎时能紧紧贴住玻璃碎片，能起到防爆隔热的作用。

(3) 优质的防爆隔热膜以带色薄膜塑料为基体，采用真空镀层技术，在基体上电镀上一层超薄的金属，达到遮光、隔热和阻隔紫外线等的作用，同时高强度的基体具有一定的防爆裂作用。在结构层上主要由透明基材、易施工胶膜层、感压式粘胶层、隔热层、防紫外线层、安全基层及耐磨外层组成。

(4) 犀牛皮又称为漆面保护膜或称防划膜，它是一种高性能聚氨脂薄膜，坚韧耐磨，可有效地防石击，抗异物刮擦，并且有优异的抗热、抗老化能力。

(5) 汽车犀牛皮一般安装在保险杠、门边、后视镜、轮弧、门把手、引擎盖等部位，由PVC薄膜层、丙烯酸胶层和离析纸组成。

(6) 汽车防盗报警器就是安装在汽车内部的防盗装置，它与汽车相关电路连接，可以锁止起动机供油或点火系统的电路。防盗器的安装可以延长盗车时间，同时起到阻吓窃贼、防盗作用。

(7) 机械式防盗装置是采用金属材料制作的各种防盗锁具，包括转向柱锁、方向盘锁、变速杆锁、踏板锁(离合器踏板锁、制动踏板锁)、车轮锁等。

(8) 电子式防盗装置称为微电脑防盗装置，随着电子技术的发展而迅速发展起来，在车锁上加装电子识别，开锁配钥匙都需要输入十几位密码，一般分为定码防盗器和跳码防盗器两种。

(9) 网络式汽车防盗系统主要利用GPS卫星定位系统对汽车进行监控达到防盗目的，是目前国际上比较流行而且比较先进实用的一种新型防盗方式。主要有两种：GPS卫星定位防盗系统和GSM、GPRS移动防盗器。

(10) 汽车指纹识别防盗系统是一种新型、防盗效果很好的防盗系统。它通过人体指纹识别控制汽车的电路、油路、启动马达等开合，达到防盗的目的。

(11) 底盘装甲的学名是底盘防撞防锈隔音涂层，是一种高科技的黏附性橡胶沥青涂层，施工厚度一般为4mm，局部5mm以上，防止底盘生锈和锈蚀，保护车主的行车安全。

(12) 底盘封塑主要是保护汽车底盘裸露钢板，防止沙石击打、防腐蚀，要想隔绝沙石打击底盘发出的噪声，需要进行底盘装甲，封塑施工厚度一般为2mm左右。

习 题

一、填空题

1. 汽车车窗防爆隔热膜,先后经历了(　　)、(　　)和(　　)3个阶段。
2. 犀牛皮一般由PVC膜、(　　)、(　　)和(　　)组成。
3. 汽车电子防盗系统主要由(　　)、(　　)、(　　)、(　　)、(　　)和(　　)等组成。

二、判断题

1. 可用碘钨灯来检查太阳膜的隔热性。(　　)
2. GPS防盗系统没有使用"盲区"。(　　)
3. 奥迪A6轿车倒车声纳报警系统的声纳传感器既是执行元件又是传感器。(　　)
4. 汽车防爆膜只具有隔除紫外线、隔热降温、节约能源、防爆防炫目的作用。(　　)
5. 防爆膜的金属涂层主要是反射和阻挡红外线及能产生大热量的波长范围的光线,实现隔热、隔紫外线功能。(　　)

三、选择题

1. 防爆隔热膜的优点包括(　　)。
   A．隔除紫外线　　B．隔热降温　　C．提供私密空间　　D．防炫目
2. 汽车防爆膜的(　　)主要是反射和阻挡红外线及产生大热量的波长范围的光线,实现隔热、隔紫外线功能。
   A．金属涂层　　B．安全基层　　C．聚酯膜层　　D．胶着层
3. (　　)是贴在车身突出位置的一层特殊保护层,主要用于在发生轻微擦碰时保护车身。
   A．汽车雨眉　　B．汽车轮眉　　C．防撞胶　　D．车身贴纸
4. 遥控式汽车防盗器包括(　　)。
   A．主机部分　　B．感应侦测部分　　C．门控部分　　D．报警部分

四、简答题

1. 汽车防爆隔热膜的作用有哪些?
2. 粘贴防爆隔热膜的注意事项有哪些?
3. 选用防爆膜的注意事项有哪些?
4. 犀牛皮的作用有哪些?
5. 犀牛皮的安装和使用注意事项有哪些?
6. 底盘装甲及封塑产生的原因有哪些?
7. 底盘装甲及封塑的作用有哪些?

五、简述题

1. 简述防爆隔热膜的鉴别方法。
2. 防爆隔热膜选用原则有哪些?
3. 随着现代汽车的发展,汽车上需要增加哪些防护措施?

项目 5

汽车电器装饰

　　汽车电器是汽车的重要组成部分，汽车电器装饰主要针对汽车影音、汽车导航和倒车雷达的安装。原车影音在很大程度上受到音质及播放设备的限制，难于满足音乐爱好者行车时需求。而有些车主为了提高行车方便和安全，会选择加装汽车导航和倒车雷达等系统。

任务 5.1　汽车影音

知识目标	1. 了解汽车影音的发展过程 2. 了解汽车影音系统的组成 3. 知道汽车影音音质鉴别方法 4. 掌握汽车影音安装及注意事项 5. 掌握汽车影音的选用原则
技能目标	1. 熟悉汽车影音安装工具和设备 2. 掌握汽车影音安装方法

阅读资料

汽车影音主要以汽车音响和车载 DVD 为主，汽车音响的发展是电子技术发展的一项，电子技术发展不断推动着汽车音响的发展，车载 DVD 是汽车音响发展的高级阶段。早在 1923 年美国人将无线电收音机装配到汽车上开始，有了简单的汽车音响，直到 20 世纪 50 年代出现半导体技术后，汽车上的收音机出现技术性的革命，此时轿车收音机的寿命也相应提高了很多。到 20 世纪 70 年代初，可播放卡式录音带收放两用机应用在汽车上，同时机芯开始应用晶体电路。直至 20 世纪 80 年代末，汽车音响技术基本成熟。到今天，汽车音响有大功率多路输出、多喇叭音响、多碟式镭射 CD，其播送的音响效果完全能与家用音响相媲美。例如，日本凌志 LS400 型轿车的 AM/FM 音响系统就有 5 个放大器，配有 7 个分频喇叭，包括 2 个拱形高频喇叭，4 个宽带喇叭和一个后装式 8 寸低频喇叭，使整个车厢充满了立体音的环回感受。

项目案例

汽车音响的快速发展使一些低配置或原车装载较低配置音响的车主有了新的追求，这就产生了音响方面的改装，有些车主将音响和影像改装成一体式的车载影音设备，如图 5-1 所示。

图 5-1　凯越车载影音设备

知识链接

1. 汽车音响

汽车音响是指汽车的音响系统，是再现声音和影像的一种电子设备。汽车音响和家庭音响、舞台音响一样拥有音源(CD、DVD 等)、扬声器(又称喇叭)、扩音器(又称功率放大器)、音频处理器和线材 5 个基本部分。汽车音响通常将音源、前置放大器和扩音器整合在一起，高配置和高档一些的车会有独立的扩音器和专门的低音扬声器。

2. 汽车音响和家庭音响区别

1) 使用环境区别

汽车音响使用环境要求比较高，需要承受的温度范围比较宽泛，通常在-20～80℃环境下使用；家庭音响一般室温环境下使用。

2) 体积大小区别

汽车音响受汽车体积大小影响，尽可能做到小而精，电路要求轻量化和集成化；家庭音响一般不受体积大小的影响，更多考虑的是音质。

3) 设备兼容性区别

汽车音响需要特殊的声场设计，可以兼容各种产品；家庭音响在这方面几乎没有要求。

4) 电源供给区别

汽车音响由汽车使用 12V 的蓄电池供电，电流有限，需要特殊的低电压、低电流和低阻抗的设计，家庭音响由恒定电力能源供给受影响小。

3. 汽车音响的分类

1) 按安装时间和条件

汽车音响按安装时间和条件分为原装产品和改装产品。原装产品是指原厂配套的音响产品，不同档次的汽车选择不同档次的品牌与之搭配。改装产品是指消费者买车之后对汽车音响不满意而改装的音响，由于不受制造厂家限制，可以任意选配。

2) 按汽车音响品牌

按品牌分，汽车音响可分为国产品牌、欧美品牌和日本品牌。国产汽车音响企业对关键零部件等核心技术的开发有一定的限制，其中做得较好的有 1996 年创立于北京的漫步者，专注于音频技术的研究开发与产品应用；欧美品牌的音响以功率放大中的真实还原和低音震撼见长；日本品牌的音响以对音质的读取和修饰见长。

3) 按汽车音响专一性

按厂家专一性来分，汽车音响可分为只生产汽车音响的专业厂家和既生产汽车音响又生产其他家电产品的广域产品生产厂家。只生产汽车音响的专业厂家代表有阿尔派、歌乐、莱福等，广域产品厂家有松下、先锋、索尼和飞利浦等。

4. 汽车音响的组成

汽车音响主要由音源、扬声器、扩音器、音频处理器和线材 5 个部分组成。

1) 音源

目前国内汽车音响大部分用卡带、CD、VCD、MP3、MD、DVD 等六种机型作为音源部分。其中 CD 机的音质相对比较纯，MP3 和 MD 机的容量相对比较大，DVD 机的图像相对比较清晰。

2) 扬声器

扬声器如图 5-2 所示，也称为喇叭，喇叭是声音表现的终端设备，喇叭对声音有很大的影响，音质的好坏主要由喇叭表现。

(1) 按频响分。扬声器按频响可以分为高音扬声器、中音扬声器和低音扬声器。

① 高音扬声器。高音扬声器就是音箱中的高音喇叭单元，对分频器输出的高频信号进行重放。

音箱高音扬声器主要是球顶式，如图 5-3 所示。球顶式高音单元从球顶结构上分，可分为正球顶单元和反球顶单元；从球顶材料上分，又分为硬球顶和软球顶两大类。硬球顶高音的振膜材料有铝合金、钛合金、镁合金、钛合金复合膜、玻璃膜、钻石膜等几种，回放的高音音色明亮具有金属感，适合播放流行音乐、电影音乐及效果音乐。软球顶高音的振膜材料有绢膜、蚕线膜、橡胶膜和防弹布膜等几种，软球顶高音单元回放音乐时的高音灵巧、松弛，具有很好的自然表现力。

图 5-2　扬声器

图 5-3　球顶式高音扬声器

② 中音扬声器。中音扬声器音质较好，制作材料与高音扬声器几乎相同，音色干净、有力，人声还原逼真，节奏性强。

③ 低音扬声器。低音扬声器如图 5-4 所示。它同高音喇叭、中音喇叭一起构成了汽车音响的喇叭。

低音喇叭由电磁铁、线圈、喇叭薄膜组成。它把电流频率转化为声音，具有强大震撼感，雄壮有力、丰满深沉。

图 5-4　低音扬声器

(2) 按类型分。扬声器按类型可以分为套装扬声器和同轴扬声器两种。

套装扬声器的高音与中低音分体制作，通过分音器实现全频响应和声场设计。

同轴扬声器是全频扬声器的一种，特点是全频响应，由于高音和中低音在同一个轴上，不利于声场分布，无法实现绝对的全频，有些频段会出现回音差。

3) 扩音器

扩音器也称为功放，是把音频信号的电平放大，使声音传播得更远，穿透力更强的一种设备，分为单路功放、两路功放、四路功放和五路功放几种。

(1) 单路功放。单路功放具有大功率单路功放，用来带动低频喇叭。

(2) 两路功放。两路功放用来带动功率较大的套装喇叭，桥接带动低音喇叭。

(3) 四路功放。四路功放主要用来带动前后门两对同轴喇叭或套装喇叭，一般功率适中。

(4) 五路功放。五路功放中四路用来带动中高频喇叭，另外一路用来带动低频喇叭。

4) 音频处理器

音频处理器是将数字信号转换成声音信号的设备，其音频信号通过均衡器和分频器输出。

(1) 均衡器。均衡器主要是用来衰减或增强某个指定频率的信号，它有 5 频段、7 频段、30 频段 3 种，其中 5 段和 7 段最常用。

(2) 分频器。分频器把主信号分成高、中低音等两种频段信号，衰减或增强各自频段的信号，常与套装喇叭配套。

5) 线材

线材对于汽车音响来说至关重要，良好的线材安全、抗干扰性好、衰减小。

(1) 音响线材的类型。音响线材的类型包括信号线、电源线和喇叭线三大类。

① 信号线。信号线用作信号传输，保证从主机到功放音源保真，抗干扰性好，能减少信号衰减。一些顶级的信号线往往采用专用合金材料、卡环式插头，并在插头表面镀层以防止氧化。

② 电源线。电源线用于整个音响系统的供电线路，要求电流电压稳定，阻抗小，电流衰减小。电源线材的选择与功率有关，功率大的往往电流也大，需要选择较粗的线材，材料一般使用纯度很高的金属线，包裹电源线的绝缘材料绝缘性好，能耐高温。

③ 喇叭线。常用的喇叭线一般都是扁芯线，材料一般是无磁性金属，尽量避免磁性干扰。

(2) 汽车音响配线的选择。

① 汽车音响线材的电阻越小，在线材上消耗的功率越少，则系统的效率越高。即使线材很粗，由于喇叭本身的原因也会损失一定的功率，而不会使整个系统的效率达到 100%。

② 线材的电阻越小，阻尼系数越大；阻尼系数越大，喇叭的振动越大。

③ 线材的横截面面积越大，电阻越小，容限电流值越大，容许输出的功率越大。

④ 主电源线的保险盒越靠近汽车蓄电池越好。

5. 汽车音响改装的条件

（1）汽车的原车音响较差，难于满足车主需求。

汽车制作厂商考虑整车制造的成本与兼容等因素，常会选择指定的音响进行配套使用，音质和效果有一定的局限性，难于满足车主需求。

（2）城市交通拥挤，堵车塞车时，解闷消遣。

有些车主通过音乐缓解驾车的疲劳，尤其是城市道路拥挤时，长时间的等待，会枯燥无趣，烦闷不安，悦耳的音乐可以调节神经器官及感官的不适。

（3）长时间驾车，缓解疲劳。

长时间紧张，注意力过度集中，易于劳累，动听的歌曲可以缓解行车疲劳。

应用实例

1. 汽车音响改装过程

现在以宝来音响改装为例，原厂音响如图 5-5 所示，改装后的效果如图 5-6 所示。

图 5-5　原厂音响　　　　　　　　图 5-6　改装后的音响

（1）选择改装的音响配置，如主机选阿尔派，前声场选曼琴，后声场选曼琴，功放选芬朗，超低音选曼琴。

（2）拆掉原车音响及影响安装音响改装的内饰部件，如中控台音源主机电源、车门内衬、两侧踏脚边条、后座平台板、中央通道等。图 5-7 所示为拆掉车门内衬。

（3）做好隔音工作。

扬声器会对车身产生很大的振动，为了使改装的音响音质清晰，受共振影响小，需要对车身易产生振动的位置安装好隔音材料，常用的有减振板、吸音棉、波浪棉、噪声杀手、膨化剂等。图 5-8 所示为安装时裁切合适的大小隔音材料，贴在合适的位置，用专业工具压平，看不到的地方也都要贴得很足。

（4）安装音响设备。

安装前声场套装喇叭，如图 5-9 所示，重放音乐音质清晰纯净，配乐有层次感，后声场安装如图 5-10 所示的曼琴同轴喇叭。

项目 5　汽车电器装饰

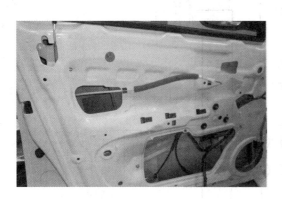

图 5-7　拆掉车门内衬

图 5-8　车门隔音材料

图 5-9　安装前声场喇叭

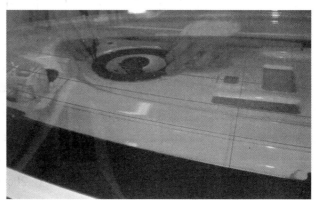

图 5-10　后声场喇叭

 特别提示

(1) 所有器材安装要牢固，以免长时间振动而松散。

(2) 后置电源保险盒要远离音频信号线。

(3) 保险盒到功放的电源线最好是一样长，以免功放之间出现电位差而产生交流噪声。

(4) 功放的安装位置要考虑好散热问题。

(5) 所有喇叭都要做好保护罩、尤其是低音喇叭。

(6) 所有电源正极接线端都要做好保护。

(7) 所有接线端都要用专用接头接好，并用焊锡焊牢。

(5) 布线。

音响改装与选用的音响有关，若选用四路功放，则按照图 5-11 所示布线，若选用五路功放，则按照图 5-12 所示布线，布线时按以下要求进行。

① 信号线的排线要离开计算机、车用继电器、油泵和功放的电源线，以防影响音响效果。

② 电源线的排线要远离发电机、点火装置、以免噪声辐射入电源线。

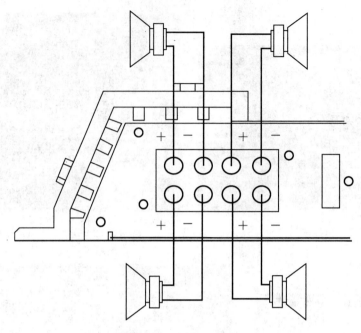

图 5-11　四路功放布线

③ 喇叭线和套机碟盒线的布线也要离开计算机、车用继电器、油泵和功放的电源线，避免产生噪声杂质。

④ 接地线的接地点处要把油漆或铁锈去除干净，再将地线固定。

⑤ 所有线材相互之间都要分开，其距离要在 20cm 以上。

特别提示

(1) 所有线材最好都用锡纸做好屏蔽，以免产生电流干扰。

(2) 所有线材最好都用波纹管作保护，线材通道时最好用橡皮管作为过桥，以免长时间磨损而短路。

(3) 所有线材接线端都要用焊锡焊紧，再用热缩管套好。

(6) 调试。

① 增益(音量)调节。将一张测试盘片放入主机，将音量增益逐渐调高到失真出现，再回调至不失真。之后逐渐增加功率放大器音量增益，调到声音不失真的最高点，功率放大器的音量则固定于此点，使用播放时音量调节主要依靠主机控制调节。

② 频率调节。频率调节时为防频段丢失，应使用小音量，以防音量太大掩盖某些细节，漏掉部分频段，确保全频段的平衡。

③ 音场及音响定位调节。播放音乐时，对人体感觉舒爽的音乐来源于车的前方，因此音响改装时，扬声器尽量靠前安装，一般主机可以调节音场的高度、宽度和深度。

扬声器有不同的重放频率范围，应根据这些特性设置功率放大器的分频点。

高通信号(HP)：用于截止分频点以下的频率信号，适用于驱动中高音扬声器。

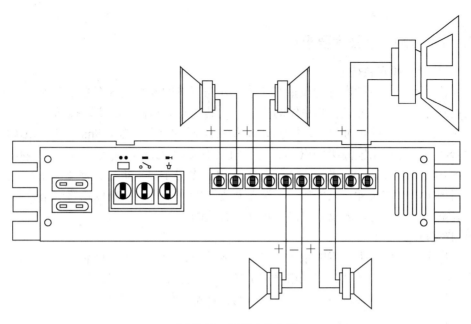

图 5-12　五路功放布线

低通信号(LP)：用于截止分频点以上的频率信号，适用于驱动低音扬声器。

全通信号(BY 或 FULL)：用于通过全部 20Hz～20kHz 的频率信号。适用于有电子分频器或有均衡器的系统，也可用于套装扬声器。

带通信号(BP)：用于高级功率放大器，可同时设置高通分频点和低通分频点，可截断高通分频点以上和低通分频点以下的频率，只通过中间的频段，一般用于驱动低音扬声器。

2．汽车音响改装原则

(1) 保证安全。

在拆装过程中，不能损坏原车线路以防造成短路，安装器材时线路不能接错，安装的器材要有过流保护，音响线路不能干扰车中的计算机和电子装置，以防影响行车安全。

(2) 正确拆装。

改装音响的过程中，首先要将原车音响拆下，按照正确规范和顺序进行拆卸，不能强拆，在拆装过程中要有专用工具，要保持原件的完好，否则会影响改装效果，严重时会破坏原车的美观。

(3) 选用合格的产品。

选择正规厂家、正规品牌的产品，劣质产品改装后不会提升音响效果，严重时甚至会带来一定的安全隐患。

(4) 考虑售后服务。

汽车音响是在运动中使用的，使用环境复杂，保养、保修和维修都是很重要的问题，尽量到正规有保障的店去改装。

(5) 安装环境。

改装应尽量在室内完成，不要在露天环境进行，以防损坏和弄脏设备，音箱内进入杂质会影响效果。

3. 汽车音响改装技术要求

1) 安装尺寸和安装技术

音响优劣不但与音响本身的质量有关系，还与音响的安装技术有直接关系。除了仪表板安装孔尺寸外，更重要是音响系统的安装，尤其是喇叭和机件的安装技术。

国际上通用安装孔标准尺寸，称为 DIN(德国工业标准)尺寸为 178mm×50mm×153mm (长×宽×深)。有些比较高级的汽车音响主机带有多碟 CD 音响等装置，安装孔尺寸为 178mm×100mm×153mm，又称为 2 倍 DIN 尺寸，多见于日本机。而有个别品牌的轿车其音响主机属于非标准尺寸，只能指定安装某种型号的汽车音响。所以购置汽车音响，一定要注意音响主机尺寸与仪表板上安装孔尺寸是否适配。

2) 避震技术

汽车行车振动比较大，音响系统的安装技术追求高稳定性和高可靠性。为避免音响受振动影响，汽车磁带放音部分多采用横向放置方式，上下卡紧以保证稳定放音；磁头采用优质的陶瓷涂层的坡莫合金磁头，令音质与耐久性都有保障；CD 部分采用多级减振方法，要求线路板上的组件焊接绝对可靠。

3) 音质的处理技术

高级汽车音响带有 DAT 数码音响、DSP(数码信号处理器)、MP3 等技术，形成了数字化、逻辑化、大功率的立体声系统。汽车音响的音质优劣除了与主机配置有关外，还与喇叭的质量有关。

4) 抗干扰技术

汽车音响处在一个非常复杂的环境之中，它随时受到汽车发动机点火装置及各种用电设备的电磁干扰，尤其是车上所有电器都用一个蓄电池，更会通过电源线及其他线路对音响产生干扰。采用扼流圈串在电源与音响之间进行滤波，采用金属外壳密封屏蔽，在音响中专门安装抗干扰的晶体电路，用以降低外界的噪声干扰。

5) 主动降噪技术

车主在对汽车音响音质不断追求的同时，对于汽车音响的使用环境提出更高的要求，因此主动降噪技术应用于汽车音响。

4. 汽车音响选择原则

1) 功放的选择

功放是音响系统的心脏，功率大小、质量好坏对音乐播放起着至关重要的作用。

(1) 功率应与喇叭功率相搭配。

(2) 为使系统具有扩充性，要选择有内置分频器的功放，可自由对功放和扬声器进行组合，同时也使调节简单易行，使整套系统的音质得到提高。

(3) 尽量选择较大的散热器，因为大功率的输出必然会产生较大的热量，散热是维持功放基本工作的重要因素之一。

2) 扬声器的选择

扬声器俗称喇叭，是音响系统中不可缺少的重要器材，所有的音乐都通过喇叭发出声音，扬声器是唯一将电能转变为声音的器材。

(1) 功放和喇叭功率相匹配。

并不是标称功率越大，喇叭的实际功率就越大，想要音质完美，功放和喇叭需匹配。

(2) 套装喇叭的分频器内置组件质量要好。

组件数量的多少并不能起决定性的作用，关键要看电子组件的质量。

(3) 在不失真的状态下，振动频率越高越好。

在声音不失真的状态下，喇叭的振动频率越高，说明它的灵敏度越高，对声音的表现能力越强。

(4) 喇叭的磁铁效果要好。

磁铁分高密度、低密度、强磁性、弱磁性等几类，如果是个低密度弱磁铁的喇叭，它的效果肯定不会好，而且体积大，安装起来也不方便。

3) 系统的平衡

(1) 价格平衡。价格平衡是指整个车和汽车音响系统收听环境档次相匹配。

(2) 接合平衡。各部件之间接合平衡主要指对主机、功放、音箱和电线等做出适当的选择。

4) 高功率输出的原则

高功率输出的音响系统，主机或功放的输出功率必须匹配，它们能够控制的音频线性范围。

5) 音质自然

当人们判断一个专业音响系统好与坏时，主要考虑的就是音质自然，声音圆润。

5．音响改装注意事项

专业的改装在施工时不会破坏原车电路，并且能保证售后服务。在布线时候是单独布电源线、音频线、信号线，而且线路之间会做好相应的屏蔽与保护。

1) 预留升级空间

改装音响是一个循序渐进的过程，先换喇叭，升级功放，增加低音喇叭，最后再更换主机，最好能预留升级空间，逐步升级。

2) 选好风格

针对车主对听音乐的喜好，选择适合的品牌与风格，合理搭配器材，尤其是应该做好线材的选择和布线，器材的安装与保固、防水等。

3) 改装工艺

汽车行驶环境可能十分恶劣，因此安装工艺非常重要，一定到正规的专业改装店进行，并应有专业的质保期。

6．汽车音响的保养

1) 主机的保养

(1) 夏季温度较高，阳光照射影响主机的使用寿命，车子停放时应使用遮阳板遮盖前风挡玻璃。

(2) 不要将潮湿的 CD 盘插入光驱，这样会损坏镭射头，潮湿和高温是电子组件和镭射头老化的主要元凶。

(3) 保持主机清洁，灰尘会影响主机的使用寿命。

(4) 主机装盘一般选用吸入式，不要用手硬推，外力可能会损坏盘片，严重时还会损坏机内的托盘结构。

2) 喇叭保养

(1) 雨水淋湿喇叭时会损坏机器，严重的还能烧毁主机电路。

(2) 喇叭在高温下直接影响到音响的音质，入夏后如感觉音质与以往不同可以到专业音响店做相应的调试。

3) 盘片保养

(1) 盘片不要放在仪表台上。炎热的夏天，盘片在烈日的暴晒下很容易发生变形。

(2) 对于音响的磁带部分，同样应注意避热防潮。

(3) 在长时间不听或处于关机状态时，最好将磁带退出，因为关机时压带轮会暂时压住磁带，时间长了会导致压带轮变形。

(4) 盘片在长时间不用后会有灰尘和划伤，在擦拭碟面灰尘时要沿着与音频轨迹垂直的方向擦拭。

(5) 尽量选择质量好的正版盘片。

7. 汽车音响典型故障

不同汽车上的音响设备虽然种类繁多，线路以及机械应用各不相同，但它们都存在最基本的故障特点。

(1) 整机不工作。

整机不工作多数由电源供电线路故障导致，突出表现在车上电源断路、机内线路烧断、电位器开关触点烧坏等。

(2) 机械故障。

汽车音响的机械故障突出表现在：放音变调、绞带、不走带，约占整个维修量的60%。

(3) 放音走带。

放音走带故障属于典型机内功放晶体电路损坏，汽车音响功放晶体电路是收音与放音共享电路，受到工作时间长、本身功率产生热量大、车体热源烘烤、电源不稳等因素的影响，出现损坏的机会较多。

(4) 放音不响。

放音不响故障现象一种是放音走带机器不响，另一种是放音不走带。遇到放音走带机器不响，一般故障点仅在放音前置级供电线路断路；如遇到放音不走带机器小响时，一般故障点仅在收、放音转换开关的放音供电位置。

(5) 收音不响。

收音不响故障点多数在收音供电线路上。

(6) CD 不响。

在 CD 与收放音共用功放电路的高级汽车音响中会出现这种故障，一般单碟机、六碟机、十碟机的故障部位多数在控制电路、供电线路、碟机本身线路和机械部分。

任务 5.2 汽车导航

知识目标	1. 了解汽车导航的种类 2. 了解汽车导航系统的组成 3. 知道汽车导航的功能
技能目标	1. 掌握汽车导航安装的注意事项 2. 知道汽车导航的选用

阅读资料

车载导航技术是综合导航卫星及目标定位技术、陀螺传感技术、GIS 数字元电子地图技术、城市智能化交通管理技术、GSM 动态导航通信业技术的一种现代多学科的高新技术。车载导航的 GPS 全球卫星定位系统技术因其实用、价廉,并可在全球范围内确定位置、速度和时间的特点,已成为当今发展最快的无线产业之一。

项目案例

汽车导航具有 GPS 全球卫星定位系统功能,使驾车人随时随地知晓自己的确切位置,且具有自动语音导航、最佳路径搜索等功能,也称为 GPS 全球卫星定位导航系统。车载导航系统如图 5-13 所示。

图 5-13 车载导航系统

知识链接

1. 汽车导航功能

1) 导航功能
车载导航系统可以任意设定目标点,并安排最佳路线,若路线错误可及时修改。

2) 智能数字操作平台
智能数字操作平台基于 ARM 构架 Windows CE 智能操作系统集成开发,系统运行更稳定，速度更快捷，功能更强大。

3) 超强电子防震

车辆在行驶过程中会产生震动，导航系统具有抗震作用以保证导航灵敏正确。

4) 实景 3D 地图导航

实景 3D 地图导航可以实时更新地图，并能实现 3D 导航。

5) 转向语音提示功能

车辆只要遇到前方路口或者转弯，车载 GPS 语音系统语音提示用户转向，可以避免车主走弯路，也能够提供全程语音提示，驾车者无须观察显示屏就能知道路线，使得行车更加安全舒适。

6) 定位

GPS 通过接收卫星信号，可以准确地定出其所在的位置，位置误差小于 10m。如果机器里带地图的话，就可以在地图上相应的位置用一个记号标记出来，GPS 可以取代指南针和高度计，显示方向和高度。

7) 测速

通过 GPS 对卫星信号的接收计算，可以测算出行驶的具体速度，比一般的里程表准确很多。

8) 显示运行轨迹

GPS 带有航迹记录功能，可以记录下用户车辆行驶经过的路线，达到误差小于 10m 的精度，甚至能显示两个车道的区别。

2. GPS 定位原理

车用导航系统内置的 GPS 天线会接收到来自环绕地球的 GPS 卫星中的至少 3 颗所传递的数据信息，由此测定汽车当前所处的位置。车用导航系统由导航主机和导航显示终端两部分构成，导航主机通过 GPS 卫星信号确定的位置坐标与电子地图数据相匹配，便可确定汽车在电子地图中的准确位置。它还能实现行车导航、路线推荐、信息查询、播放 AV/TV 等多种功能，驾驶者只需观看显示器上的画面、收听语音提示即可。

3. 车载导航的分类

GPS 车辆应用系统一般分为两大类：车辆跟踪系统和车辆导航系统。它们在功能上截然不同，一种用于车辆的防盗，一种则用于车辆的自主导航。

1) 车辆跟踪系统

车辆跟踪系统是用于防盗的 GPS 跟踪系统，它借助通信网络以及政府配套系统给 GPS 车载防盗，也可以完成车载导航，车载导航的实现是通过接收卫星信号，配合电子地图数据，适时掌握自己的方位与目的地，用户可根据自己的需要有选择地购买地图数据的导航设备。

2) 车辆导航系统

车辆导航系统也是 GPS 导航系统，它是利用 GPS 卫星信号接收的，可以 24 小时不间断地接收卫星发送的数据参数计算出接收到的数据三维位置、三维方向以及运动速度和时间信息。当使用者把车载 GPS 安装在车上后，无论使用者身处哪里，可以在转瞬之间找到一家餐馆或是最近的加油站。

4. 全球定位系统的组成

全球定位系统由地面控制部分、空间部分、用户装置部分 3 部分构成。

(1) 地面控制部分由负责管理、协调整个地面控制系统的工作主控站、向卫星注入寻电文的地面天线、数据自动收集监测站和数据传输通信辅助系统组成。

(2) 空间部分由 24 颗卫星组成，分布在 6 个轨道平面上。

(3) 用户装置部分主要由 GPS 接收机和卫星天线组成。

5. 全球定位系统的主要特点

(1) 全天候。

(2) 全球覆盖。

(3) 三维定速定时高精度。

(4) 快速省时高效率。

(5) 应用广泛多功能。

6. 全球定位系统的主要用途

1) 陆地应用

陆地应用主要包括车辆导航、应急反应、大气物理观测、地球物理资源勘探、工程测量、变形监测、地壳运动监测、市政规划控制等。

2) 海洋应用

海洋应用包括远洋船最佳航程航线测定、船只实时调度与导航、海洋救援、海洋探宝、水文地质测量以及海洋平台定位、海平面升降监测等。

3) 航空航天应用

航空航天应用包括飞机导航、航空遥感姿态控制、低轨卫星定轨、导弹制导、航空救援和载人航天器防护探测等。

7. 车载卫星导航系统选购原则

(1) 检查测试系统的准确性。

选择熟悉的路段，测试一下导航的准确性。

(2) 考虑系统的存储能力。

导航需要存储各地的地图，而且随时需要更新，因此需要车载导航系统有一定的内存才能满足要求。

(3) 图像显示。

车载导航系统的图像显示可以装在汽车的驾驶仪表盘上，也可以投射到手提电脑甚至掌上计算机的屏幕上。为了适应不同的天气和光线条件，图像显示屏幕下必须有足够强的亮度，还要有足够的大小和好的分辨率。

任务 5.3　倒车雷达

知识目标	1. 了解倒车雷达的发展 2. 知道倒车雷达的作用 3. 掌握倒车雷达安装时的注意事项 4. 掌握倒车雷达选用原则
技能目标	1. 熟悉倒车雷达安装时开孔方法 2. 掌握倒车雷达安装方法

阅读资料

倒车影像系统经过多年的发展，从简单的倒车雷达系统到可视倒车影像系统，已经实现了从原来光听声音来辨别到视频可视化，无论从性能上、直观上，还是使用效果上，都实现了历史性的突破，不管从结构和外观上，还是从性能价格上，如今的倒车影像系统产品都各有特点。该系统让倒车时车后的状况更加直观可视，对于倒车安全来说是非常实用的配置之一。当挂倒车挡时，该系统会自动接通位于车尾的高清倒车摄像头，将车后状况清晰地显示于液晶显示屏上，让驾驶员准确把握后方路况，倒车亦如前进般自如、自信。

倒车雷达的主要作用是在倒车时利用超声波原理，由装置于车尾保险杠上的探头发送超声波撞击障碍物后反射给声波探头，从而计算出车体与障碍物之间的实际距离，提示给驾驶者，使停车和倒车更容易、更安全。

项目案例

现在的很多车辆使用了数字无盲区可视倒车雷达系统，比如尼桑天籁就采用了倒车影像设计，做到真正无盲区探测。数字式无盲区倒车雷达在驾驶员挂入倒挡后即自动启动，内嵌在车后保险杠上的 4 个或 6 个超声波传感器开始探测后方的障碍物。当距离障碍物 1.5m 时，报警系统就会发出"嘀嘀"声，随着障碍物的靠近，"嘀嘀"声的频率增加，当汽车与障碍物间距小于 0.3m 时，"嘀嘀"声将转变成连续音。倒车雷达系统如图 5-14 所示，安装后的效果图 5-15 所示。

图 5-14　倒车雷达系统

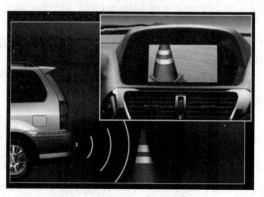

图 5-15　倒车雷达安装后效果

知识链接

1. 倒车雷达的含义

倒车雷达全称叫"倒车防撞雷达",也叫"泊车辅助装置",是汽车泊车或者倒车时的安全辅助装置,能以声音或者更为直观的显示告知驾驶员周围障碍物的情况,解除驾驶员泊车、倒车和起动车辆时前后左右探视所引起的困扰,并帮助驾驶员扫除视野死角,克服视线模糊的缺陷,提高驾驶和泊车的安全性。

2. 倒车雷达的发展

倒车雷达系统从产生到发展经历了七代的技术改良,不管从结构外观上,还是从性能价格上,这七代产品都各有特点,使用较多的是数码显示、荧屏显示、防炫目和魔幻镜倒车雷达这4种。

1) 第一代倒车喇叭提醒

第一代"倒车请注意"的喇叭提醒模式是倒车雷达的初始阶段,只要司机挂上倒档,就会响起,提醒周围的人注意,从使用意义上说,它对司机并没有直接的帮助,不算真正的倒车雷达。

2) 第二代轰鸣器提示

轰鸣器提示倒车雷达系统是进入倒车雷达的开始阶段。倒车时,如果车后 1.5~1.8m 处有障碍物,轰鸣器就会开始工作,轰鸣声越急,表示车辆离障碍物越近。

3) 第三代数码波段显示

数码波段显示倒车雷达可以显示车后障碍物离车体的距离,当物体距离车体 1.8m 时开始显示,如果是人,在 0.9m 左右的距离开始提示。波段显示产品由 3 种颜色来区别:绿色代表安全距离,表示障碍物离车体距离有 0.8m 以上;黄色代表警告距离,表示离障碍物的距离只有 0.6~0.8m;红色代表危险距离,表示离障碍物只有不到 0.6m 的距离,必须停止倒车。

4) 第四代液晶荧屏显示

液晶荧屏显示倒车雷达系统可以动态显示障碍物距车体的实时情况,不用挂倒档,只要发动汽车,显示器上就会出现汽车图案以及车辆周围障碍物的距离。

5) 第五代魔幻镜倒车雷达

魔幻镜倒车雷达系统采用了最新仿生超声雷达技术,配以高速计算机控制,可全天候准确地测知 2m 以内的障碍物,并以不同等级的声音提示和直观显示提醒驾驶员。

6) 第六代无线倒车雷达

全新无线液晶倒车雷达融无线连接、倒车雷达、彩色液晶显示、BP 警示音于一体。无线液晶倒车雷达安装时车后主机和显示器之间无线连接,方便快捷。

7) 第七代 MP3 倒车雷达

MP3 倒车雷达系统如图 5-16 所示。它是将倒车雷达与车载 MP3 完美接合,在倒车雷达的基础上增加了 MP3 调频发射功能,具备了倒车雷达功能同时融合了车载 MP3 的功能。当进入 MP3 播放时两边的色条停止显示,数字屏显示当前 MP3 发射频率;当车进入倒车状态时,MP3 播放自动停止,色条指示开启,数字屏显示障碍物距离,屏幕进入倒车指示状态。

图 5-16　MP3 倒车雷达

3. 倒车雷达工作过程

挡位杆挂入倒挡时，倒车雷达自动开始工作，测距范围达 0.2～1.8m，故在停车时，倒车雷达对司机很实用。它使用一种非接触检测技术，方便迅速，能准确测算车身与障碍物间的距离。当车身与障碍物间距离达到某一范围时，探测头发出信号，被倒车雷达接收到后发出警示。倒车雷达探头装在保险杠上，探头有 2、3、4、6、8 只不等，探头能够通过一定范围的辐射上、下、左、右搜寻目标，能探索到那些低于保险杠而司机从后窗及后视镜难以看见的障碍物，并报警。接线方式如图 5-17 所示。

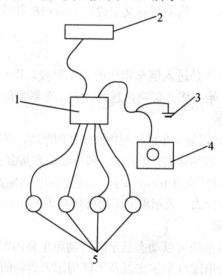

图 5-17　倒车雷达的接线方式

1—主机；2—蜂鸣器；3—接地；4—车灯；5—感应探头

4. 倒车雷达的组成

倒车雷达如图 5-18 所示。它由感应器(探头)、主机、显示设备或蜂鸣器 3 部分组成。

1) 感应器

感应器就是发出和接收超声波信号的机构，它将得到的信号传输到主机里面进行分析，再通过显示设备显示出来。

2) 探头

探头装在前后保险杠上，根据不同价格和品牌，探头有 2、3、4、6 只不等，有的高档进口车甚至要装 8 只，分别管前、后、左、右。

项目 5　汽车电器装饰

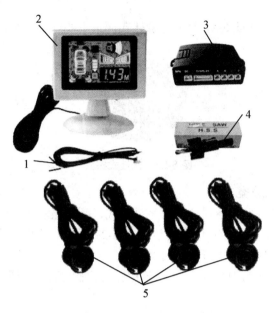

图 5-18　倒车雷达的组成

1—接线；2—显示器；3—主机；4—开孔钻；5—测量探头

3) 主机

主机发射正弦波脉冲给超声波传感器，并处理其接收到的信号，换算出距离值后，以显示或蜂鸣的形式反映给驾驶者。

5. 倒车雷达的分类

1) 根据安装方式分类

倒车雷达根据安装方式不同分为外置粘贴式、内嵌式和悬挂式 3 种。

(1) 外置粘贴式。外置粘贴式如图 5-19 所示。它将探头直接贴在保险杠上，不用打孔，安装后看起来不太美观，现在已很少使用。

(2) 内嵌式。内嵌式如图 5-20 所示。它将探头通过开孔的方式安装到保险杠上，一般原厂车多采用此方式，要注意探头的颜色应与车身颜色相符。

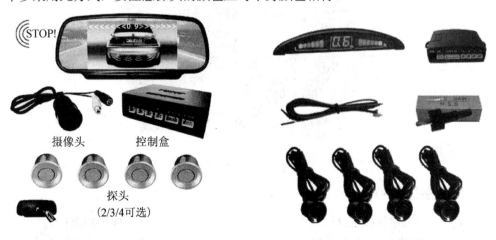

图 5-19　外置粘贴式　　　　　　　　　图 5-20　内嵌式

(3) 悬挂式。悬挂式如图 5-21 所示。悬挂式探头主要用于货车，通过螺栓进行固定。

图 5-21　悬挂式探头

2) 根据其显示形式分类

倒车雷达根据其显示形式不同分为数字显示式、颜色显示式和蜂鸣式 3 种。

(1) 数字显示式。数字显示式倒车雷达如图 5-22 所示。它安装在驾驶台上，距离直接用数字表示，精确到 0.1m，让司机一目了然。它会提醒司机：1.5～0.8m 为安全区，0.8～0.3m 为适当区，0.3～0.1m 为危险区。在安全区，正常倒泊；在适当区，要减速倒泊；在危险区，要停止倒泊。

(2) 颜色显示式。颜色显示式倒车雷达如图 5-23 所示。它通过颜色变化显示泊车的安全区、适当区和危险区。其中绿色为安全区，黄色为适当区，红色为危险区。

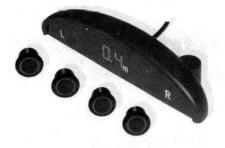

图 5-22　数字显示式

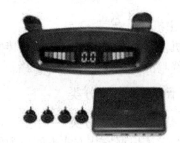

图 5-23　颜色显示式

(3) 蜂鸣式。蜂鸣式倒车雷达如图 5-24 所示。它没有显示器，依靠语音或蜂鸣提醒泊车时距离障碍物的情况。

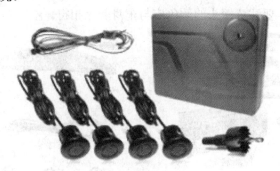

图 5-24　蜂鸣式

6. 倒车雷达的特点

(1) 物体反射面积越大、反射回波越强，探测距离越远，反之探测距离较近。

(2) 物体位置处于正对传感器中心时反射波最强，探测距离最远，反之较近。

(3) 多角度反射面、弧面、粗糙面方向感不显著，多方向都可能探测到。但反射波弱，这会对探测产生影响，可能导致某些情况下发生误报。

(4) 物体的材质越硬反射波越强，反之较弱。

(5) 环境温度、空气湿度、气压等因素都会对探测距离产生一定影响。空气湿度大，信号强；温度的影响随传感器参数而定。

(6) 有时会出现一会鸣叫提示近距离，一会又鸣叫提示远距离(尤其在室内)的情况，这是因为同时探测到了两个以上的物体，且近距离物体体积小，远距离障碍物体积较大，产生的回波强度差不多所致。

(7) 一般来说低于探头中心 10～15cm 以下的障碍物就有可能被探头忽视，而且障碍物距离车位距离越近，这一高度值也就会随之降低，危险性也随之增大。

(8) 由于雷达探头发射的声波信号较窄，因此在探测较细的障碍物时存在着较大的盲区，一些道路上用来阻隔车辆的隔离桩、电线杆上的斜拉钢缆都是危险物品。

(9) 雷达是用来探测障碍物的，车后有着沟坎，雷达很难做出探测反应。

应用实例：威志车倒车雷达的安装

1. 倒车雷达的安装

以威志车安装倒车雷达为例。

(1) 在执行电气系统的之前，先脱开蓄电池的接地线。

(2) 选择一套合适的倒车雷达，如图 5-25 所示。

图 5-25　倒车雷达

(3) 如图 5-26 所示，拆卸 A 柱的内饰板，以便于安装线的安装。布线如图 5-27 所示。

图 5-26　拆卸 A 柱内饰板

图 5-27　安装显示器线

(4) 拆点方向盘下方的护板，如图 5-28 所示。

(5) 拆门坎边下侧板，如图 5-29 所示，为了使所布线路隐蔽起来，防止磨损。

图 5-28　拆方向盘下护板　　　　　　　图 5-29　拆门坎下护板

特别提示

拆门坎下护板前应先拆掉下护板上的紧固螺丝，如图 5-30 所示。

图 5-30　拆紧固螺丝

(6) 确定测量探头安装定位孔位置，如图 5-31 所示。从翼子板边缘和保险杠接缝处开始往保险杠方向测量 41cm 的位置为探头沿车身长度方向定位位置。

图 5-31　确定边缘定位孔

(7) 高度定在离地 52.5cm 位置，并在车身预先贴纸上画出标记，如图 5-32 所示。

离地面52.5cm

图 5-32　高度位置

 特别提示

定位高度位置时，不要直接从地面上测量，由于车辆左右距离地面高度可能不同，从保险杠与车身接缝位置开始测量可能更准确一些，而且能保证对称性。

(8) 在确定的标记位置进行钻孔，如图 5-33 所示。钻孔时要注意及时清除钻头上的切屑。

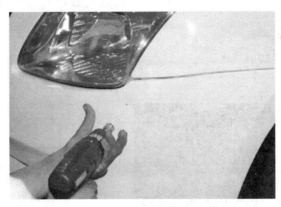

图 5-33　钻孔

(9) 安装探头，如图 5-34 所示，并将探头接线穿入发动机舱。

 特别提示

穿线时若电线较软，可以用一根细钢丝将电线带入发动机舱。

(10) 接好雷达控制线，如图 5-35 所示。接雷达脚刹线，如图 5-36 所示。接地线，图 5-37 所示。

(11) 安装完成，效果如图 5-38 所示。

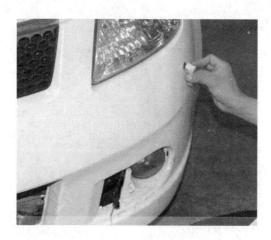

图 5-34 安装探头

图 5-35 雷达线接线

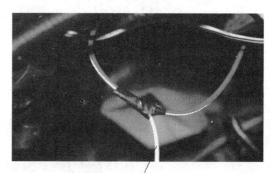

图 5-36 雷达脚刹线接线

图 5-37 接地线

图 5-38 安装之后的效果

(12) 雷达测试。

① 预警距离测试。将一个障碍物摆在探头的正后方，由远到近缓慢倒车，分别在远、近两端测量障碍物到车尾的实际距离，并和车内倒车雷达显示的障碍物距离相比较。

② 障碍物方位显示测试。分别用一个到三个障碍物摆放到车尾的左、中、右侧，测试倒车雷达探测显示障碍物方位是否精确。

③ 探测死角测试。将障碍物中心顶偏离探头中心，测试倒车雷达是否能发现。

2. 选择倒车雷达的原则

1) 探头数量

现在市面上的倒车雷达分别有 2 探头、3 探头、4 探头、6 探头及 8 探头，其中 2～4 探头雷达一般安装在汽车的后保险杆上面；6～8 探头雷达的安装方式是前 2 后 4 和前 4 后 4；6 个以上探头的普通倒车雷达除可探测车尾情况外，还可探测前左、右角情况。

2) 提醒声音

根据个人对行车安全情况决定选取语音或无声的倒车雷达。

3) 雷达性能

(1) 探测范围。一般倒车雷达探测距离应为 1.5～0.3m，好的能达到 2.5m，一些倒车雷达因其敏感度不够，探测距离仅为 1.2～0.4m。

(2) 显示稳定性。显示稳定性指在障碍物反射面不好的情况下，倒车雷达能否捕捉到并稳定显示出障碍物的距离；捕捉目标的速度反映倒车雷达对移动物体的捕捉能力。优质的倒车雷达要求测得准、测得稳、范围宽和捕捉速度快。

4) 检验质量

按照说明书进行距离测试，看一看雷达的反应是否与说明相符合，雷达是否敏感，有无误报等问题；对探头进行防水测试，这关系到在雨雪和较湿润的天气里雷达能否正常工作。南方、北方地区还要检测雷达在高温及低温的工作状态，能否在-35～70℃环境下使用。

5) 选购方式

选购和安装倒车雷达时要注意选择大品牌，到大的装饰店或 4S 店安装，这样才有质量和售后服务保障。

3. 倒车雷达使用注意事项

(1) 安装高度一般车前离地的安装高度为 45～55cm，车后的安装高度为 50～65cm。
(2) 经常清洗探头，防止尘土使探头模糊不清。
(3) 不要用坚硬的东西将探头表面遮住，如泥浆把探头表面覆盖时会产生误报或测距不准。
(4) 冬天避免结冰。
(5) 6/8 探头倒车雷达前后探头不可随意对调，可能会引起常鸣误报问题。
(6) 注意探头安装朝向，要按 UP 朝上安装。
(7) 探头不建议安装在金属板材上，因为金属板材振动时会引起探头共振，产生误报。
(8) 在开孔安装时，应对探头卡胶或开孔修整一下，免得把探头压得太紧，汽车振动使探头改变方向探测到地面距离不准产生误报。

项 目 小 结

(1) 汽车音响是指汽车的音响系统，是再现声音和影像的一种电子设备。汽车音响通常将音源、前置放大器和扩音器整合在一起，高配置和高档一些的车会有独立的扩音器和专门的低音扬声器。

(2) 汽车音响主要由音源、扬声器(又叫喇叭)、扩音器(又叫功率放大器)、音频处理器和线材 5 个部分组成。

(3) 车载导航技术是综合导航卫星及目标定位技术、陀螺传感技术、GIS 数字元电子地图技术、城市智能化交通管理技术、GSM 动态导航通信业技术的一种现代多学科的高新技术。

(4) GPS 车辆应用系统一般分为两大类：车辆跟踪系统和车辆导航系统。它们在功能上截然不同，一种用于车辆的防盗，一种则用于车辆的自主导航。

(5) 倒车雷达全称叫"倒车防撞雷达"，也叫"泊车辅助装置"，是汽车泊车或者倒车时的安全辅助装置，它能以声音或者更为直观的显示告知驾驶员周围障碍物的情况，解除驾驶员泊车、倒车和启动车辆时前后左右探视所引起的困扰，并帮助驾驶员扫除视野死角，眼视线模糊的缺陷，提高驾驶和泊车的安全性。

(6) 倒车雷达由感应器(探头)、主机、显示设备或蜂鸣器 3 部分组成。

习　题

一、填空题

1. 汽车音响主要由(　)、(　)、(　)、(　)和(　)5 个部分组成。
2. 扬声器按频响可以分为(　)、(　)和(　)。
3. 音响线材的类型包括(　)、(　)和(　)三大类。
4. GPS 车辆应用系统一般分为(　)和(　)两大类。
5. 全球定位系统由(　)、(　)和(　)3 部分构成。
6. 倒车雷达由(　)、(　)和(　)3 部分组成。
7. 倒车雷达根据安装方式不同分为(　)、(　)和(　)3 种。

二、判断题

1. 全球卫星定位系统空间部分，由 26 颗卫星组成，分布在 4 个轨道平面上。（　）
2. 倒车雷达系统当距离障碍物 2m 时，报警系统就会发出"嘀嘀"声。（　）
3. 倒车雷达系统当汽车与障碍物间距小于 0.6m 时，"嘀嘀"声将转变成连续音。（　）
4. 倒车雷达安装高度一般车前离地的安装高度为 45～55cm，车后的安装高度为 50～65cm。（　）

三、选择题

1. 汽车音响的特点是(　)。
A．结构紧凑　　B．施工环境恶劣　　C．电源要求高　　D．抗干扰能力强
2. 汽车音响包括(　)。
A．主机　　B．功率放大器　　C．扬声器　　D．天线

3. 扬声器连接线应选用截面积( )以上的专用线材。
A．0.5mm^2　　　B．1mm^2　　　C．2mm^2　　　D．3mm^2
4. 汽车音响的种类分为( )。
A．原装音响　　　B．高效音响　　　C．豪华音响　　　D．改装音响
5. 音响主机的技术指标主要包括( )。
A．输出功率　　　B．频率响应　　　C．信噪比　　　D．谐波失真
6. 倒车雷达根据感应器种类的不同，可分为( )。
A．无线式　　　B．粘贴式　　　C．钻孔式　　　D．悬挂式
7. 全球卫星定位系统作用有( )
A．陆地应用　　　B．海洋应用　　　C．航空航天应用　　　D．导航作用
8. 挡位杆挂入倒挡时，倒车雷达自动开始工作，测距范围达( )。
A．0.6~0.8m　　　B．0.2~1.2m　　　C．0.2~1.8m　　　D．0.2~1.6m

四、简答题

1. 汽车和家庭音响区别有哪些？
2. 汽车音响配线的选择原则有哪些？
3. 汽车音响改装原则有哪些？
4. 什么是汽车导航技术？
5. 汽车导航功能有哪些？
6. GPS定位原理是什么？
7. 倒车雷达的含义是什么？
8. 倒车雷达使用注意事项有哪些？

项目 6

车身清洁

车身清洁是针对汽车各部位不同材质所需的保养性清洁，利用专业的清洗系列产品和高科技技术设备，采用专业的施工手法完成车身清洗养护。车身清洁包括外部清洗、内室清洁以及发动机的免拆洗清洁通过专业清洁能使汽车达到旧车变新、延寿增益，整车焕然一新的效果。

项目 6 车身清洁

任务 6.1 汽车清洁概述

知识目标	1. 了解传统清洁和专业清洁的区别 2. 了解车身清洁的发展 3. 知道车身清洁的作用
技能目标	1. 掌握车身清洁的时机 2. 知道专业清洁的项目

阅读资料

随着我国国民经济的不断发展和科学技术的不断进步以及人们生活水平的不断提高，汽车已成为人们生活必备的一部分，根据中国汽车协会分析报告表明，仅 2012 年我国汽车销量为 2015 万辆左右，全国汽车保有量超过 1 亿辆。而这五颜六色的汽车正装扮着城市，形成美丽的风景，对城市和道路环境起着美化作用，给人们以美的享受。这些成果与汽车清洁养护是分不开的，如果没有汽车清洁工，道路上行驶的汽车车身灰尘污垢堆积，漆面色彩单调、色泽暗淡，甚至锈迹斑斑，这将形成与美丽的城市建筑极不协调的景象。因此，美化城市环境离不开汽车清洁。

目前，汽车清洁养护业在我国已被越来越多的人所接受，并成为一种时尚。人们对自己的汽车也更加的呵护，"七分修三分养"的维修理念已经被人们逐渐抛弃，"七分养三分修"的养护理念落实到实实在在的消费行为上。而且与此同时，国外一些知名汽车清洁美容公司纷纷登场，在全国范围内办起了连锁店，各种品牌的汽车清洁养护用品也像雨后春笋般出现，并造就了一支汽车清洁养护大军，从业人数逐年增加，汽车清洁养护业呈现一片繁荣景象，并已经成为我国的黄金产业和朝阳产业。2012 年的调查显示，随着汽车保有量的不断提高，售后服务市场在不断扩大，我国市场规模将增至 6000 亿元，年增长率约为 30%。汽车售后市场巨大的潜力和高额利润吸引了众多国内外汽车服务企业。

知识链接

1. 汽车专业清洁

所谓汽车专业清洁，是指利用专业养护清洗材料、工具和设备，由专业人员对汽车车身及附件进行专业清洁养护处理，使汽车得到保养，再现汽车本来色彩。它不仅可使汽车焕然一新，保持艳丽的光彩，更能达到旧车变新、新车保值的功效。

2. 汽车清洁的发展

纵观汽车清洁业的发展历程，大致经历了 5 个阶段。

1) 第一阶段——原始阶段(20 世纪 80 年代前)

它在车主对自有车辆清洁的基础上发展而成，仅有简单的洗车工具，如水桶、毛巾、自来水管等，对车辆进行简单的外表清洁，营业场所大多为路边临时建筑或露天作业，简单开展对车辆的清洁服务。

特征：设施简陋，人员素质低，服务场所和人员均流动性较大，服务项目单一，基本未纳入政府部门管理，有部分洗车仅为停车、餐饮招揽生意的附属服务。

2) 第二阶段——成长阶段(20世纪90年代初)

使用基本的清洁工具材料，如高压水枪、蓄水池、洗衣粉等，有相对固定的营业场所和从业人员，同时作为服务点基本纳入了工商税务部门的管理。

特征：服务项目单一，技术要求无标准，逐渐成长为一项社会所需要服务业，接纳了较多的农村劳动力。

3) 第三阶段——垄断阶段(1991—1993年)

它是各地政府部门为创建卫生城市提升城市综合形象而采取的一项强制措施，在城市要道口修建大型洗车场，拥有成套的专用设备，如清洁机、高泡机或大型自动洗车机进行流水线作业，并普遍使用洗车液，有专门的工作人员，但服务项目仍停留在外表的清洁层面。

特征：计划经济的产物，投入高、规模大，靠行政命令推行，因违背市场经济规律而很快消失。

4) 第四阶段——发展阶段(1993—1996年)

该阶段开始接受国外的基本理念，由简单的外观清洁发展到车内的美容护理，有专业的汽车清洁设备，如高泡机、吸尘器、洗衣机、脚垫烤干机等，使用专业的洗车液。从业人员也具备了一定的专业汽车护理常识，并且在护理的时候，根据汽车的情况，开始进行汽车内室的护理，从业者在数量上和质量上都有一个较大的提升。

特征：同行之间竞争不仅仅比价格，更主要是服务质量，用优质服务去吸引顾客，赢取自己的客户。

5) 第五阶段——专业阶段(1996年以后)

进行全面防锈、护理、养护等方面的清洁养护，并开始研究顾客潜在的需求。这一代洗车场不仅仅深刻领会并具体落实什么叫做专业洗车方式，统一进行汽车清洁施工流程。从业人员专业素质较高，技术人员一般都是通过专业学校培训的。

特征：企业内部有较科学的管理，同行之间的竞争由硬性发展为软性，竭力为顾客提供享受式的服务，如配上休闲茶楼、方便购物的精品店、供顾客活动的娱乐室等，并根据情况引导顾客消费，这种配套的、专业的服务店在中国只占1/5的比例。

3. 汽车清洁的重要性

汽车清洁是汽车美容的首要环节，同时也是一个重要环节。它既是一项基础性的工作，也是一种经常性的美容作业。汽车在使用过程中，其表面会受到风吹、日晒、雨淋等自然侵蚀，使表面逐渐沉积灰尘和各类污物。如果这些污垢不及时清除，不仅影响到汽车的外观，还会诱发锈蚀和损伤。因此，汽车清洁对保持车容美观、延长车辆使用寿命有着重要作用。

4. 汽车专业清洁和普通清洁的区别

1) 目的不同

传统洗车无非是去除汽车表面的泥土、灰尘等，仅仅是洗去汽车表面上的浮落物，而对黏附在车漆上具有较强氧化性的沥青、树胶、鸟(虫)粪便和嵌入车漆深处的铁粉等是无法去除的。

"专业洗车"则是在"传统洗车"的基础上,扩大到漆面清除氧化物和车漆保养的范畴,不仅洗去汽车表面的浮尘,还用专业技术将黏附在汽车表面上的有害物质统统除去,就连嵌入车漆深处的铁粉等有害物质也要彻底除去。因此,"专业洗车"正逐步代替"传统洗车"。

2) 使用材料不同

"传统洗车"用洗衣粉、肥皂水、洗洁精洗车。肥皂水、洗衣粉、洗涤剂虽能分解一些油垢,但会造成车漆氧化、失光,严重时还会腐蚀金属,加速密封胶条的老化。

"专业洗车"选用专用呈中性非离子表面活性剂制成的洗车液,能使污渍分子分解浮起,而容易被冲掉,其化学成分不会破坏车漆和蜡,还兼有保护作用。高压水枪及规范的洗车步骤提高了清洁的效率。

3) 技术不同

"传统洗车"无法从技术上、程序上保证洗车的效果,主要原因是该工序大多由非专业人员完成。对如何养护汽车很难做到位,清洗后往往因为操作不当产生一些细小的划痕。

"专业洗车"的员工都经过正规严格的训练,能熟练地借助于现代化的设备和高性能的清洁用品进行洗车作业,在工作时间和洗车质量上都大大地超过"传统洗车"。

4) 场所不同

"传统洗车"作业场所一般不规范,即随时随地就可实施,甚至是"一人、一桶、一抹布",不但影响城市形象,同时清洁泥沙及废水还会造成城市环境污染和水资源的浪费。

"专业洗车"作业场所固定,配套设备完善齐全,将洗车水经过多次沉淀、过滤、消毒和软化处理后反复利用,不仅节约了水资源,保护了环境,而且还保证了洗车的效果。

专业汽车养护清洁是着眼于汽车自身的特点,由表及里全面而细致地保养,既具有每一道工序标准而规范的操作工艺、规范的标准规范性,又严格按照各工序要求,采用专业的设备和工具、专业用品和专业手段进行操作的专业性。

5. 汽车专业清洁的主要作用

一般来讲,汽车清洁不仅仅使汽车清洁亮丽、光彩如新,其主要的目的在于保养,其作用主要表现在以下方面。

1) 保持汽车外观整洁

汽车在行驶中经常置身于飞扬的尘土中,雨雪天气还要在泥泞道路上行驶,车身外表难免被泥土沾污,影响汽车外观整洁。为使汽车外观保持清洁亮丽,必须经常对汽车进行清洁。

2) 清除大气污染侵害

大气中有多种对车身表面产生危害的污染物,尤其是酸雨的危害性最大,它附着于车身表面会使漆面形成有色斑点,如不及时清洁还会造成漆层老化。轻微的酸雨可用专用去酸雨材料清除,严重的酸雨需使用专业的清洁设备和清洁剂才能彻底清除,车主应定期将汽车送到专业汽车清洁店进行清洁。

3) 清除车身表面顽渍

车身表面如黏附着树枝、鸟粪、虫尸、焦油、沥青等顽渍,如不及时清除就会腐蚀漆层，给护理增加难度。为此，车主要经常检查车身表面，一旦发现具有腐蚀性的顽渍应尽快清除，如已腐蚀漆层，必须到专业汽车清洁店进行处理。

6. 汽车专业清洁的主要项目

汽车专业清洁的特点是覆盖面广且可施工项目多，其中既有简单的清洗项目，也有复杂的保养类清洁项目。

1) 汽车外部清洁护理

汽车外部清洁护理包括车身的清洁护理与玻璃、电镀件、塑胶件、轮毂、轮胎、保险杠等清洁护理。

2) 汽车内部清洁护理

汽车内部清洁护理包括仪表盘、顶棚、地毯、脚垫、座椅、座套、车门内饰的吸尘清洁保护，以及蒸汽杀菌、冷暖风口除臭、室内空气净化等项目。

3) 发动机清洁护理

发动机清洁护理包括发动机冲洗清洁、喷上光保护剂、做翻新处理、发动机内部件免拆清洁、检查、维护项目等。

7. 汽车专业清洁的时机

1) 根据天气情况确定

(1) 连续晴天。连续晴天，车身表面污渍以灰尘为主，只要用除尘掸子将车身表面上的灰尘清除，再用湿毛巾或湿布擦拭前后风窗与两旁的后视镜，大约一周做一次全车清洁工作即可。

清除灰尘时注意先清洁掸子，以防沙石颗粒划伤漆膜，产生细小划痕。

(2) 连续雨天。连续雨天，车身表面污渍以泥土为主，只要用清水冲洗，使车上的泥土掉落即可。因为还会下雨，不必进行全面清洁；当天晴之后，必须对全车进行认真清洁。

清洁时，要用柔软的毛巾擦拭，以防产生划痕。

(3) 忽晴忽雨。如果遇到忽晴忽雨天气，需经常清洁车身表面，以防雨水中的酸碱在车身表面形成老化印痕。

(4) 大雪过后。一场大雪过后，应尽快清洁汽车，因道路上的残雪以及雪水里夹杂的融雪剂都含有多种碱性成分，溅到车身及底盘上，如果不及时清洁，会给车漆及底盘带来严重腐蚀。

2) 根据车辆行驶的路况确定

(1) 柏油或水泥路面。经常在清洁的柏油或水泥路面行驶的汽车，车身表面不易玷污，一般每天收车时掸掉灰尘，每周再进行一次全车清洁即可。

(2) 沙土路面。汽车在沙土路面上行驶，很容易沾上泥土，尤其在雨天一些土路便成了泥泞路，在这样的道路上行驶，汽车最好每天都进行清洁。

(3) 沿海地区道路。沿海地区大气中盐分含量较大，汽车在沿海地区有露水或有雾时行驶，如盐分与露水或雾气结合附着在车身表面上，就会产生电化学腐蚀，为此必须经常对汽车进行清洁。

3) 根据污垢种类确定

(1) 沥青或焦油。若车身表面附有沥青或焦油，无论是对深色漆面或浅色漆面的车辆，其视觉影响都是很大的，且沥青和焦油都是有机化合物，长时间附着漆面会出现污斑，特别是丙烯酸面漆的汽车尤为明显，为此车身表面沾上沥青或焦油，必须立即清除。

(2) 树枝、鸟粪和虫尸。汽车在露天停放，很容易沾附树枝、鸟粪和虫尸，对此必须及时清除。否则会腐蚀漆层而形成老化色斑。

(3) 水泥。汽车在建筑工地上行驶时，车身表面容易沾上路面上的水泥粉，对此必须及时清洁，以免水泥粉沾水后牢固地附着在漆面上难以清除，并使漆面产生老化痕。

8. 汽车专业清洁的效果

(1) 汽车外部清洁护理主要使汽车表面光亮一新，防止车漆快速老化，延长汽车老化时间。

(2) 内室清洁护理使汽车更加洁净、温馨、华贵和舒适。

(3) 行李厢内部清洁护理使保持洁净，清理行李厢多余物品还可以起到节约燃油的作用。

(4) 发动机的清洁翻新可使发动机形成光亮保护膜并长久保持，同时可以节约燃油。

(5) 轮胎的增黑清洁护理使汽车看上去更显档次，延缓轮胎老化。

(6) 发动机免拆洗清洁、定期清洁养护可使发动机减少大修，增加散热效果，节约燃油。

任务 6.2　汽车清洁用品

知识目标	1. 了解清洗剂的除垢机理 2. 掌握清洗剂的作用 3. 知道清洗剂的种类
技能目标	1. 知道清洗剂的使用方法 2. 掌握清洗剂的使用范围及注意事项

阅读资料

车身外部装饰件材料由玻璃、橡胶、塑料、电镀件、铝合金等制成，内部装饰件由丝绒、皮革、化纤、塑料、橡胶、电镀件和铝合金制品等材料制成。不同的材料要求使用不同的清洁方法、清洁工具以及清洁用品，才能达到完美的清洁效果。

汽车清洁用品种类繁多，因其系列和使用位置、除垢机理不同等进行分类选用。在汽车清洁过程中，清洁剂使用相当广泛，而各种清洁剂都是精细化工产品。

知识链接

1. 清洁剂在洗车中的作用

传统的汽车清洁产品洗衣粉、肥皂水、洗洁精等在洗车过程中对漆面的损伤很大，使车辆漆膜的保护作用和装饰作用失效很快。而专业的汽车清洁剂不但不会对漆面产生损伤，同时还会保护漆面，因此汽车清洁剂是目前国内外大力推广的护理产品之一，汽车清洁剂一般具有以下作用。

1) 实现快速高效清洁

清洁剂去污力强，采用清洁剂可大大提高清洁速度，并可将清洁与护理合二为一，减少美容工序，对车漆的护理，提高工作效率，起到车漆表面保护作用。

2) 确保清洁质量

用清洁剂不仅可以干净彻底清除各种污渍，而且不损伤漆面，对车身表面具有保护作用。

3) 节省清洁费用

用清洁剂清除油垢，可减少溶剂消耗，1kg 的清洁剂可代替 30kg 的溶剂，降低清洁费用 90%左右。

4) 有利于保护环境

采用环保型清洁剂清洁汽车，可减少对环境的污染。为此，应尽量使用清洁剂清洁汽车，以确保汽车的清洁质量。

2. 清洁剂的除垢机理

由于汽车污垢具有多样性，为"对症下药"有针对性地清除污垢，清洁剂的种类也是多种多样的，使用时应根据清洁剂的种类、特性及功能等因素合理选择。

1) 汽车污垢的种类

(1) 水溶性污垢。水溶性污垢主要包括泥土、沙粒、灰尘等，通过清水稀释或冲刷可去除。

(2) 水不溶性污垢。水不溶性污垢主要包括碳、矿物油、油脂、胶质物、铁锈、废气凝结物等。该类污垢一般不溶于水，需要使用专用清洁剂清除。

2) 清洁剂的除垢机理

清洁剂除垢机理主要包括润湿、吸附、增溶、悬浮和去污 5 个过程。

(1) 润湿。当清洁剂与汽车表面的污点接触后，被清洁物的表面很容易被清洁剂润湿，而且清洁剂能够深入到污垢聚集体的细小空隙中，使污垢与被清洁表面的结合力减小、松动。

(2) 吸附。清洁剂具有对污垢质点的静电吸附能力，并将污垢从车身上析出，同时能够防止污垢再次沉积，进而达到去除污垢的目的。

(3) 增溶。清洁剂可以使污垢溶解在其液体中,通过冲刷去除掉。

(4) 悬浮。清洁剂中含有表面活性物质,在清洁过程中,清洁剂能使固体污垢形成悬浮液,使液体污垢形成浮油液,便于将其从附着表面冲洗掉。

(5) 去污。利用高压水枪或冲洗液通过射流冲击将污垢冲掉,达到清洁的目的。

3. 汽车清洁剂的种类

1) 按溶剂类型分类

清洁剂按溶剂类型主要分为水性清洁剂、有机清洁剂、油脂清洁剂和溶解清洁剂4类。

(1) 水性清洁剂。水性清洁剂如图 6-1 所示,主要清除水性污垢,其具有较强的浸润和溶解能力,且不含有碱性,不仅能有效地清除一般污垢,且对汽车车漆面有光泽保护作用。

水性清洁剂按一定的比例和水混合使用,在冷车的情况下洒在车身表面泡 3~4min,能有效地溶解水性污垢,再冲洗车身,既能轻松地去除污垢又能不伤车漆,既省时又不费力。

(2) 溶剂型清洁剂。溶剂型清洁剂如图 6-2 所示,它是一类溶解功能很强的清洁剂,不仅能清除车身上的焦油、沥青、鸟粪、树胶、漆点等水不溶性污垢,而且可用于"开蜡"。

图 6-1 水性清洁剂

图 6-2 溶剂型清洁剂

(3) 有机清洁剂。有机清洁剂如图 6-3 所示,对于一些不溶于水污垢应采用有机清洁剂进行清洁。这种清洁剂主要用于去除车身表面的油脂或沥青污垢。在使用过程中要注意的是,应避免有机清洁剂喷涂到塑料、橡胶等部件,因为有机清洁剂含有汽油或煤油等易燃成分,会腐蚀塑料和橡胶。同时在使用过程中也要注意避免在明火附近使用,应在通风良好的地方使用。

(4) 油脂清洁剂。油脂清洁剂如图 6-4 所示,又称去油剂,其具有极强的去油功能,主要用于清洁发动机、制动系统、轮毂等油污较重的部位。目前市场上用到的油脂清洁剂有以下3类。

① 水质去油剂:该产品具有安全、无害、成本低等优点。缺点就是去油功能有限。

② 石化型去油剂:该产品具有去油能力强,成本低等优点。缺点是易燃、有害。

③ 天然型去油剂:该产品具有去油功能强且无害等优点。缺点是成本高。

图 6-3　有机清洁剂

图 6-4　油脂清洁剂

在使用油脂清洁剂时，针对车身不同位置，应尽量选择专用的清洁剂。各部位清洁剂的使用方法见表 6-1 到表 6-6。

表 6-1　制动清洁剂使用方法

制动清洁剂	特性	1. 迅速清除污垢 2. 避免产生制动碾轧的噪声 3. 对环境污染小
	使用方法	1. 粗洗待清洁部位，去除泥沙 2. 将清洁剂喷洒在污垢处，待完全滴尽 3. 以干布擦拭干净
	适用范围	1. 鼓式及盘式制动器、制动蹄片、离合器板、风扇叶片等组件 2. 其他离合器零件
	注意事项	属易燃品，不宜置于易燃处

表 6-2　发动机外表清洁剂

发动机外表清洁剂	特性	1. 水溶性好，易冲洗，无残留 2. 能快速去除油污，且不腐蚀机体及其附件 3. 能有效除去发动机外表较重的油污
	使用方法	1. 粗洗后，用水稀释喷洒在清洁部位 2. 冲洗干净，并用软布擦干
	适用范围	发动机外表及底盘部件
	注意事项	呈弱碱性，必须用水稀释后使用

表 6-3　车内仪表清洁剂使用方法

车内仪表清洁剂	特性	能保持车内仪表台人造革及皮革的光亮程度，使灰尘无法玷污，有香味，不会破坏漆膜
	使用方法	将该产品喷涂在被清洁物表面，然后用布擦拭干净即可
	适用范围	车门、仪表板、合成橡胶、塑料制品、人造革及真皮制品表面
	注意事项	易燃品，不可置于热源附近

表 6-4 气门及化油器清洁剂使用方法

气门及化油器清洁剂	特性	1. 可去除积聚在气门、化油器、气门座的积碳和污垢,降低 CO_2 的产生 2. 增进发动机进气的畅顺,避免无谓的功率消耗 3. 恢复气缸压缩比
	使用方法	加油前添加,添加比例为 1%
	适用范围	发动机及化油器式内燃机
	注意事项	易燃品,但不造成环境污染

表 6-5 轮毂清洁剂使用方法

轮毂清洁剂	特性	能有效去除轮毂上的油渍,氧化色斑,同时清洁上光
	使用方法	1. 把清洁剂喷涂在汽车轮毂上 2. 用软布擦拭干净
	适用范围	所有汽车轮毂
	注意事项	弱酸性,但对轮毂及轮胎无腐蚀

表 6-6 重油清洁剂使用方法

重油清洁剂	特性	1. 去污力强,可有效去除发动机、底盘和设备上的重油污 2. 不会产生二次污染
	使用方法	将本品喷洒在油污处,然后用水冲洗,再用干净布擦干
	适用范围	汽车发动机、底盘零部件
	注意事项	对车体各部件无腐蚀

2) 按油污和清洁性能分类

清洁剂按油污和清洁性能主要分为不脱蜡清洁剂、脱蜡清洁剂、二合一清洁剂、环保型清洁剂、专用清洁剂和电脑洗车机用香波等六类。

(1) 不脱蜡清洁剂。不脱蜡清洁剂如图 6-5 所示。它又称汽车香波、清洁香波和洗车液,其配方基本不含碱性盐类,pH 值为 7.0,呈中性。主要成分是类型不一的表面活性剂,是车身日常清洁的首选洗车液。该清洁剂具有很强的分解能力,能够有效去除车身漆面的油垢和尘垢之类的污物,具有性质温和、不破坏蜡膜、不腐蚀漆面、泡沫丰富、挥发慢、使用方便且经济等特点。

(2) 脱蜡清洁剂。当新车需要开蜡或旧车需要重新上蜡时应使用脱蜡清洁剂对汽车进行清洁。此类清洁剂含柔和性溶剂,具有较强的溶解能力,可以去除车身油垢,而且能把以前的蜡清洁掉。车身表面的蜡有两种,一种是油脂蜡,另一种是树脂蜡,脱蜡时要选用不同的脱蜡清洁剂。

① 油脂开蜡水。油脂开蜡水如图 6-6 所示。它是生物降解性的,对环境无污染,主要原料从橙皮中提取,不用稀释,可直接使用。

图 6-5　不脱蜡清洁剂

图 6-6　油脂开蜡水

② 树脂开蜡水。树脂开蜡水如图 6-7 所示。它含有一种树脂聚合物的溶解元素，所以能溶解树脂蜡。使用时最好用热水稀释，其中的表面活性剂在加热时效果最佳，此产品无腐蚀性，比较安全。

(3) 二合一清洁剂。二合一清洁剂如图 6-8 所示，即清洁、护理合二为一，可以满足快速清洁兼打蜡的要求。它由多种表面活性剂配置而成，上蜡成分是一种具有独特配方的水蜡，在清洁作业时，漆面形成一层蜡膜，增加车身的鲜艳程度，有效保护车漆，适用于车身比较干净的汽车。

(4) 环保型清洁剂。环保型清洁剂如图 6-9 所示。它的主要成分为天然原料，对环境无污染，具有特殊的清洁效果。

图 6-7　树脂开蜡水

图 6-8　二合一清洁剂

图 6-9　环保型清洁剂

(5) 专用清洁剂。专用清洁剂如图 6-10 所示。它用来清除沥青、焦油、鸟粪等污物，应根据污物种类选用合适的专用清洁剂。

① 焦油沥青去除剂。焦油沥青去除剂如图 6-11 所示。它具有很强的乳化分解能力，通过软化功能去除附着在车体和镀铬表面的焦油、沥青等污垢，品质温和，对漆面、塑胶无腐蚀。

② 树胶清洁剂。树胶清洁剂如图 6-12 所示。它以其特有的软化功能，使鸟粪、树胶与漆面"脱离"，最大限度地防止对车漆造成的伤害。

图 6-10 专用清洁剂

图 6-11 焦油沥青去除剂

图 6-12 树胶清洁剂

(6) 电脑洗车机用香波。

① 电脑洗车机用高泡香波。电脑洗车机用高效香波如图 6-13 所示，pH 值为 7.0，呈中性，是一种超浓缩高泡沫清洁剂，具有强力洗车功能，丰富的泡沫可起到较好的润滑作用，可有效延长设备使用寿命。

② 电脑洗车机用上蜡香波。电脑洗车机用上蜡香波如图 6-14 所示。它通常作为电脑洗车的最后工序使用，可加快汽车表面的除水干燥过程，清洁后无任何斑点，在汽车漆面留下一层光亮的蜡膜。

图 6-13 电脑洗车机用高泡香波

图 6-14 电脑洗车机用上蜡香波

3) 按车身使用位置分类

(1) 发动机清洁剂。

① 发动机外部清洁剂。发动机外部清洁剂如图 6-15 所示，又称去油剂，呈碱性，含有缓蚀剂成分，能快速乳化、分解、去除污垢，对机体无腐蚀，水溶性好，可以完全生物溶解，易用水冲洗，不留残留物。它具有极强的去油功能，主要用于发动机的外部清洁。

② 燃油喷射系统清洁剂。燃油喷射系统清洁剂如图 6-16 所示。使用时将它直接加入到油箱内溶解到汽油中，随汽油的流动清除供油系统及燃油喷射装置系统的焦油等沉积物，通过燃烧分解作用清除燃烧室内的积碳。

在向油箱中添加燃油喷射系统清洁剂之前，必须确认油箱清洁无沉积物。否则，部分清洁剂会首先分解油箱中长期积累的焦油、泥污等沉积物，导致油箱中的汽油混浊而堵塞油泵滤网和油路通道。

图 6-15 发动机外部清洁剂

图 6-16 燃油喷射系统清洁剂

③ 发动机润滑系统清洁剂。发动机润滑系统清洁剂如图 6-17 所示。在发动机不解体的情况下,通过专业设备或直接添加的方式来清洁润滑油路系统,改善润滑油的抗氧化性,减少活塞环与气缸壁之间的摩擦,有效降低发动机噪声和油耗,提高发动机的动力性和经济性延长发动机的使用寿命。

④ 散热器清洁剂。散热器清洁剂如图 6-18 所示。它可以有效去除冷却系统中的油脂、胶质层以及散热器、缸套和管道中的水垢与腐蚀,恢复系统的冷却能力,解决因水垢过多引起的发动机过热和散热器开锅等问题。散热器清洁剂有酸性散热器清洁剂和碱性散热器清洁剂两种。这两种清洁剂对散热器、软管、密封垫和铝制缸体都没有腐蚀作用。

图 6-17 发动机润滑系统清洁剂

图 6-18 散热器清洁剂

(2) 汽车内室清洁剂。根据汽车内室各部件材料的不同,汽车内室清洁剂主要有以下几种。

① 丝绒清洁保护剂。丝绒清洁保护剂如图 6-19 所示。它主要对毛绒、丝绒、棉绒等织物进行清洁和保护。具有泡沫丰富,去污力强,洗后留有硅酮保护膜,能恢复绒织物原状,防止脏物侵入等特点。

② 化纤清洁剂。化纤清洁剂如图 6-20 所示。它在多功能清洁剂的基础上特别增加了清洁内室化纤制品的功能,对车用地毯、沙发套等化纤制品上的油污和停留时间不太长的果汁、血迹等具有良好的清洁效果,而且不会伤害化纤制品。

图 6-19　丝绒清洁保护剂

图 6-20　化纤清洁剂

③ 塑料清洁上光剂。塑料清洁上光剂如图 6-21 所示。它主要用于塑料及橡胶制品的清洁和护理，在清除污垢的同时能在橡胶制品的表面形成一层保护膜，具有翻新效果。

④ 真皮清洁增光剂。真皮清洁增光剂如图 6-22 所示。它主要用于皮革制品清洁和护理，能清除污垢同时能在皮革制品的表面形成一层保护膜，起到抗老化、防水、防静电的作用，延长皮革制品的使用寿命。

⑤ 多功能内室光亮剂。多功能内室光亮剂如图 6-23 所示。它可对化纤、皮革、塑料等不同材质的内室物品进行清洁，起到上光、保护、杀菌等作用。一喷一抹，物品即可光洁如新，增加美丽光泽，并有防止内室物品老化、龟裂及褪色。

图 6-21　塑料清洁上光剂

图 6-22　真皮清洁增光剂

图 6-23　多功能内室光亮剂

(3) 玻璃清洁剂

① 泡沫清洁液。泡沫清洁液如图 6-24 所示。它主要由乙醇、乙二醇、多种表面活性剂、去离子水等组成。鉴别优质与劣质洗窗液的简易方法是看有没有泡沫。

② 专用玻璃清洁液。专用玻璃清洁液如图 6-25 所示。它对顽固污渍有很好的去污清洁效果，将玻璃清洁剂直接喷涂到玻璃表面上，然后用干净的抹布或拭纸擦拭干净即可。

图 6-24　泡沫清洁液

图 6-25　专用玻璃清洁液

任务 6.3　汽车清洁的设备和工具

知识目标	1. 了解清洗设备和工具的种类 2. 知道典型清洗设备的结构 3. 知道典型清洗设备的使用方法 4. 知道洗车方法的区别
技能目标	1. 掌握洗车操作过程 2. 掌握操作注意事项

阅读资料

在汽车清洁美容业数十年的发展完善过程中，汽车清洁护理所使用的设备和工具已经逐渐成熟，而且越来越专业化，这样既可以保证施工作业的质量，提高工作效率，降低生产成本，又可以增强企业的市场竞争力。

汽车清洁和护理所使用的设备和工具分两类：一类是和汽车维修兼容的通用设备和工具，如高压清洁剂、空气压缩机、汽车举升机等；另一类是用于专项处理的设备和工具，如发动机燃油供给系统免拆清洁机和自动变速箱免拆清洁机等。全面系统地了解各种设备和工具的性能、特点和使用方法，有利于正确地选择和使用设备与工具，确保人身安全，提高作业质量和效率。

知识链接

1. 移动式清洁设备

移动式清洁设备属于小型清洁设备，适合家庭或小型洗车场所使用，其特点是使用方便、灵活机动，但一般是单喷嘴，出水量小，清洁效率相对较低，移动式清洁设备主要有冷水高压清洁机、冷/热水高压清洁机及便携式汽车清洁设备等。

1) 冷水高压清洁机

冷水高压清洁机如图 6-26 所示。该设备投资少，但清洁时间长、耗水量大、压力小，清洁起来不是很彻底，属半机械化清洁，主要由电动机、水泵、软管喷枪等组成。

使用方法如下。
(1) 通过软管将水泵进水口与水源接通，并检查是否有漏水现象。
(2) 接通电源，打开开关使电动机带动水泵叶轮工作。
(3) 打开喷枪开关，水经水泵出水口、胶管、喷枪、喷头以一定压力射向汽车表面，进而达到洗车目的。

2) 冷/热水高压清洁机

冷/热水高压清洁机如图 6-27 所示，它使用热水清洁，有利于将油污、泥土去除，不会对涂膜表面造成损伤，清洁质量好；可减少清洁剂的使用，有利于环境保护，由电动机、水泵、加热装置、传动机构、软管、喷枪等组成。

图 6-26 冷水清洗机

图 6-27 冷/热水高压清洁机

特别提示

水温不宜过高，一般控制在 30~40℃较适宜。

使用方法如下。
(1) 接通清洁机用的水源、电源，电动机带动水泵工作。
(2) 按下喷枪开关，水流经水泵出水口、胶管、喷枪、喷头射向汽车表面。
(3) 用热水清洁时，起动清洁加热装置，使喷枪能正常喷出热水。
(4) 水源一般采用自来水。

特别提示

尽量不要使用水池、水塘中的水，若必须使用，需要经过清洁过滤处理，以免影响清洁质量。

3) 便携式汽车清洁设备

便携式汽车清洁设备如图 6-28 所示。它的基本结构由水箱、水泵、电机、电源插头、手柄、电源开关、软管、清洁剂容器及毛刷、清洁剂容器开关等组成。

使用方法如下。

(1) 先把上面的压盖拧下，加水。

(2) 然后提起压把，逆时针拧开打气阀，灌入水，注意不要太满，留出打气阀的空间，拧紧打气阀，打气 10 下左右至合适压力，轻握手柄喷水。

(3) 将整车喷湿，按照从中间向两边、从上向下的规律，顺序清洗。

(4) 清洗完毕，拉起放气阀放出多余压力，再打开打气阀倒出剩余的水。

图 6-28　便携式汽车清洁设备

(5) 用洗车毛巾和鹿皮擦干车身。

 特别提示

顽固污渍不要太过用力，可反复多刷几下直至去除。

2. 自动洗车机

随着中国经济的飞速发展，汽车越来越多地进入了家庭，汽车数量的快速增加与人们生活节奏的日益加快使得全自动洗车机现在越来越受到广大车主的青睐。自动洗车机是一种通过电脑设制相关程序来实现自动清洗、打蜡、风干清洗轮毂等工作的机器。

自动洗车机分为毛刷式全自动洗车机和无接触式自动洗车机。

1) 毛刷式全自动洗车机

毛刷全自动洗车机依靠毛刷式工作原理，刷洗材料一般采用 PE 或泡沫材料为主。根据运动主体的不同，它可分为往复式洗车机和隧道式洗车机两大类。

(1) 往复式电脑洗车设备。往复式电脑洗车设备如图 6-29 所示。它也叫龙门式电脑洗车设备，汽车停在固定的位置不动，洗车设备根据车型来回往复运动，实现自动冲洗底盘、自动喷电脑洗车机专用洗车液和水蜡、自动仿行刷洗、自动仿行风干。一辆脏车进去，一辆净车出来，洗车时间大体为 3min 左右。毛刷式全自动洗衣机主要由机架、轨道、顶刷、大侧刷、小侧刷和风机等部件组成。

图 6-29　往复式汽车清洁机

往复式汽车清洁机的性能特点如下。

① 安全可靠。全自动洗车机由电脑按设计程序控制全过程的操作，完全能够避免人工操作引起的人身、设备事故。

② 快捷高效。人工洗车一般为 10min/台，电脑洗车机为 3.5min/台，1h 可洗 20～40 辆车，每日洗车量可达 120～500 辆，很大程度上提高了洗车的工作效率。

③ 洗车干净。全自动洗车机由程序控制，能排除人为因素，保证洗车质量。

④ 环保节水，同时节约成本。全自动洗车机洗一台汽车耗水量为 70～150L，比人工洗车节水。如果以洗车店每日洗车 100 辆计算，每日节水 1～2t，每年节水 300～700t。

⑤ 不伤漆面。全自动洗车机采用超软橡胶棉刷，洗涤过程中不会损伤漆面，而人工洗车时使用的毛巾和手套，在反复擦洗过程中，夹带的泥沙会在汽车漆面上造成人为的划痕。

⑥ 节省人工。全自动洗车机只需一个操作工人，比人工洗车节省用工量。

特别提示

一般不要用自动冲底盘，因为有些车质量不好可能会把汽车喇叭冲坏。

(2) 隧道式电脑洗车设备。隧道式电脑洗车设备如图 6-30 所示。它主要用于对轿车、面包车及各种小型客车的外表进行高压水冲洗、刷洗、蜡洗、风干和抛光作业。隧道式电脑洗车设备由输送机装置、高压喷水装置、高泡沫喷洒装置、滚刷装置、亮光蜡喷洒装置、强力吹风装置、擦干装置、控制操作装置等组成。

图 6-30　隧道式电脑洗车设备

① 输送机装置的作用是完成清洁汽车通过隧道的输送，该装置位于整个设备的底部，前端有轮胎导正器，使汽车停在输送机的停车轨道上。

② 高压喷水装置的作用是将车身上的微小沙粒和灰尘除去，以便安全进行刷洗，该装置采用强力电动机和水泵产生高压水，完成汽车表面的冲洗。

③ 高泡沫喷洒装置的作用是向车身喷洒高泡沫洗车液，以增强清洁除污能力。

④ 滚刷装置的作用是刷去车身污垢。该装置由前后两对小刷、前后两对侧刷和前后两个顶刷组成。

⑤ 前小刷位于高泡沫喷洒装置的前位，作用是先对汽车的下部外侧刷洗一遍，因为汽车下部污垢较中部和上部严重，所以该部位应多刷一遍。

⑥ 大侧刷可根据不同车型的斜度自动调整倾斜角和方向，并轻柔地对车身进行清洁，

以达到良好的车身清洁效果。刷洗车身的前后刷像手臂一样，采用交叉式刷洗，使车身清洁不留死角，达到优良的清洁效果。横卧式洗刷能将车身下方的严重污垢干净彻底地清除。

⑦ 亮光蜡喷洒装置的作用是在滚刷刷洗后对车身进行清洁，使车身涂膜更加靓丽。

⑧ 强力吹风装置由前风机和后风机组成，作用是用清洁的高压空气将车身吹干。

⑨ 擦干装置由特殊的绒毛布条组成，作用是将风干后所残留的水痕彻底擦拭干净。

⑩ 控制操作装置由控制箱和操作控制台组成，其作用是完成汽车清洁过程的操控。

优点：洗车速度快，可以连续洗车，单洗一辆车的时间基本上是 2 分 40 秒，适合一天洗 120 辆车以上的店面。

缺点：对场地要求严格，前期场地施工时耗资比较大，耗水、耗电比较多。

2) 无刷式自动洗车机

无刷式自动洗车机如图 6-31 所示。它又称无接触式洗车机，是指依靠高压水喷射来完成洗车全过程的一种洗车方式，在洗车过程中依靠多种洗车液配合洗车的全过程。

图 6-31　无刷式自动洗车机

优点：单纯洗车比人工洗车机速度快，投资小，效率高。

缺点：属于半自动产品，因其操作过程中按照清洗→泡沫→人工→清洗→人工的顺序进行，中间需要两道人工洗车的工序。而且机器结构简单，使用起来不是很方便且不上档次。大部分无刷式自动洗车机一般都只是重点清洗车的两侧，对于车头和车尾基本上都是高压水冲洗，顺带湿润一下，并不能去掉部分灰尘。

3) 电脑洗车设备使用注意事项

(1) 清洗钢管前应检查储水桶内水是否充足和清洁。

(2) 高压水管使用时不能有扭曲或折叠在一起。

(3) 遇到水压不足或不出来水时应立即关闭按钮开关，每洗完一吊管应及时将按钮关闭。

(4) 调压阀不可以乱调节水压。

(5) 经常检查洗车机机头各连接处是否有漏水。

(6) 每周检查一次各润滑部件的润滑情况，经常清洗过滤网。

(7) 保持洗车机的清洁，每月检查一次转动皮带的松紧及各紧固落实是否松动。

3. 无水洗车设备

无水洗车又称移动洗车、环保洗车、高压洗车、节水洗车，是一种现代高新科技移动方便、无排污的洗车设备，对汽车进行清洁、打蜡、上光、养护一次完成的新型汽车保洁方式。产品配方由多种新型表面活性剂、浮化剂及悬浮剂等漆面保护成分组成，能有效地将尘土吸附在擦车布上，避免划伤车漆，而且可以使清洗更彻底，光洁效果更好。

1) 工作原理

无水洗车针对车漆、玻璃、保险杠、轮胎、皮革、丝绒等不同部位、不同材料使用不同的产品彻底清洁污垢，同时使汽车得到有效的保养。无水洗车含有悬浮剂，喷上后会快速渗透，可有效使污渍与车漆产生间隙，在沙土颗粒和车漆之间形成保护层，同时产品含有的多种高分子漆面养护成分、增光乳液、巴西棕榈蜡等能够保护车漆、防静电、防紫外线、防雨水侵蚀、防车漆老化，有效地抵挡雨、雪、风、沙等对车体的伤害，并保护车漆镜面光泽不受损坏。左侧水冲洗车与右侧无水洗车效果对比如图6-32所示。

无水洗车设备如图6-33所示。它具有以专用清洁剂替代清水在传统洗车过程的冲洗功效，集机械力冲洗、清洁剂去污、上光保养三效合一，高效快捷。

图6-32 左侧水冲洗车与右侧无水洗车效果

图6-33 高效环保无水洗车机

2) 使用方法

对底盘和车身分别清洁，同时配合使用两种不同的无水清洁剂以高压方式直接喷刷。清洁剂在冲刷同时对车身进行清洁，洗后用毛巾擦干即可完成清洁目的，同时清晰不留痕迹。

(1) 底盘冲洗——将底盘清洁液以压强方式冲洗轮胎、挡泥板、车裙等外表面重污垢。

(2) 整车清洁——将无水洗车液以高压喷淋方式冲洗全车，深层去污，保养车漆。

3) 配套无水清洁剂的特点

配套的无水清洁剂主要原料为天然成分，抗静电、防老化、防紫外线，具有生物可降解性，无腐蚀、无磷、无毒、无污染，性质温和，刺激性小，起到了灭菌消毒的作用。特别是玻璃清洁剂，高效去污、抗静电、防雾、防冻，长期使用可保持玻璃透明度，并防止反光；轮胎翻新剂可以防止龟裂、延长使用寿命，使轮胎保持黑亮如新。

4. 清洁工具

1) 毛巾

在专业汽车美容店里需准备多块毛巾，如图6-34所示。根据不同的擦拭地方，毛巾可分为大毛巾、小毛巾、干毛巾等，应选择纯毛且不掉毛的毛巾。大毛巾主要用于车身表面的手工清洁或擦拭；小毛巾主要用于擦拭车身凹槽、门边和内饰等部件的污垢；干毛巾用来第二次擦拭车身的水渍，防止车漆产生水斑。

2) 鹿皮

洗完车后若水分还不干，若用干毛巾擦拭易损伤漆膜。如果用图6-35所示的鹿皮擦拭，能迅速吸干水分，因为鹿皮具有柔软、耐磨性好和防静电的特点。

3) 海绵

海绵如图6-36所示。它具有柔软、弹性好、吸水性强和擦拭能力较好等特点，分为粗海绵和软海绵。软海绵通常用于汽车美容车身清洁，利于保护车漆和提高作业效率；粗海绵用于去除较强污垢或清洁轮胎。

图6-34 毛巾

图6-35 鹿皮

图6-36 海绵

使用海绵时应注意以下两点。

(1) 不要将软海绵和粗海绵共用一个装洗设备(比如：桶)。因为清洁过轮胎的粗海绵泡在装洗设备内，易把轮胎上的石子粒带到装洗设备，而若把软海绵泡在装洗设备中，就会把石子粒带上来清洁，易划伤车漆面。

(2) 不要将软海绵和粗海绵互相使用，不同位置要区分使用。用不同装洗设备装软海绵和粗海绵，用软海绵清洁车身时，需特别注意软海绵每清洁车身一块地方，就要放在装洗设备中泡洗一下，将软海绵表面的颗粒去除，再继续清洁下一块车身。

4) 洗车泥

对于用海绵或清洁剂都无法清洁的沥青或化学尘粒，可用图6-37所示的洗车泥先湿润车，再配合喷水，缓慢地在污垢上来回擦拭，即可去除。

图6-37 洗车泥

5. 其他设备

1) 空气压缩机

空气压缩机如图 6-38 所示。它是汽车清洁、护理、漆面修复中通用的设备之一，主要用于提供充足的达到预定压力值的高压压缩空气源，以确保汽车清洁护理车间如除尘工具、轮胎充气等气动设备能有效地工作。

图 6-38　空气压缩机

(1) 工作特点。空气压缩机由电动机直接驱动，使曲轴产生旋转，带动连杆使活塞产生往复运动，引起气缸容积变化。由于气缸内压力的变化，通过进气阀使空气经过空气滤清器进入气缸，在压缩行程中，由于气缸容积的缩小，压缩空气经过排气阀的作用，经排气管、单向止回阀进入储气罐，当排气压力达到额定压力时由压力开关控制而自动停机。

(2) 分类。空气压缩机分为单级式和双级式两种，主要性能指标为空气压力、每分钟的压缩空气量和消耗功率。对于单级式来说，输出的压力一般为 0.7～0.8MPa，双级式则可将输出压力提高到 1～3MPa。

(3) 在空压机操作前，应注意以下事项。

① 保持油池中润滑油在标尺范围内，操作前应检查注油器内的油量，不应低于刻度线值。

② 检查各运动部位是否灵活、各连接部位是否紧固、润滑系统是否正常、电机及电器控制设备是否安全可靠。

③ 空压机操作前应检查防护装置及安全附件是否完好齐全。

④ 检查排气管路是否畅通。

⑤ 接通水源，打开各进水阀，使冷却水畅通。

(4) 维护。为了使空压机能够正常可靠地运行，保证机组的使用寿命，须制订详细的维护计划，执行定人操作、定期维护、定期检查保养，使空压机组保持清洁、无油、无污垢。

2) 吸尘器

由于汽车空间小，结构复杂，易造成室内污染。如果不及时进行清理，会影响驾驶员的身体健康。吸尘器如图 6-39 所示。它是一种能将灰埃、脏物及碎屑吸除的用电设备。

图 6-39　吸尘器

(1) 分类。常见的吸尘器主要有便携型、家用型和专业型 3 种。

① 专业吸尘器。它的吸尘效果最好，使用较多，具有很好的防水性，而且集吸尘、吸水、风干为一体，配有适于汽车内室结构的专用吸嘴，操作简单，吸水力强，并可与内室蒸汽机配合使用。

② 家用型吸尘器。它的吸力可满足要求，防水性差。如果将吸尘器置于操作间，难免在洗车时将水吸入吸尘器，容易使吸尘器内部发生短路，甚至烧毁。

③ 便携式吸尘器。它可以随车携带，利用汽车上点烟器的电源插座即可使用，体积小，携带方便，但不适合专业护理使用。

(2) 工作原理。吸尘器利用电动机的高速转动，带动风叶旋转，使吸尘器内部产生局部真空，形成空气吸力，将灰尘、脏物吸入，并经过吸尘器内部的过滤装置，然后将过滤的清洁空气排出去，以达到吸尘的目的。

(3) 维护。

① 使用后，应将吸尘器及其附件用湿布擦拭干净，然后晾干收好。

② 清灰后的集尘袋可用微温水洗涤干净晒干。

③ 吸尘器的刷子上黏附的毛发、线头要及时清除干净，刷子磨损偏大要及时更换新品。

④ 紧固件如有松动，要立即紧固好。

⑤ 主机和电刷如有故障，要及时维修。

3) 多功能洗衣脱水机

汽车内的座椅套、头枕套等织物极易弄脏，每隔一段时间都要进行清洁。为了节省车主时间，可采用多功能洗衣脱水机。汽车清洁用的洗衣脱水机如图 6-40 所示，它不同于家用的洗衣机。在清洁车间使用时，具有负荷高，效率高的优点，可在几分钟内完成十几公斤的脱水功能。

图 6-40　多功能洗衣脱水机

应用实例

现以车邦士便携式汽车清洁设备使用说明为例介绍一下家庭式洗车操作过程。

(1) 先将车身用高压水枪(如图 6-41 所示)冲洗一遍,保证车身各部位均匀淋湿,并准备好图 6-42 所示的洗车手套。冲洗过程如图 6-43 所示。

图 6-41 高压水枪

图 6-42 洗车手套

图 6-43 冲洗过程

(2) 全车淋湿后,准备好图 6-44 所示洗车用品,用海绵蘸上调试好的洗车液擦拭车身,擦拭要均匀,遇到顽固污渍要用强力去污产品去除,擦拭如图 6-45 所示。

图 6-44 洗车用品

1—洗车液;2—水桶;3—强力去污泥;4—海绵

图 6-45　擦拭

(3) 轮胎处可用如图 6-46 所示的轮胎刷,车窗玻璃可用如图 6-47 所示的玻璃水刮清除污渍和水渍,清除污渍方法如图 6-48 所示。

  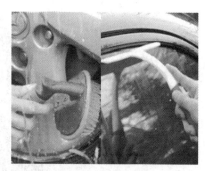

图 6-46　轮胎刷　　　　图 6-47　玻璃水刮　　　　图 6-48　清除污渍方法

(4) 用高压水冲洗后,用纯棉的毛巾擦干水渍,如图 6-49 所示,用如图 6-50 所示鹿皮巾擦干玻璃,洗车过程全部完成。

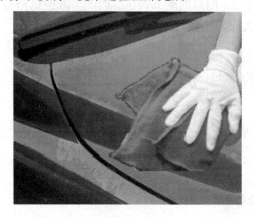 

图 6-49　擦拭车身　　　　　　　图 6-50　鹿皮巾

任务 6.4　汽车外部清洁

知识目标	1. 了解汽车外部清洁的条件 2. 掌握外部清洁的方法 3. 掌握车身外部清洁及注意事项 4. 知道玻璃、轮胎等其他外部件的清洁目的
技能目标	1. 掌握外部清洁的步骤 2. 知道玻璃和轮胎清洁的方法

阅读资料

汽车在使用过程中表面会沾染大量灰尘、泥巴、污垢，甚至是其他一些肮脏的物质。除此之外，汽车的尾气排放也会使车身表面变脏。这不但影响车身的外观和开车人的心情，也加快车漆的老化，汽车外部清洁显得至关重要。

项目案例

汽车使用中不仅要经常清洗，还要对其进行打蜡护理，才可以使汽车的外观更加有光泽，色彩亮丽。对于轮毂位置也要彻底清洗干净。清洗后的效果如图 6-51 所示。

图 6-51　汽车清洗后效果

知识链接

1. 汽车清洁工艺条件

1) 清洁剂的温度

清洁溶液温度越高，去垢作用越显著，但温度过高时，往往造成汽车表面漆层发软，清洁剂达到汽车表面的温度在 30～40℃较合适。清洁剂溶液加温的温度可依据管路的长短及当时大气温度而定，一般冬季加温的温度要高一些，夏季要低一些。在用清洁剂清洁汽车之前，先用温水冲洗一下被清洁表面，不仅会增加清洁效果，而且能减少清洁剂用量。

2) 清洁剂的浓度

一般情况下，清洁剂溶液浓度增加，去垢效率增加，当浓度过大时，去垢效率并不再增加，对漆层会有破坏作用。清洁剂溶液对漆层的影响可用清洁剂的 pH 值来确定。当溶液的 pH 值增大时，其去垢能力增加，对漆层不利影响增加；中性溶液对漆层无害，但缺乏足够的去垢能力。实践证明，采用 pH=7.5～8 的弱碱性清洁剂能保证去垢效果，使漆层不受影响。

3) 冲洗压力

一般冲洗车身的压力在 3～5MPa 较为适合。如果污垢多、清洁表面形状复杂等，压力可达 7MPa。底盘形状复杂且油污多时，冲洗压力可增大至 10～25MPa，压力过低不易将污垢冲掉。

4) 清洁剂对污垢作用时间

对外表面一般只要 3～5s，底盘冲洗要 5～10s，个别地方如一些形状复杂的深孔、拐角，冲洗时间可延长至 10s 以上。对外表面的冲洗时间不宜过长，因为长时间冲洗会造成局部漆层发软，且易在汽车表面上形成一层难以冲洗的薄膜痕迹。冲洗中应使各处冲洗时间一致，并应以一定方向和按一定顺序进行。

5) 机械作业强度和性质

在冲洗过程中，大部分干燥性的污垢都会被水冲掉，粘滞性的污垢还要用手工或专用清洁设备进行刷洗。

6) 气温对清洁质量的影响

冬季清洁汽车会使水结冰而引起漆膜开裂。在这种情况下，可将水加热进行冲洗，汽车最后冲洗完毕立即用抹布擦干。在天气炎热的阳光下不宜洗车，水分蒸发会使车身遗留下干燥的水珠污迹。

2. 外部的清洁方法

常用的洗车方法有人工洗车、高压清洁机洗车、电脑清洁设备洗车、无水洗车等。

1) 人工洗车

(1) 人工清洁就是用用自来水进行清洁，并配合擦洗和涮洗，清除汽车表面的尘土和污垢。人工清洁简便易行，成本低，但清洁效果不稳定，质量不易控制。

(2) 人工洗车工艺流程如图 6-52 所示。

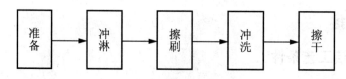

图 6-52 人工洗车流程图

(3) 适用范围。

人工汽车主要适用于车主及驾驶员对汽车进行清洁和一般的洗车行人工洗车。

(4) 注意事项。为保持车容整洁，应经常对汽车进行清洁，在进行汽车清洁作业时，应注意以下几点。

① 洗车时应选用专用洗车液，任何车身漆面均不能用洗衣粉、洗洁精等含碱性成分的普通洗涤用品，以免使车身漆面失去光泽，甚至使车漆干裂，造成不可挽回的损失。

② 洗车时尽量避免使用含矿物质较多的硬水，以免车身干燥后留下痕迹。

③ 在冲车时，水压不宜太高，喷嘴与车身应保持一定的距离。

④ 洗车各工序都应遵循由上到下的原则。

⑤ 擦洗漆面时，应使用软毛巾或海绵，并检查其中是否裹有硬质颗粒，以免划伤漆面。

⑥ 车身粘有沥青、油渍等污物时，要及时用专用清洁剂进行清洁。

⑦ 洗车时，应进行最后一道吹干工序，车身和标识隙缝水滴如果不吹干易形成顽固的水垢，难以去除。

⑧ 不要在阳光直射下洗车，以免车表水滴干燥后留下斑点，影响清洁效果。

⑨ 若发动机罩还有余热，应待冷却后再进行清洁，防止温差太大伤及漆层。

⑩ 北方严寒季节不要在室外洗车，以防水滴在车身上结冰，造成漆层破裂。

2) 高压清洁机洗车

(1) 高压清洁机洗车工艺流程如图 6-53 所示。

图 6-53 高压清洁机洗车流程图

(2) 适用范围。

高压清洁机洗车适用于小型汽车美容及洗车店对汽车进行清洁。

(3) 注意事项。

① 冲淋方向应从上向下沿一个方向进行。

② 冲淋水压不能过高。

③ 冲淋底盘时可提高水压。

3) 电脑洗车设备洗车

(1) 电脑洗车设备洗车适用于大、中型汽车美容及洗车店对汽车进行清洁。

(2) 隧道式电脑洗车工艺流程如图 6-54 所示。

(3) 电脑洗车应注意以下事项。

① 汽车驶入洗车机时，必须停在规定的停车位置。

② 洗车时，车内不要留人。

③ 刚洗完的车，车轮上还有水分，行驶时速度要慢，以防灰尘再附着在车轮上，最好是待车彻底干燥后再起动行驶。

4) 无水洗车

采用"无水洗车净"对汽车进行清洁非常方便，在使用中只需将它喷洒在被清洁物表面，用干净的抹布擦净即可。500mL 喷雾罐包装的"无水洗车净"，一罐可洗车 30 次左右。无水洗车的主要特点如下。

① 保护环境。用传统方法洗车，不仅耗水量大，而且洗车废水对环境造成污染。尤其一些小型洗车场将洗车废水随意排放，废水中的油污和化学清洁剂会改变土壤成分，危害周围环境。

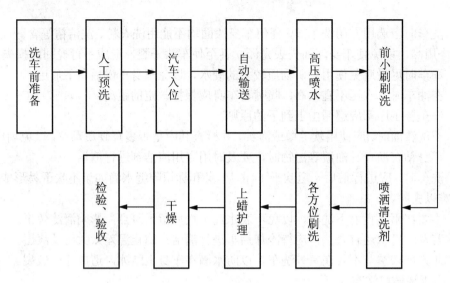

图 6-54 隧道式电脑洗车流程图

② 作业效率高、经济效益好。一般传统洗车作业，清洁和护理是分开的，既费时，又费力，同时费钱。采用"无水洗车净"可实现清洁、上光、打蜡三合一的工作效果，一次清洁护理 10min 左右即可完成。

③ 保护漆面。传统洗车采用的清洁剂大多是碱性化学品，使漆面失去光泽，使保护效果降低，抛光打蜡使用的是硬蜡，上蜡后需停留一段时间才能进行抛光，落到漆面上的灰尘会使漆面在抛光过程中留下细小的划痕，加速漆面的损伤。而采用"无水洗车净"可很好地保护漆面。

应用实例

1. 人工洗车的操作步骤

1) 准备

准备好自来水胶管、刷子、毛巾、海绵及备用水桶等清洁工具，如图 6-55 所示。人员着洗车服装，穿防滑鞋，摘下手表和戒指，以防刮伤漆面。

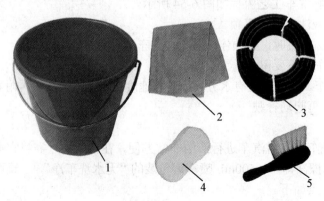

图 6-55 清洁工具

1—水桶；2—毛巾；3—水管；4—海绵；5—毛刷

2) 冲淋

(1) 用自来水冲淋车身,如图 6-56 所示。先从车顶开始冲淋,使污物从上往下流出。

图 6-56　车顶冲淋

(2) 如图 6-57 所示,冲淋完车顶再冲淋前、后风窗玻璃、门窗玻璃及车身四周的污物。

图 6-57　冲淋四周

(3) 如图 6-58 所示,最后冲淋车门板下部、挡泥板及车轮,由于这些地方污垢较重,可用手捏紧自来水管头部,使自来水压力提高,以冲去大块积泥。

图 6-58　冲淋底部

3) 擦刷

(1) 如图 6-59 所示,用湿毛巾对车身进行全面擦洗。

(2) 如图 6-60 所示，对车门下部、车轮及底盘下部等污物较重的部位用刷子蘸上清洁剂进行刷洗。

图 6-59　擦洗　　　　　　　　　　图 6-60　清洁车轮

(3) 擦刷时以"冲、擦、刷"三结合的方式进行清洁，边用水冲边擦，直到洗净为止。

4) 冲洗

(1) 如图 6-61 所示，用水流按照从上至下的顺序将车身全部冲洗一遍。

图 6-61　再次冲刷

(2) 检查擦刷质量，如有不净之处，应再次擦刷，直到无污物为止。

5) 擦干

如图 6-62 所示，用清洁的毛巾将车身水迹擦干。重点擦干前、后风窗玻璃及门窗玻璃。

图 6-62　擦干

2. 高压清洁机洗车步骤

1) 准备

操作者引导车主把待清洁的汽车开到停车位置并停放平稳,拉紧驻车制动,将发动机熄火,关好车窗和车门,车内不要留人。

2) 冲淋

如图 6-63 所示,启动高压清洗机对车辆进行粗洗,目的是使车辆均匀淋湿。

3) 高压冲洗

如图 6-64 所示,加大冲洗压力,目的去除车身表面沾染的灰尘、沙石等水溶性污物。

4) 喷洒洗车泡沫

如图 6-65 所示,向车身各部位均匀喷洒洗车泡沫,目的是去除非水溶性污渍。

5) 擦洗

如图 6-66 所示,用大海绵或毛巾按照从上向下的顺序擦洗车身,目的是去除顽固污渍,尤其应该注意车轮位置。

图 6-63 车辆粗洗

图 6-64 高压冲洗

图 6-65 喷洒洗车泡沫

图 6-66 擦洗

6) 冲洗

如图 6-67 所示,用高压水均匀冲淋车身,同时应往复移动洗车机直到冲淋干净彻底为止。

7) 冲洗后

如图 6-68 所示，用风干机进行风干，以防有水渍污物残留在车身。

图 6-67 冲淋　　　　　　　　　　图 6-68 冲洗后

(1) 冲洗后，用半湿大毛巾，将整车从上到下、从前到后擦拭一遍。

(2) 用鹿皮仔细将车身再擦拭两遍。

(3) 一般在擦拭完之后，虽然无水痕，但表面并不十分干燥。可用干净的压缩空气将车身进一步吹干，以便进行打蜡护理。擦干如图 6-69 所示。

图 6-69 擦干

8) 质检

检验标准是外部饰件应无尘土、无污垢、无水痕；玻璃应光亮如新，无划痕；车身应光亮如新，无划痕。质检可采取自检和共同检查的方法进行。

(1) 自检。在验收前，操作者应提前做好准备，按验收标准自行检查验收一次，看是否还有遗漏清洁处，是否达到了标准要求。如发现存在问题，应及时补救处理，以便顺利通过验收。自检时尤其要对发动机边沿及内侧、车门边沿及内侧、车门把手及内侧、油箱盖内侧、车身底部、轮胎及排气管等处重点进行检查。

(2) 共同检查。如图 6-70 所示，由车主、质检员和操作者代表三方对汽车清洁效果进行检查验收。

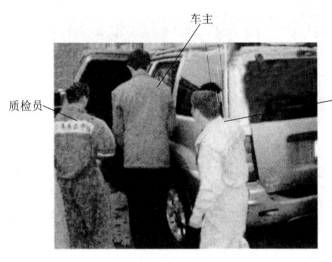

图 6-70　三方检验

3. 电脑洗车设备洗车

（1）操作洗车机之前确定及检查其周围有无障碍物，确定在洗车范围内没有任何人或遗留之杂物，着重确保输送带无任何物件。

（2）检查完毕，把洗车机电源接通。

① 先把总电源合上，看到显示灯，确认供电正常。

② 再打开面板供电钥匙开关，全部项目应显示正常。

③ 确定水、电、气各路一切正常。

特别提示

（1）机器操作前应将所有控制箱门板关好，并严禁在控制箱内堆放杂物。

（2）控制面板内的控制原件、线路严禁随便碰触或改造。

（3）避免在雨天开闭控制柜，以防止漏电或短路等情形发生。

（3）指挥车辆进入洗车机，车轮轮胎落入输送机拖车后提醒车主注意。

① 请打空挡。

② 请收天线，关闭 CD 音响。

③ 勿拉手刹、勿踩刹车、不要打转向，并将车轮摆正。

④ 请收倒车镜。

⑤ 关闭门窗。

（4）车辆进入轨道前，应检查车辆的如下状况。

① 雨刮、天线、后视镜是否正常。

② 车身钣金有无明显划痕。

③ 有无其他松动、脱落部件等。

洗车前调整状态如图 6-71 所示。

图 6-71　洗车前调整状态

(5) 洗车机出口、入口需分别设有一人，方可操作运行。

(6) 正确将车辆导入输送带轨道，并随时注意观察。图 6-72 所示为清洗过程。

(7) 到出口处，绿灯亮时驶离车辆。

(a) 前小刷清洗前部　　　　　　　　　　(b) 大侧刷清洗侧面

(c) 顶刷清洗车顶　　　　　　　　(d) 前小刷、顶刷、大侧刷同时清洗

图 6-72　电脑洗车清洗过程

(e) 大侧刷清洗后部　　　　　　　　　　(f) 清洗完毕

图 6-72(续)

4. 汽车清洁注意事项

(1) 清洁汽车外表面最好在室内进行，不允许在阳光直射下清洁，干涸在车身的水滴会留下斑点，影响美观。也不允许在严寒中清洁，水滴会在车身表面结冰，造成外壳涂层裂纹。

(2) 清洁前应当将全部车门、车窗、发动机罩、后备箱盖、通风孔、空气入口严密关闭，封严发动机电器系统，以防清洁时进水，造成短路、窜电和锈蚀等。清洁货车时，如载货怕潮湿，应加以防护或不清洁上部。

(3) 在没有干燥设备的场地清洁时，最好将汽车停在带有小坡度的空地或路边，以便清洁后清洁剂和水能自然流尽，防止积水污染或腐蚀。

(4) 清洁汽车轮毂内侧时，要防止进水，造成刹车不灵。如发现进水，可低速运行，反复踏踩制动踏板，造成摩擦，产生热量使其自行干燥。

(5) 人工清洁时要用软管。水的压力要适宜，以防污物硬粒划伤漆面。

(6) 如果车内外装饰件不慎被沾溅上污物，应趁污物未干时尽快清洁。如污物已干涸，要用清水或清洁剂、软毛刷慢慢刷洗，不允许用硬质工具刮除。

(7) 不允许用碱、煤油、汽油、矿物油及酸等溶剂直接清洁汽车外表面。橡胶件可用工业甘油擦去未洗净的灰色沉积物。

(8) 镀铬件清洁后如有锈迹，可用白垩粉或牙粉撒在法兰绒上，沾上氨水或松节油擦拭，擦完再涂上防锈透明漆。

5. 车表顽固污渍的清除

汽车行驶时有可能粘上焦油、沥青等污物，如果没有及时清洁，长时间附着在漆面上，会形成顽固的污斑，使用普通的清洁液一般难以清除干净，可以采用如下方法处理。

1) 焦油去除剂清除

焦油去除剂是汽车美容的常用产品，主要用于沥青、焦油等有机烃类化合物的清洁。在沥青、焦油等顽固污渍的清除作业中，最好选用专用产品，若无专用去除剂，可考虑使用下面两种方法。

2) 有机溶剂清除

如果没有专用的焦油去除剂,可选用有机溶剂,要注意不可选用对车漆有溶解作用的有机溶剂,如含醇类、苯类的有机溶剂、松节水等,一般可用溶剂汽油浸润后擦拭清除。

3) 抛光机清除

使用抛光机清除时可加入适当的研磨剂,也能有效地去除附着在车表的沥青、焦油等顽迹。但操作时要注意抛光机的使用,注意选择抛光机的转速和抛光盘的材质,避免抛光过度。

4) 其他方法

如后面所述的使用一些经验方法去除口香糖、笔渍、霉渍等。

6. 汽车玻璃及其附件的清洁护理

汽车玻璃可以分为两类:一类为前挡风玻璃和后视镜;另一类为单面贴膜侧窗玻璃和后挡风玻璃(有除雾除霜栅格)。

1) 玻璃清洁器清洁

(1) 组成。风窗玻璃喷洗器由盛放洗窗液的塑料储液壶、自动喷射系统及控制开关等组成。

(2) 使用方法。需要清洁前风窗玻璃时,只要打开清洁开关,玻璃清洁器便喷出洗窗液,随着刮水片的摆动即可对玻璃进行自动清洁。

(3) 注意事项。

① 如果喷射位置不对,应及时进行调节,一般喷嘴的位置可以用手轻易调节,也有些车型是用螺丝将喷嘴固定的,这时应先松开固定螺丝后再调节。

② 如果发现喷射的洗窗液扩散方向不正确,应对喷嘴进行检查,看喷嘴口是否被堵塞。如喷嘴口堵塞,应使用很细的钢丝进行清理。

③ 当洗窗液喷上风窗玻璃之后,刮水片应能及时操作。否则应对清洁器与刮水片的同步工作情况进行检查调整。

④ 经常检查和补充洗窗液,如洗窗液用完,而车主毫不知情,继续使用喷射开关,就会让水泵空转,导致电机烧毁。

⑤ 应使用优质洗窗液。

2) 人工清洁汽车玻璃

(1) 轻微污渍清洁方法。用一块拧干的湿毛巾和一块擦干用的不脱毛干毛巾交叉擦洗。作业时一定要将车停到晒不到太阳的地方。因为在炎热的烈日下洗窗的话,就会形成水痕。将玻璃分两半,各半都是上下左右地擦洗,避免用画圆圈的方式来擦洗。

(2) 顽渍清洁方法。顽渍应选用专用玻璃清洁剂进行清洁,其操作方法是:将玻璃清洁剂直接喷涂到玻璃表面上,然后用干净的抹布或拭纸擦拭干净即可。

3) 汽车玻璃护理

(1) 汽车玻璃抛光。

① 目的。汽车在行驶中,风窗玻璃经常要受到沙粒的撞击,使玻璃产生细孔,在细孔中很容易黏附油膜,从而形成散视现象,使驾驶人经常看到玻璃上白茫茫一片。有细孔的

玻璃表面比较粗糙，透明度变差，必须通过抛光打磨进行处理。

② 用品。汽车玻璃抛光主要使用玻璃抛光机、玻璃抛光剂、玻璃清洁剂、无纺布和纸胶带等。

③ 工艺流程如图6-73所示。

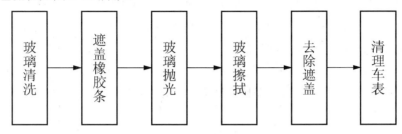

图6-73　玻璃抛光工艺流程

(2) 风窗玻璃防雾处理。

防雾可用防雾巾擦拭。先用湿布摩擦玻璃表面，然后用防雾巾擦拭，或见雾即擦。防雾巾正反面都有防雾成分，可反复循环使用，直至无效为止；也可喷涂防雾剂防雾。

① 将少量雾中宝倒于100%纯棉布或纸巾上。

② 在玻璃表面轻轻的来回擦拭，使其干燥。

③ 如果有必要可再用一次，以保持无雾状态。

(3) 风窗玻璃防雨处理。

① 将玻璃表面清洁干净，并彻底干燥。

② 将雨中宝倒于一小块折叠着的干布上。

③ 以稳定、打圈的方式来回地擦于玻璃外部，待其干燥至有轻微的薄雾形成。

④ 按照上述第②、③的方法再使用一次该产品，以确保覆盖面完整均匀。

⑤ 用干布或用水喷洒后再用纸巾擦拭，以去除最后的薄雾直至清晰透亮。

(4) 风窗玻璃除霜、除冰雪处理。使用汽车玻璃除霜除冰剂，对风窗玻璃进行除霜、除冰雪处理。将除霜除冰剂直接喷洒到风窗玻璃表面上，待霜、冰或雪溶化后擦拭干净即可。

4) 汽车玻璃清洁护理步骤

(1) 用洗车液清洁车身，如有油漆污点、鸟粪等可用1500～2000号旧水磨砂纸的背面蘸肥皂水细心研磨。

(2) 用海绵蘸玻璃清洁剂均匀擦拭。

(3) 对于前挡风玻璃和后视镜，将风挡玻璃抛光剂涂满整个玻璃，稍待片刻，再用软布做直线运动擦拭，直到干净明亮。

(4) 后挡风玻璃内侧有防雾栅格，不能用风挡玻璃抛光剂处理，只能用软布配合玻璃清洁剂进行横向擦拭。

5) 汽车玻璃清洁注意事项

(1) 玻璃上有污斑、昆虫和沥青等脏物，不能用刀片等铁质材料刮除，也不能用砂纸研磨去除。

(2) 防雾除霜栅格必须横向擦拭。

(3) 玻璃擦干净后,必须喷上玻璃上光保护剂。

7. 塑料饰件的清洁护理

汽车塑料饰件有汽车塑料保险杠、后视镜架、车门把手等。

塑料部件的清洁护理可以使用塑料清洁上光剂来完成,先用清洁的软布蘸上塑料清洁上光剂,边打圈边擦拭,直至清洁干净。

1) 目的

对塑料件进行护理可使塑料件保持良好光泽,防止变色和干裂龟缩,延长其使用寿命。

2) 护理用品

以 3M 内装美化液为例,该产品为水溶性配方,环保及对人体无害,可安全地使用在车内塑胶件及皮革上,可恢复物件天然光泽,效果持久。

3) 使用方法

将产品直接喷涂在物件上,然后用不起毛的软布擦拭,直接擦干即可。

8. 橡胶轮胎的清洁护理

1) 橡胶轮胎清洁

加强汽车轮胎的清洁护理,既能使轮胎干净亮丽,同时能够延长轮胎的使用寿命。附着在轮胎上的污垢分为两大类:一是水溶性污垢,如泥土、沙石等;二是水不溶性污垢,如:沥青、油脂、胶质物等。

如果轮胎上附着的是水溶性污垢,可采用高压水枪冲洗,边冲洗边用刷子刷,可去除深嵌在轮胎花纹中的淤泥、沙石等。

如果轮胎上附着的是水不溶性污垢,应选用专用轮胎清洁剂进行清洁。

轮胎清洁方法如下。

(1) 若轮胎异常脏或沾满泥泞,应先用清洁剂处理干净。

(2) 将产品摇晃均匀。

(3) 在距离轮胎 15cm 左右的地方,以打圈方式均匀地喷向湿或干的轮胎上。

(4) 待产品在轮胎上干透后即可。

使用注意事项如下。

(1) 请勿用于轮胎坑纹部分、制动器及车厢内部等处。

(2) 该产品易燃,应远离火源。

(3) 存放在阴凉干燥处。

2) 橡胶轮胎的护理

对橡胶轮胎进行护理可极大地减缓轮胎的龟裂和老化程度。同时可使轮胎表面形成一层乌黑发亮的保护膜,且能防水,不易被水洗掉。

轮胎护理方法如下。

(1) 使用前,先将轮胎上的污垢、沙泥彻底清洁干净。

(2) 用自带的海绵将该保护蜡均匀、薄薄地涂于轮胎上。

(3) 待蜡层半干时,用洁布擦拭干净即可。

项目 6　车身清洁

任务 6.5　汽车内室的清洁

知识目标	1. 了解内室清洁的对象 2. 掌握内室清洁的流程 3. 掌握内室清洁的方法
技能目标	1. 掌握内室清洁的工序 2. 知道内室清洁时注意事项

阅读资料

汽车内室是一个相对封闭的空间，顶棚、座套、出风口、地垫等部位常会有一些细菌残留，而果汁、烟气、食品残渣、儿童或宠物的尿液、粪便、毛发等也会残留在车内导致车内空气浑浊而危害乘车者的健康。除此之外还会有一些灰尘颗粒随着车行驶过程中的震动弥散到车内空气中而影响人的健康。汽车内室清洁主要针对汽车顶棚内衬、座椅、车门内衬、排风口、地垫等部位。

项目案例

现在越来越多的车主开始注重车内空气的流通性和驾驶的舒适性，而车厢内经常会受到外界油、尘、泥沙、吸烟、乘客汗渍及空调循环等不良因素的影响，使车厢内空气浑浊，地毯、真皮或丝绒座椅、空调风口、后备箱等处，经常接触潮湿的空气和水渍，使丝绒发霉、真皮老化，甚至产生难闻的气味，内室清洁前和清洁后的效果图分别如图 6-74、图 6-75 所示。

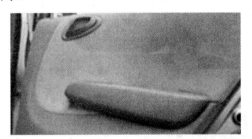
图 6-74　内室清洁前

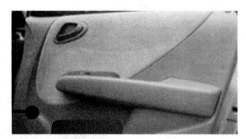
图 6-75　内室清洁后

知识链接

1. 车内清洁的部位

车内需要清洁的部位主要有：顶棚、内壁、车门内侧、档位区、地毯、仪表台、转向盘及后备箱等。

2. 车内清洁的工艺流程

车内清洁的工艺流程如图 6-76 所示。

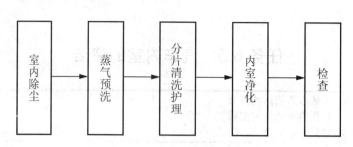

图 6-76 车内清洁的工艺流程图

1) 室内除尘

如图 6-77 所示，采用吸尘吸水机除去内室尘土。

2) 蒸气预洗

如图 6-78 所示通过蒸汽预洗增加脏物活性，使之在清洁过程中容易从载体上分离。

图 6-77 室内除尘

图 6-78 蒸汽预洗

3) 分片清洁护理

按照从上至下顺序，对顶棚、控制台、座椅、车门内侧、地毯、行李厢等进行清洁护理。

4) 内室净化

如图 6-79 所示，通过高温蒸汽对内室进行杀菌消毒。

图 6-79 室内净化

5) 检查

仔细检查各清洁部位，确保无遗漏。

3. 车内清洁与护理

1) 车内清洁的基本方法

掸：用除尘掸掸去内壁及物品上的灰尘。

擦：用干净毛巾擦去仪表台及其他部位的灰尘。
吸：用吸尘器吸去地毯、座椅内壁及后备箱中的灰尘。
洗：定期对座椅罩、地毯、脚垫、安全带等部位进行清洁。

2) 车内除尘

除尘、吸尘是车内清洁的第一步。汽车内饰最忌受潮，潮气会使内饰发霉、变质，并发出难闻的气味。

专业清洁的步骤如下。

(1) 将车内的脚垫和杂物取出，抖去尘粒，倒掉烟灰。

(2) 对于制动踏板等部件，可以用小牙刷或沾有清洁剂的抹布进行刷洗。离合器踏板、制动踏板、加速踏板部分要认真清扫，特别要清除油脂类污垢，这对开车时防滑有很大好处。

(3) 用真空吸尘器进行细致吸尘。地板的吸尘要分两次进行操作，第一次倒掉沙粒，第二次更换刷子的吸头，边刷边吸，主要吸掉灰尘。特别要注意地板拐角处的尘垢，必要时应反复吸除几次，直至干净为止。

3) 汽车内室蒸汽预洗

汽车内室蒸汽预洗也称全车桑拿，其目的是在内室清洁前使脏物增加活性，以便在清洁过程中迅速脱离载体。

蒸汽预洗的操作方法是：先在蒸汽清洁机内加入适量清水，待预热完成后，对内室除顶棚、仪表及操作件以外的部位进行蒸汽预洗。

4) 车内顶棚与内壁的清洁与护理

车内顶棚和内壁上的主要污垢是浮灰，这些浮灰如不及时清除，在空气中水蒸气的作用下便黏附在顶棚上，使顶棚产生灰蒙蒙的感觉。因此对顶棚和内壁要经常用掸子掸去浮灰，一旦浮灰附着在顶棚上，应先用吸尘器进行大面积清洁，然后根据顶棚和内壁的材料选择合适的清洁剂进行清洁。车内顶棚与内壁的清洁如图 6-80 所示。

图 6-80　车内顶棚与内壁的清洁

特别提示

清洁顶棚和内壁不能用过湿的擦布，因顶棚和内壁填充物是隔热吸音材料，具有很强的吸水能力，清洁时一定要用稍干一些的擦布，否则会使清洁剂浸湿顶棚和内壁内材料，很难干燥。

5) 仪表台的清洁与护理

首先将专用清洁剂喷于仪表台表面，然后用湿毛巾擦拭，再用干毛巾擦干。用同样的方法还可清洁转向盘、变速操纵杆及驻车制动杆。对于仪表台上凹槽等难以清洁处，可在擦上清洁剂后用非常柔软的尼龙刷子刷出污垢，也可以边刷边吸。仪表台清洁如图 6-81 所示。

6) 座椅清洁与护理

座椅清洁与护理如图 6-82 所示，其操作方法如下。

图 6-81　仪表台清洁

图 6-82　座椅清洁

① 更换清洁座套。
② 使用长毛刷子与吸力强的吸尘器配合，一边刷座椅表面，一边用吸尘器把污物吸出。
③ 用毛刷清洁较脏的局部，然后用干净的毛巾沾少量中性清洁剂，在半湿的情况下全面擦拭座椅表面。
④ 用吸尘器再对座椅清洁一遍，吸出多余的水分，尽快使座椅干爽起来。
⑤ 清洁真皮座椅时，应先将万能清洁剂喷于其表面，用湿毛巾进行擦拭，再用干毛巾擦干即可。真皮座椅如需要进行护理，可将先真皮护理剂喷洒在海绵上，然后像打蜡一样将护理剂在座椅表面涂抹均匀，10min 后用干毛巾擦干即可。

特别提示

用过湿的毛巾清洁座椅时，水分会渗入到吸水性很强的海绵材料中，座椅中的海绵很难进行干燥处理，长期潮湿的海绵将会产生霉烂，擦拭座椅时，毛巾一定要拧干。

7) 地毯的清洁

地毯日常清洁可采用地毯清洁机进行。专业清洁时，首先使用吸尘器对地毯全面除尘，然后对沾有油渍、果渍等顽渍部位采用专用清洁剂进行处理，再将万能泡沫清洁剂均匀喷洒在地毯上，约等 30s 后用吸尘器进行抽吸即可。地毯的清洁如图 6-83 所示。

特别提示

车内地毯大多是固装地毯，无法拆卸晾晒，若用水清洁很难干燥，因此对固装地毯不能用水清洁，应使用专用清洁剂进行干洗。

图 6-83 地毯的清洁

8) 车内顽渍清除

(1) 清除血迹。当发现座椅或地毯上沾有血迹时，如果血迹未干，先用冷盐水浸湿，再用干毛巾吸去水分。如果血迹已干透，可在血迹处滴几滴氨水，等几分钟后，再用湿毛巾擦拭干净即可。

(2) 清除糖果污染。先将黏结的固态糖果清除，然后用沾有热水的毛巾清除残留液态糖，再用清洁剂清除糖液痕迹。

(3) 清除酱汁或口红。在车内吃番茄酱等酱类食品时，如不慎污染了座椅或地毯，或不小心将口红等染色剂印在座椅上，可及时用冷水浸湿的抹布擦拭，或用海绵轻轻刷除，再用泡沫清洁剂清洁。

(4) 清除可乐、咖啡等饮料痕迹。当可乐、咖啡等饮料洒在座椅或地毯上时，应先用毛巾浸上冷水擦拭，然后再用泡沫清洁剂清洁。不能用热水或肥皂清洁，因为肥皂和热水会将痕迹固定在座椅或地毯表面。

(5) 清除小孩尿渍。如果小孩将尿撒在了椅套或地毯上，先用热肥皂水湿抹布擦拭，再用 1∶1 的氨水和冷水溶液将抹布浸湿后覆盖在尿湿的地方，几分钟后拿走抹布，再用湿布擦净。

(6) 清除呕吐物。乘客因晕车等原因出现呕吐时，应先将呕吐物打扫干净，再用沾有温肥皂水的毛巾擦拭一遍，最后用苏打水溶液将毛巾浸湿擦拭干净即可。如呕吐物已干透，应用 10%的氨水将呕吐物润湿，再用加有酒精的肥皂液擦拭，最后用清洁剂清洁干净。

特别提示

(1) 不能用热水或肥皂水清洁血迹。

(2) 丝、毛类的地毯不宜用氨水清洁。

(3) 氨水有褪色作用，不要用于洗深色面料。

9) 车内室净化处理

汽车内室各部位清洁完成后，应再用蒸汽清洁机对内室进行高温杀菌消毒，然后向内室喷洒除臭剂，净化车内空气。

车内清洁后，复装地毯、脚垫、座椅套和头枕套，此时车内已经焕然一新，但仍有很多看不见的细菌无法彻底清除，即使打开天窗保持车内空气流通清新也无济于事。杀毒之后，喷洒少量的空气清新剂。

车内室净化处理方法如下。

（1）发动机熄火，将空调设置在进风状态，向空调各出风口处喷洒空气清新剂，连续喷 10s。

（2）启动发动机，打开空调系统，将其设置为内循环和最大出风量，在各进风口连续喷空气消毒剂 10s 进行杀菌去除异味。

（3）发动机持续运转 5min，然后打开车门使空气流通。

（4）最后再喷洒空气清新剂。

应用实例

1. 内饰清洁工序

汽车除了外部要经常保洁，内部的清洁也是十分重要的。汽车内部的污垢主要有油污、毛屑和灰尘，当然内部的清洁还应该包括车厢内空气的清洁。现在以汽车内室清洁为例介绍一下操作过程。

（1）准备工具或原料，如毛巾、鹿皮、清洗剂、空气清洁剂、干泡剂、软毛刷、吸尘器等。

（2）如图 6-84 所示，用吸尘器清除内室的灰尘。

（3）如图 6-85 所示扫除内饰上的毛屑，要用毛刷子直接清扫。

图 6-84　吸尘

图 6-85　清扫

（4）如图 6-86 所示，用毛巾和软海绵蘸清洗剂擦除表面的油污及顽固污渍。

（5）如图 6-87 所示，喷洒清洗泡沫，并均匀擦拭车内饰件。

图 6-86　清除顽固污渍

图 6-87　清洗车内饰件

(6) 如图 6-88 所示用高压蒸汽清洗空调，关闭车门窗，一段时间后打开门窗彻底通风。

(7) 如图 6-89 所示，喷洒空气清新剂，对空调部位进行彻底清洁。

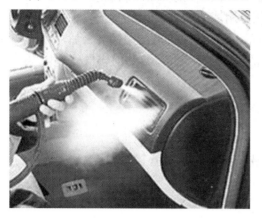

图 6-88　高压蒸汽清洁空调

图 6-89　喷洒空气清洁剂

(8) 清洁车内棉织物的制品以及车门、载物架、后备箱蒙皮、顶棚等软织物。这些部位都需要用专用的洗剂来清洁，一般可以使用干泡剂和软毛刷。

特别提示

① 内饰以织物和皮革材料为主，清洁时内饰不能用水进行冲洗。

② 不要使用化学方法清洗安全带，化学洗剂会导致安全带的织物破坏，因此要避免安全带与腐蚀性液体的接触。

(9) 擦干内室，如图 6-90 所示。

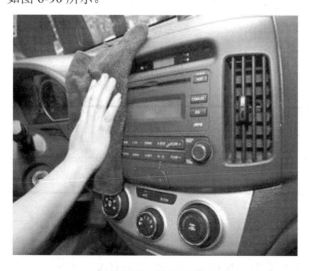

图 6-90　擦干内室

2. 内室清洁注意事项

(1) 车主交车时，应提醒车主妥善保管贵重物品，以免丢失。

(2) 在清洁过程中，毛巾应不断清洁，使之经常保持干净。

(3) 有些用于内室的清洁剂不能与漆面接触，如接触到漆面应立即擦干。

(4) 使用适当的清洁剂，根据不同材质使用专用清洁剂。

(5) 不能随意混合或加温使用内饰清洁用品。不同的内饰清洁用品混合后，可能产生有害物质。不可将清洁剂加温，若放在蒸汽清洁机内使用，可能产生有害气体。

(6) 若使用不熟悉的产品须先测试。

3. 内饰护理小技巧

1) 霉

先用热肥皂水清洁霉点，再用冷水漂洗，最后浸泡在盐水中，用专用清洁剂清洁干净。

2) 口香糖

用冰块使其固化，然后用钝刀片刮掉，最后用清洁剂清洁擦干即可。

3) 沥青

先用冷水彻底刷洗，如难去除，用沥青专用清洁剂浸泡一段时间，再清洁干净。

4) 黄油、机油等

用专用的油污去除剂从污迹周边向中心清洁，污迹洗掉后，用毛巾擦干。

5) 人造革裂口的修理

先用电吹风将裂口两边吹热，再将一块纤维布衬在裂口下面，平整裂口后压平，涂上人造革修复液，干后即可。

6) 记号笔污渍

内饰部件沾染记号笔污渍用普通清洁剂难于去除，可使用白醋浸泡后去除。

7) 木器漆等污渍

木器漆沾染到内饰件上后，用稀释剂可以去除，但稀释剂有时会使内饰褪色。为了有效去除这类污渍，可以选用含氟牙膏，均匀涂抹在污渍处等待几分钟后擦拭。

任务 6.6　发动机免拆洗护理

知识目标	1. 了解发动机免拆洗护理的种类 2. 知道发动机免拆洗护理的过程 3. 知道发动机免拆洗护理的作用
技能目标	1. 掌握发动机免拆洗护理的操作步骤 2. 知道发动机免拆洗护理过程的注意事项

阅读资料

现在轿车以电喷车为主，依照现在国内燃油质量，电喷车最好每行驶 15000km 就清洗一次。免拆洗是其中的一种方法，这种方法除了可以减少拆卸零部件的劳动量外，还可适当改善油气混合比，提高发动机的动力性和经济性，并且能适当降低有害气体排放。

项目案例

发动机是汽车的核心部件。制动总泵、真空助力器、油路、离合器总泵、钢索、刮水器、电动机及刮水器连杆组、空调压缩机、冷凝器及冷凝管路等一起安装在发动机室内，在汽车行驶过程中容易受到污染，因此对发动机室要定期进行清洁。清洁包括发动机的外部清洁和对燃油系统的清洗。清洗前后效果图如图 6-91 所示。

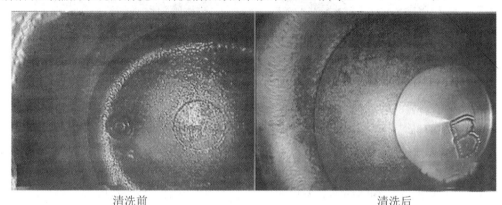

清洗前　　　　　　　　　　　　　　清洗后

图 6-91　清洗前后效果图

知识链接

1. 发动机免拆清洗种类

发动机免拆清洗护理常用的有清洗剂清洗和免拆清洗机清洗。

1) 清洗剂清洗

清洗剂清洗如图 6-92 所示，它是把清洗剂直接加入油箱里进行清洗。质量差的清洗剂一般热值都会偏大，燃烧时的温度和压力比汽油混合气燃烧时要高，部件承受的热负荷与机械负荷会增大，在清洗过程中容易对进排气门、活塞、缸壁产生损害。在清洗时因为要洗掉缸内的积碳，所以尾气排放肯定会暂时超标，对环境影响较大。

2) 免拆清洗机清洗

免拆清洗机清洗如图 6-93 所示。它的原理是用清洗剂替代油料燃烧对缸内的积碳进行清洗，清洗过程中利用发动机本来系统的压力及循环网络，借助排放系统将清洗废液排出。免拆清洗机的优点是方便易行；缺点是喷油嘴的好坏检查不到，而且进气道的前一段清洗不到。这种清洗方法对于按行驶里程进行清洗的车清洗效果一般可以达到 80% 左右，对于没有按照一定里程进行经常清洗的汽车清洗效果稍差一些。

2. 发动机室的清洁

1) 发动机室的清洁设备

发动机室清洁的工作量虽然大，但项目少，不需要进行复杂的拆装，因此所用的设备比较简单，主要有空气压缩机、高压洗车机、毛巾、海绵和毛刷、发动机清洁剂、蓄电池清洁剂、电池接线桩保护剂、橡胶清洁剂和保护剂、清洁除锈剂等。

图 6-92　清洗剂清洗

图 6-93　免拆清洗机清洗

2) 发动机室清洁的过程

在清洁发动机时,应先将发动机熄火,使所有的电器不工作,并使发动机室温度下降,千万不可在高温下清洁。

(1) 用塑料薄膜包裹电器元件,防止造成电器损伤。清洁前必须用塑料薄膜将发动机的电器元件包裹起来,如熔断器、发电机、汽车控制主电脑、高压线圈等,以免清洁作业时沾上水渍,造成电器损伤。

(2) 喷洒发动机外部清洁液。首先将发动机清洁剂摇动均匀,之后喷洒在整个发动机室和发动机外部各部件总成处,静置 3～5min,以使污垢尽可能被吸附到泡沫中,细小部位使用刷子刷,使脏物浮起。

(3) 高压水清洁。当清洁剂的泡沫开始消失时,用高压洗车机或喷水枪仔细冲洗泡沫,冲洗时使用散射水柱进行冲洗,必须彻底清洁清洁剂,使其无残留。

(4) 去除顽固污渍。对于发动机上残留的顽固附着物,可将去污力强的化油器清洁剂喷涂到干净的抹布上,并用这块抹布擦拭脏处,干净后在喷涂发动机外部清洁剂,停留 2～3min,然后用软布擦干。

(5) 清除锈蚀。金属生锈的过程是一个缓慢氧化过程。开始时,金属表面会出现一些细小的斑点,然后斑点逐渐扩大,颜色变深,形成片状或层状的锈蚀物,如不及时清除会影响机件的使用寿命。清除锈蚀应使用清洁除锈剂,喷洒在待除锈位置,停留 10min 左右,然后用软布擦拭干净。

(6) 清洁空气滤清器。目前汽车空气滤清器普遍采用纸质滤芯,它安装在滤清器壳里,对吸入发动机的空气进行过滤,使用一段时间后会有大量的灰尘、沙粒吸附在上面,降低发动机的进气量,因此应定期清洁。清洁时,取出纸质滤芯,用压缩空气从内向外吹,注意不可弄湿,更不能用水洗,如发现滤清器破裂必须更换。

(7) 清洁电器元件。发动机的电器元件必须及时清洁,清洁时可使用电器元件清洁剂。作业中不要用水清洁,只需擦干或任其自然干燥。清洁后再使用多功能防腐润滑剂喷洒一遍,使电器元件的插头具有抗潮、避水及润滑等多项保护功能。

(8) 清洁蓄电池。由于汽车行驶时的颠簸振动和发动机室温度的升高,蓄电池电解液常会从加液口溅出,电解液会腐蚀车架的底板和电池的安装支架,因此应定期检查清洁。清洁时，先将蓄电池从车上拆下，用蓄电池清洁液洗，注意不要使清洁液进入蓄电池而破坏电解液的浓度。清洁后安装时，在极柱上涂抹一层保护剂或润滑剂，防止极柱氧化。

(9) 清洁流水槽。前风挡玻璃下方发动机盖与两前翼子板结合处的流水槽大部分很脏，清洁时必须观察流水槽是否流通并配合软毛刷刷洗，再用干净软布擦干。清洁干净后，喷涂橡胶清洁护理剂，防止橡胶老化。

3. 发动机内部清洗剂作用

(1) 能有效清洁引擎内部积碳、胶质和其他有害物质。
(2) 能有效中和引擎内部生成的长期有害酸性物质。
(3) 能有效清洁曲轴箱体内的阀体。
(4) 能有效清洁气门挺杆和液压挺杆。
(5) 能有效清除旧机油形成的油泥和油膜，以免降低机油性能。
(6) 能有效提升发动机功效，降低噪声，减少燃油及机油损耗。
(7) 能有效洁净发动机润滑系统，增强机油流动性，降低发动机温度，提升润滑效能。
(8) 能减少发动机烧机油。

应用实例

发动机清洗涉及内部与外部，发动机外部裸露在发动机舱内，一般很少清洗，因此平常所说的发动机清洗剂即是发动机内部清洗，主要指清除发动机内部油泥、积碳、胶质等有害物质，保持发动机内部洁净，增强机油流动性，降低磨损，延长发动机使用寿命。现以发动机节气阀门的清洗为例介绍一下免拆洗清洗的过程。

(1) 打开发动机盖，拆下节气门阀体，节气门阀体如图 6-94 黑色圈内所示。
(2) 拔下进气软管，向上翻起，能看到节气门阀板，如图 6-95 所示。

图 6-94 气门阀体位置

图 6-95 拔下进气软管

(3) 在进气管下方铺上无纺布抹布，如图 6-96 所示，防止液体溅到周围其他部件上。
(4) 如图 6-97 所示，对准节气气阀体和气门内腔喷洒清洗液进行清洗。
(5) 清洗后，需静置 10～20min，待污渍完全溶解后再用无纺布抹布进行擦拭，擦拭干净后，用吹尘枪吹干。等待清洗液完全挥发后，再安装进气门管。

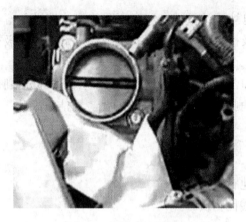 

图 6-96　放置无纺布抹布　　　　　　　　图 6-97　清洗

特别提示

① 清洗液需直接从发动机机油口倒入。
② 发动机怠速运行 10~15min。
③ 清洗液随旧机油一起排出，清洗完毕，更换新机油、机油格。
④ 一般情况下，汽车每行驶 1.5~2 万 km 即可做一次清洗，对于长期使用矿物油、半合成机油的发动机，应适当缩短清洗周期。如果汽车长期使用全合成机油，可以延长至 2~2.5 万 km 再做清洗养护，因为全合成机油自身的清洁能力较强。

项 目 小 结

(1) 所谓汽车专业清洁，是指利用专业养护清洗材料、工具和设备，由专业人员对汽车车身及附件进行专业清洁养护处理，使汽车得到保养和再现汽车本来色彩的操作工序。

(2) 车身外部装饰件材料由玻璃、橡胶、塑料、电镀件、铝合金等制成；内部装饰件由丝绒、皮革、化纤、塑料、橡胶、电镀件和铝合金制品等材料制成。不同的材料要求使用不同的清洁方法、清洁工具以及清洁用品，才能达到完美的清洁效果。

(3) 清洁剂除垢机理主要包括润湿、吸附、增溶、悬浮和去污 5 个过程。

(4) 清洁剂按溶剂类型主要分为水性清洁剂、有机清洁剂、油脂清洁剂和溶解清洁剂 4 类。

(5) 清洁剂按油污和清洁性能主要分为不脱蜡清洁剂、脱蜡清洁剂、二合一清洁剂、环保型清洁剂、专用清洁剂和电脑洗车机用香波等 6 类。

(6) 汽车清洁和护理所使用的设备和工具分两类：一类是和汽车维修兼容的通用设备和工具，如高压清洁剂、空气压缩机、汽车举升机等；另一类是用于专项处理的设备和工具，如发动机燃油供给系统免拆清洁机和自动变速箱免拆清洁机等。

(7) 自动洗车机简称自动洗车机，是一种通过电脑设制相关程序来实现自动清洗、打蜡、风干清洗轮毂等工作的机器。

(8) 无水洗车针对车漆、玻璃、保险杠、轮胎、皮革、丝绒等不同部位、不同材料使用不同的产品进行彻底清洁污垢，同时使汽车得到有效的保养。

(9) 常用的洗车方法有人工洗车、高压清洁机洗车、电脑清洁设备洗车、无水洗车等。

(10) 汽车内室清洁主要针对汽车顶棚内衬、座椅、车门内衬、排风口、地垫等部位。

(11) 车内清洁的基本方法是掸、擦、吸、洗。

(12) 发动机免拆清洗常用的有清洗剂清洗和免拆清洗机清洗。

习　题

一、填空题

1. 车身外部装饰件材料由(　　)、(　　)、(　　)、(　　)和(　　)等制成。
2. 汽车污垢的种类有(　　)和(　　)。
3. 清洁剂除垢机理主要包括(　　)、(　　)、(　　)、(　　)和(　　)5个过程。
4. 按清洁剂溶剂类型主要分为(　　)、(　　)、(　　)和(　　)4类。
5. 毛刷全自动洗车机是依靠毛刷式工作原理，刷洗材料一般采用PE或泡沫材料为主。根据运动主体的不同，分为(　　)和(　　)两大类。
6. 常用的洗车方法有(　　)、(　　)、(　　)和(　　)。
7. 电脑洗车是指用(　　)的专用洗车设备对汽车外表进行清洁，最后由人工完成角落遗留水渍的去除。
8. 发动机免拆清洗护理常用的有(　　)和(　　)。

二、判断题

1. 专业汽车清洁需选用专用呈中性的洗车液。　　　　　　　　　　　　　　(　)
2. 一场大雪过后，应尽快清洁汽车，否则会给车漆及底盘带来严重腐蚀。　　(　)
3. 汽车在露天停放，很容易沾附树枝、鸟粪和虫尸，若不及时清除，除对车身美观有很大影响外没有其他影响。　　　　　　　　　　　　　　　　　　　　　　　(　)
4. 轮胎的增黑清洁护理可以延长使用寿命。　　　　　　　　　　　　　　　(　)
5. 发动机免拆洗、定期清洁养护可使发动机终身不大修。　　　　　　　　　(　)
6. 在汽车清洁过程中，清洁剂使用相当广泛，而各种清洁剂都是精细化工产品。
　　　　　　　　　　　　　　　　　　　　　　　　　　　　　　　　　　(　)
7. 为便于车身干燥，最好在阳光直射下清洁汽车。　　　　　　　　　　　　(　)
8. 在没有软海绵的情况下，可用粗海绵代替。　　　　　　　　　　　　　　(　)
9. 车身清洁时，应最后冲淋车门板下部、挡泥板及车轮。　　　　　　　　　(　)
10. 若地毯上存在果汁，可用沾湿的刷子清洁。　　　　　　　　　　　　　(　)
11. 清洁顶棚和内壁不能用过湿的擦布。　　　　　　　　　　　　　　　　(　)

三、选择题

1. 连续晴天，大约(　　)做一次全车清洁工作。
   A．每周　　　　　　　B．每月　　　　　　　C．每季度
2. 沿海地区大气中(　　)含量较大，汽车在沿海地区行驶，对漆面损伤很大。
   A．盐分　　　　　　　B．雾气　　　　　　　C．露水
3. 汽车专业清洁和普通清洁区别有(　　)。
   A．目的不同　　　　　　　　　　　　B．使用材料不同
   C．技术不同　　　　　　　　　　　　D．对环境影响不同
4. (　　)适用于车身比较干净的汽车。
   A．不脱蜡清洁剂　　　B．脱蜡清洁剂　　　C．二合一清洁剂
5. 发动机外部清洁剂呈(　　)。
   A．酸性　　　　　　　B．中性　　　　　　　C．碱性
6. (　　)一般适用于汽车内饰物的清洁脱水。
   A．多功能洗衣脱水机　B．家用洗衣机　　　　C．家用脱水机
7. 电脑控制洗车设备是利用(　　)实施控制的一种设备。
   A．电脑　　　　　　　B．毛刷　　　　　　　C．高压水　　　　　　D．加热装置
8. 镀铬件清洁后如有锈迹，可用(　　)撒在法兰绒上，沾上氨水或松节油擦拭，擦完再涂上防锈透明漆。
   A．酒精　　　　　　　B．白垩粉或牙粉　　　C．石灰粉
9. 口香糖用(　　)使其固化，然后用钝刀片刮掉，最后用清洁剂清洁擦干即可。
   A．冰块　　　　　　　B．盐水　　　　　　　C．热水
10. 洗车时，若没有干燥设备，应在(　　)进行。
    A．阳光下　　　　　　　　　　　　　B．带有小坡度的空地
    C．路边　　　　　　　　　　　　　　D．阴凉处
11. 在进行汽车清洗作业时，(　　)主要用于擦干车表面。
    A．海绵　　　　　　　B．毛巾　　　　　　　C．鹿皮　　　　　　　D．板刷

四、简答题

1. 汽车专业清洁的含义是什么？
2. 汽车专业清洁的主要作用有哪些？
3. 简述便携式汽车清洁设备的基本结构和使用方法。
4. 电脑洗车设备使用注意事项有哪些？
5. 车表顽固污渍的清除方法有哪些？
6. 内室清洁的注意事项有哪些？
7. 在进行汽车底盘清洁时，应注意哪些问题？
8. 汽车内部清洁的主要项目是什么？
9. 为什么要进行轮胎和轮毂的清洁？

项目 7

汽车美容养护

　　汽车养护主要针对新车进行养护，使用中的车进行保养和翻新。汽车美容主要针对汽车各部位不同材质，使用专业的养护用品，采用高科技手段和技术所进行的养护，不仅能使汽车焕然一新，更能让旧车全面地彻底翻新，并保持长久艳丽的光彩，延长车身的使用寿命。

任务 7.1　新车养护

知识目标	1. 了解新车保护蜡的种类 2. 知道新车开蜡使用产品 3. 掌握新车养护方法
技能目标	1. 掌握新车养护的工序过程 2. 知道新车开蜡的注意事项

阅读资料

为防止新车在储运过程中漆面受到酸雨、海风中的盐、碱等腐蚀而在车身表面涂一层保护蜡，称为运输保护蜡。现在仍有一些轿车在运输中使用此种方法。运输蜡一般使用低等蜡，覆盖层厚而坚硬，透明度低，没有光泽，在运输中起到防护作用，同时影响汽车美观、黏尘且不易清洁。因此，新车购买后，需涂上开蜡水，进行保护蜡去除操作，这称为"开蜡"。

项目案例

新车下线后，为了避免在露天停放或运输中风吹雨淋、烈日暴晒、烟雾及酸雨的侵蚀，必须进行喷蜡覆盖保护，以防涂层表面受侵蚀而老化。新车表面除了涂覆一层保护蜡之外，有的还会在车身表面贴一层保护膜，如图 7-1 所示。新车购买后，车主都会把这层保护去除掉，以使新车恢复本来的面目。开蜡后的新车如图 7-2 所示。

图 7-1　新车车身保护膜

图 7-2　开蜡后的新车

知识链接

1. 新车保护蜡

常用的新车保护蜡有油脂封蜡、树脂封蜡和硅性油脂保护蜡几种。

1) 油脂封蜡

油脂封蜡呈半透明状态，是一种坚硬的汽车保护外壳，常用于汽车长途陆路、海路运输的车身保护。它可以防止汽车在运输过程中树枝、鸟粪、虫尸等对车身造成的损伤，也可以防止海水的盐雾等对车漆的损伤。

2) 树脂封蜡

树脂封蜡呈亚光状态，涂到车身上后能形成一层良好的硬质保护层，主要用作短途陆路运输汽车上的保护蜡。它防止运输新车过程中人为轻微刮蹭所造成的划痕现象，但不能抵御海水的侵蚀，不能涂在须经海洋运输的车辆上。

3) 硅性油脂保护蜡

硅性油脂保护蜡呈透明状态，可在新车出厂时为汽车提供短期的保护层。它在短期内能有效防止紫外线、酸碱气体、树枝、风沙等对车身造成的一般侵害，对运输过程中对车漆造成的损伤保护性小。

2. 开蜡用品

1) 强力开蜡水

油脂性封蜡需要用到图 7-3 所示的强力开蜡水才能去除，它主要属于非生物降解型溶剂，呈碱性，对人体有一定的伤害，需要做好安全防护。

2) 树脂开蜡水

树脂封蜡需要用图 7-4 所示的树脂开蜡水进行去除。树脂开蜡水属于多功能轻质水溶性清洁剂，含有树脂聚合物的溶解元素，渗透性较好，使用起来比较安全。

3) 油脂开蜡水

硅性油脂保护蜡需要使用图 7-5 所示的油脂开蜡水去除，它属于生物降解型产品，主要提炼于天然橙皮，并含有阴离子表面活性剂，泡沫丰富，分解性较好，但是成本较高。

图 7-3　强力开蜡水

图 7-4　树脂开蜡水

图 7-5　油脂开蜡水

3. 新车开蜡工序

由于保护封蜡的种类不同，进行开蜡时所采取的操作方法也不相同。下面针对不同的封蜡介绍一下开蜡的工序。

1) 油脂封蜡开蜡工序

(1) 对车进行预洗，清洗过程以去除车身表面的泥沙为主，然后针对油脂封蜡按比例调好开蜡水。

(2) 将调配好的油脂开蜡水均匀喷洒于车身表面。

(3) 等待 3～5min 后，向车身表面喷洒清水，并用半湿的干净毛巾按顺序擦拭全车。

(4) 反复将油脂开蜡水喷洒于车身，晾 1min 后，将喷洒过开蜡水的部位用半湿性毛巾再次擦拭，应用此法直至完全去除封蜡，之后用洗车液对车身进行彻底清洁擦干。

特别提示

油脂封蜡比较难以去除，去除时应反复操作几次。

2) 树脂封蜡开蜡工序

(1) 对全车进行清洗，以去除泥沙为主，之后用配制好的开蜡水均匀喷洒于车体，并用洗车海绵擦拭全车，之后用清水冲净。

(2) 将树脂开蜡水均匀喷洒于车身，晾 1min 后，用半湿性干净软毛巾擦拭，然后用脱蜡水清洁，直至将全车封蜡清除。

3) 硅性油脂保护蜡开蜡工序

(1) 将车身大颗粒泥沙冲洗干净。

(2) 将强力脱蜡洗车液用喷雾器均匀喷洒于车身。

(3) 用洗车海绵按汽车板块顺序将全车快速擦拭。

(4) 最后用高压水枪将车身蜡及污物冲净。

特别提示

新车开蜡后应彻底检查车身缝隙和边角位置，看是否有遗漏，若有遗漏必须彻底清除保护蜡。

4. 新车养护

新车开蜡后新漆膜暴露在空气中，为延缓新漆膜的老化需要对车身表面做必要的保养处理，常用的保养方法有封釉处理和新车镀膜处理两种。

1) 新车封釉处理

(1) 新车封釉。对新车进行开蜡后，由于车身表面没有形成氧化层和划痕，为有效延长车漆的使用寿命，需对汽车车漆表面进行封釉处理。

(2) 新车封釉的作用如下。

① 有效阻隔紫外线对车漆的损伤，延缓车漆老化。

② 防止表层车漆形成氧化层。

③ 保持新车的光亮持久。

④ 车身表面防静电。

2) 新车封釉机理

釉分子能填充车漆表面的细小微孔，起到密封车漆的作用，封釉时需要使用专用的封釉机将晶亮釉均匀涂抹，缓慢震动到车漆的细小间隙中，使釉在车身表面形成一层致密保护层。

3) 新车封釉的方法

(1) 将新车开蜡后进行彻底清洗并擦干。

(2) 将车驶入无尘工作间，选用合适的釉备用，选釉时在车身隐蔽处试擦，防止引起车漆褪色。

(3) 用专用的封釉机加上封釉海绵以每分钟不超过 1000 转的振动频率对车身表面进行振动封釉处理，振涂时速度要慢且均匀，一般每处要横、纵交叉振涂至少两次，直到封遍全车为止。

(4) 封釉完成后，等待 20min 左右，用专用纯绵毛巾擦净釉面，或者用低速抛光机(1100～2000r/min)配合干净的波浪海绵，把未充分渗透的晶亮釉层充分抛匀，也叫镜面处理。操作过程中用力要轻，要均匀直到光亮为止。使用低速抛光机的目的是把饱和后未擦掉的釉去掉，让釉分子能更充分地渗透到车漆内部，使釉层能与漆面结合在一起，形成一层光亮持久的"隐形车衣"。

(5) 新车封釉后会在漆面产生静电，静电会使漆面吸引很多灰尘，影响封釉后的晶亮效果，因此一般在封釉 20min 后进行除静电。先把除静电产品摇晃均匀，拧上产品包装内所附带的专用喷头，然后进行喷涂。喷涂过程中要注意适量，不宜过多。喷涂后用专用海绵进行均匀涂抹，最后用专用纯绵毛巾擦净全车。

5. 新车镀膜

1) 新车镀膜

新车镀膜是指使用与新车封釉不同的两种漆面美容护理产品对车漆表面进行养护处理，新车镀膜也是指车漆表面没有划痕和被氧化之前，对汽车车漆表面所进行的镀膜护理。

2) 新车镀膜的方法

(1) 新车开蜡后，清洗擦干。

(2) 将车驶入无尘工作间，选用合适的镀膜产品备用，选镀膜产品时应在车身隐蔽处试擦，防止引起车漆褪色。

(3) 将镀膜产品充分摇晃均匀后，倒入专用的镀膜喷枪桶里。然后进行均匀喷涂，之后用专用镀膜海绵划圈均匀涂抹车身，直到涂抹全车，等 5～10min 后，喷涂第二次。30min 后，用专用纯绵毛巾擦净即可。

(4) 洗车、镀膜后，需要做与封釉一样的防静电处理。

应用实例

1. 新车养护

(1) 高压冲洗。如图 7-6 所示，用高压水枪对车身表面进行冲洗，将黏附在车身上的树叶、泥沙等污物冲洗掉。冲洗的顺序由上而下，依次为车顶、前机盖、车身、行李厢、车裙。

(2) 喷洒开蜡水。在车漆表面均匀地喷上开蜡水，如图 7-7 所示，保持 5min 左右，使开蜡水完全渗透并溶解蜡层。喷洒应确保每个部位都被溶解覆盖，不要将边角缝隙漏掉。

(3) 擦拭。用不脱毛的毛巾擦拭车表，如图 7-8 所示，并用棕毛刷刷洗缝隙。

(4) 冲洗。用高压水枪对车身表面进行冲洗。

(5) 擦干。用纯绵毛巾沿车前后擦拭两遍，吸去多余水分，再用鹿皮擦干漆面、玻璃及车门内边、保险杠等处多余水分，最后用吹风枪把缝隙和接口处的水分吹干。

(6) 涂釉。将釉均匀地涂抹在车身表面，如图 7-9 所示。

图 7-6 高压冲洗

图 7-7 喷洒开蜡水

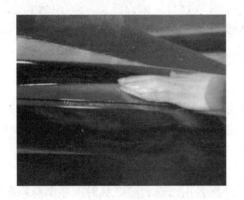
图 7-8 擦拭

图 7-9 涂釉

(7) 振釉。将釉缓慢均匀地振动到车漆表面的微小缝隙中，如图 7-10 所示，以形成一层致密保护层。

(8) 封釉后的效果如图 7-11 所示。

图 7-10 振釉

图 7-11 封釉后的效果

(9) 喷洒静电保护液，防止车身表面静电积尘，延缓车漆老化和保持车漆表面的光亮。

2. 新车开蜡注意事项

(1) 进行新车开蜡前，必须将全车外表清洗干净，以免划伤漆面，降低车漆的使用寿命。

(2) 使用的毛巾要干净,并且要边擦边清洗。

(3) 如在擦除封蜡过程中发现"吱吱"的响声,应立刻停止施工进行清洗。

(4) 封蜡停留于车体表面两年以上的车辆,应开蜡后进行抛光,然后再打蜡。

(5) 新车开蜡后新漆膜极易受到氧化,应及时对车身表面进行耐氧化保护上光。

任务 7.2 汽车漆面打蜡及抛光

知识目标	1. 了解养护蜡的种类和用途 2. 了解抛光剂的种类和作用 3. 知道打蜡和抛光的作用 4. 掌握抛光打蜡的工具和设备使用
技能目标	1. 掌握打蜡抛光的工序过程 2. 知道打蜡抛光的注意事项

阅读资料

车蜡研磨和抛光处理能有效地抵御大气的侵蚀,延长漆色寿命,增强漆面的光泽度,使车体清新美观。汽车表面养护蜡有一定的研磨作用,当车身表面出现一些细微划痕时可以使用车蜡进行研磨,研磨后抛光能够使车身漆面产生焕然一新的效果。对漆面进行研磨时应注意车蜡的选用和研磨程度的把握。研磨程度因漆膜的不同而有差异,如珍珠漆选用强力研磨剂较为合理,金属漆选用中切型较好,素色漆由于漆面亮泽透明,漆色丰润,在护理中采用微切型研磨剂反复擦拭效果更佳。车蜡选用不当会造成漆膜不同程度的损伤。

项目案例

打蜡主要是为了防酸雨对车身的腐蚀,车蜡的保护会使车身减缓老化和褪色,车蜡还可以有效地隔断车身与空气、尘埃的摩擦,减少车身吸附灰尘。汽车经打蜡和抛光后会显得焕然一新,如图 7-12 所示。

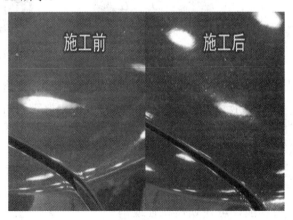

图 7-12 打蜡前后效果

知识链接

1. 打蜡

1) 打蜡的定义

(1) 打蜡：打蜡是指在车身表面涂上车蜡来增加漆面润光度，减缓车漆老化的汽车美容工序。

(2) 车蜡：车蜡是一种涂抹在车漆表面，用来研磨和保护漆面，同时又起到修复和美观用途的化学材料，车蜡是美容护理不可或缺的重要材料之一。

2) 车蜡的种类

(1) 普通蜡。普通蜡如图 7-13 所示，它的主要作用是保养汽车漆面，一般以天然蜡或合成蜡为主要成分，它通过渗透入漆面的缝隙中使表面平整而起到增加光亮度的效果。普通蜡属于油性物质，油膜与漆面的结合力差，保护时间较短，这种蜡常常因下雨或冲洗等因素流失，有时甚至附着在风挡玻璃上而形成油垢，所以汽车美容打蜡应该定期进行。

(2) 钻石蜡。钻石蜡如图 7-14 所示，它是一种高级美容蜡，具有钻石般的品质，为蜡中极品，适用于各种颜色的高级轿车。使用后漆面产生水晶效果，能形成坚硬、光滑及雅致的保护膜。钻石蜡含抗 UV 成分，不怕阳光暴晒、抗洗涤能力强、亮度高、具有特殊防尘能力，能长时间留存。

(3) 至尊硬蜡。至尊硬蜡如图 7-15 所示，它使用独特的氟素纳米技术，以顶级白蜡与超硬树脂为基础制造而成，不怕高温和洗涤，耐酸碱侵蚀，涂在漆面上后不怕风沙和擦洗划痕，防水性能超强，使漆面具有超硬保护，坚固耐用，真正抗划痕，超强防水，能完全截断雨水及酸雨的渗透，能持久保护，光泽耀眼夺目。

图 7-13　普通蜡

图 7-14　钻石蜡

图 7-15　至尊硬蜡

(4) 水晶蜡。水晶蜡如图 7-16 所示，它为多种聚合物合成，不含石蜡成分，配以持久树脂精的独特配方，增强漆面透彻感，去污、防水、耐酸雨腐蚀、抗静电，能清除车体表面的细孔、焦油、树汁、氧化物、尘垢等，延长抛光寿命，避免车漆产生皱纹、划痕、氧化、脱落及发黄，能使漆面形成长久性保护膜。

(5) 彩色蜡。彩色蜡如图 7-17 所示，它有白、红、黄、绿、蓝、黑、灰多种颜色，针对不同颜色的车漆研制，具有增艳效果，并能修饰局部补漆产生的色差或褪色，同时具有清洁、上光和保护功能，可使划痕减轻或消失，与原漆本色浑然一体，使旧漆焕然一新。

(6) 手喷蜡。手喷蜡如图 7-18 所示，它有柔和的清洁功能，可以在不影响"整体效果"的前提下除污，同时又含树脂型增光剂，使清洗处即时"补色"，达到与全车的光泽协调一致。

图 7-16　水晶蜡

图 7-17　彩色蜡

图 7-18　手喷蜡

(7) 抗 UV 蜡。抗 UV 蜡如图 7-19 所示，它含有高分子聚合脂配方，具有抗 UV 成分，防酸雨，抗氧化，耐腐蚀，是恶劣环境下车漆的保护神，超抗洗涤，使车漆更亮，更长久，含有抗 UV 吸收剂、折射剂和稳定剂，特有合成工艺，长期使用抗 UV 蜡可防止车漆氧化、褪色发乌、龟裂、发白的症状，抗 UV 蜡集清洁、保护、上光三种功效于一体。

(8) 防水蜡。防水蜡如图 7-20 所示，它使用顶级防水树脂制造而成，具有超强防水能力，可以超长时间保护车漆，能完全阻断雨水酸雨侵蚀，并产生很大的光泽效果，超抗洗涤，效力持久是普通蜡的 3 倍。

(9) 光洁蜡。光洁蜡如图 7-21 所示，它含有天然植物配方，由多种高分子聚合物组成，强力去污，对漆面无伤害，可有效修复因长年使用造成的车漆氧化、老化、褪色及漆面发丝划痕，氧化膜。光洁蜡能防止漆面发白、发污变色，含抗 UV 成分，防止紫外线造成的氧化腐蚀，使车漆表面光泽度增高。

图 7-19　抗 UV 蜡

图 7-20　防水蜡

图 7-21　光洁蜡

(10) 复彩护漆上光蜡。复彩护漆上光蜡如图 7-22 所示，该产品集去除微划痕和上光于一体，能快速清除车身表面的轻微划痕、擦纹、花斑，去除旧漆膜的氧化层和哑光色，使老化、褪色、失光的漆面恢复原有的色泽和光洁度，得到研磨与上光双重效果。

(11) 清洁砂蜡。清洁砂蜡如图 7-23 所示，它属于快干型蜡，光洁度高，用于清洁汽车表面，能防止汽车漆面褪色，清除轻微划痕、擦纹、花斑，去除旧漆膜的氧化层和哑光色，使老化、褪色的旧漆面恢复原有的色泽和光洁度，还原车漆。

图 7-22 复彩护漆上光蜡

图 7-23 清洁砂蜡

3) 打蜡的作用

(1) 上光。车蜡的最基本作用是上光，车辆经过打蜡能不同程度地改善其漆面的光洁程度，使车身恢复亮丽本色。

(2) 防水。汽车在行驶过程中，难免受到风吹雨淋，雨滴附着在车身表面，会因阳光照射在车身表面形成漆面暗斑、侵蚀和破坏。车蜡能使车身漆面上的水滴附着减少 60%～90%，高档车蜡还可以使残留在漆面上的水滴进一步平展，呈扁平状，最大限度地减少雨滴在车身表面残留。

(3) 防静电。汽车静电的产生对行车带来一定的安全隐患，静电一是由于化纤、丝毛织物如地毯、座椅、衣物等摩擦产生的；二是由于汽车在行驶过程中，空气中的尘埃与车身漆面相互摩擦产生的。车身涂防静电蜡可以有效隔断空气及尘埃与车身漆面的摩擦，防止车表静电的产生和车身沾染静电灰尘。

(4) 抗高温、防紫外线。车蜡涂在车身表面可以有效反射来自不同方向的入射光，防止入射光线穿透清漆，导致色漆老化变色。

(5) 研磨抛光。当车身漆面出现浅划痕时，可使用研磨抛光蜡去除这些划痕，若划痕不严重，抛光和打蜡作业可一次完成。

(6) 其他作用。车蜡除了具有上述作用外，还具有防酸雨、防盐雾等作用，选用时可根据需要灵活掌握，使打蜡起到更好的效果。

2. 抛光

1) 抛光的定义

(1) 抛光：抛光是指利用手工或机械的方法去除车身漆面划痕、老化斑痕等，以获得光亮一新的漆膜表面的美容方法。

(2) 抛光剂：抛光剂也称为光亮剂，是一种透明制剂，可以使漆面表面变得光亮，并可以去除一些细小的划痕。

2) 抛光原理

抛光是在抛光盘、抛光剂和漆面三者之间进行的，抛光盘配合抛光剂在漆面磨擦产生静电，在静电作用下，孔内的脏物被吸收，抛光盘又把漆面的微观氧化磨掉，并将细微的划痕拉平填满，另外在抛光过程中抛光剂中的一部分又融入漆面，使之发生还原反应，最后得到清洁如新光滑亮丽的漆面。

材料的选择:主要是抛光盘和抛光剂,在抛光作业前应根据漆面的质量如普通漆和透明漆、漆面的厚度、耐磨度和硬度等选择抛光盘和抛光剂。

3) 抛光剂的种类

(1) 抛光剂按照形态可分为悬浮液抛光剂、膏状研磨膏和喷雾状抛光剂 3 种。

① 悬浮液抛光剂。悬浮液抛光剂如图 7-24 所示,它由磨料微粉与蒸馏水配成。精抛光可选用约 1μm 粒度的悬浮磨料微粉,粗抛光可选用 6μm 粒度的磨料磨粉。

② 膏状研磨剂。膏状研磨膏如图 7-25 所示,它由金刚石微粉、硬脂酸、三乙醇胺和肥皂乳剂配置而成,使用时根据抛光漆面来选用不同粒度的金刚石微粉制成研磨剂。

③ 喷雾状抛光剂。喷雾状抛光剂如图 7-26 所示,它由一定粒度的金刚石微粉和某些辅助材料装在压力罐中制成。

图 7-24 悬浮液抛光剂

图 7-25 膏状研磨剂

图 7-26 喷雾状抛光剂

(2) 抛光剂根据使用表面材质和作用分为镜面抛光剂、玻璃抛光剂和金属抛光剂 3 种。

① 镜面抛光剂。镜面抛光剂如图 7-27 所示,它能清除深色汽车表面的微痕、漩涡纹,粗蜡抛光后旋纹、轻度氧化层及水斑能有效消除掉,使漆面焕然一新。

② 玻璃抛光剂。玻璃抛光剂如图 7-28 所示,它能有效去除沾染在玻璃表面的污物,同时可以防止玻璃表面沾附静电灰尘,能将玻璃上的细小划痕覆盖,并使玻璃产生水晶般的夺目光泽,在风挡玻璃上使用后留下的一层超平滑薄膜还有助于减少雨刷的磨损。

③ 金属抛光剂。金属抛光剂如图 7-29 所示,它含有研磨剂、清洁剂、分油剂等多种成分,金属抛光剂黏度小,表面张力小,不影响金属零件表面精度,能很好地提高金属表面光泽度,且有很好的防氧化功能。

图 7-27 镜面抛光剂

图 7-28 玻璃抛光剂

图 7-29 金属抛光剂

4) 抛光的作用

(1) 消除漆面细微划痕(发丝划痕)。

(2) 治理汽车漆面轻微损伤及各种斑迹,进而达到光亮无瑕的漆面效果。

(3) 增加漆面翻新程度和光泽度。

3. 打蜡抛光的工具和设备

1) 抛光盘

(1) 羊毛盘。常用于抛光的羊毛盘一般有两种,一种是以羊毛为材料如图 7-30 所示,它的磨削力较大,抛光时产生的抛光热较大,容易损伤漆膜;另一种以人造毛为材料,如图 7-31 所示,磨削力次于羊毛盘,使用比羊毛盘广。

图 7-30 羊毛盘

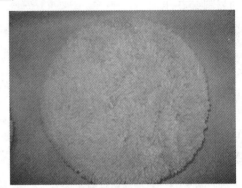
图 7-31 人造纤维盘

(2) 海绵盘。海绵盘无论是在抛光还是打蜡时使用都较广,去除车身划痕效果好,抛光打蜡时好操作,去氧化物速度快,对车漆比较安全。在使用中常因蜡质粗细不同选用不同颜色的海绵盘。不同海绵盘如图 7-32 所示,使用范围见表 7-1。

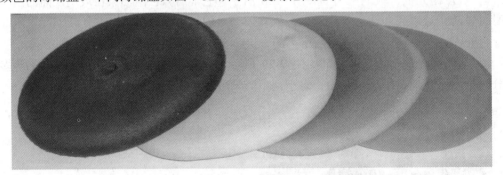
图 7-32 海绵盘

表 7-1 海绵盘的使用范围

颜　　色	对车漆的伤害程度	使用范围
黄色	中度	中抛,适用于中粒度蜡
绿色	轻度	精抛,适用于细蜡
蓝色	小于等于零	精抛,适用于镜面蜡
白色	小于等于零	镜面抛,适用于镜面研磨

2) 打磨机和打蜡机

(1) 打磨机。打磨机如图 7-33 所示，分为电动和气动两种，主要配套材料是研磨盘和抛光盘，根据装盘方式分为吸盘式和紧固式。研磨垫有软磨垫和硬磨垫两种，软磨垫用于抛光打蜡，硬磨垫用于打磨。

(a) 软磨垫气动打磨机　　　　　　(b) 硬磨垫电动打磨机

图 7-33　打磨机

(2) 打蜡机。打蜡机如图 7-34 所示，它是汽车美容护理设备最基本、最常用的设备。根据使用的动力源不同分为电动和气动两种，常用的打蜡机以电为动力，使用简单。当车漆表面出现微划痕、中划痕或水渍时，可根据损伤来选择相应蜡配合打蜡机进行修复。在使用时，要求先低速往复移动，并每过 2~3min，用手面轻触打磨部位是否发烫，如发烫应洒点水，再继续打磨。

(a) 电动打蜡机　　　　　　(b) 气动打蜡机

图 7-34　打蜡机

(3) 抛光机。抛光机如图 7-35 所示，它是汽车维修和美容护理的必备设备，其规格和型号较多。基本操作较为简单，但需要考虑被抛光物实际情况和环境条件，否则会影响抛光效果。

图 7-35 抛光机

> **应用实例**

1. 打蜡的操作实例

1) 洗车并风干

对车身进行彻底清洗,清洗时尽量用中性清洗液,清洗后要将车身彻底擦干,尤其是车身的缝隙位置不能有残留的污垢和水分。

2) 上蜡

上蜡可分手工上蜡和打蜡机上蜡两种,手工上蜡简单易行,打蜡机上蜡效率高。无论是手工上蜡还是打蜡机上蜡,都要按一定的顺序进行,要保证车身漆面涂抹得均匀一致。上蜡时每次不要涂得太厚,上太多的蜡不但造成成本的增加,而且会增加抛光的工作量,还容易沾上灰尘,使抛光摩擦时产生划痕。

(1) 手工上蜡。手工打蜡用打蜡海绵沾适量车蜡,以划小圆圈旋转的方式均匀涂蜡;圆圈的大小以不遗漏漆面为准,每圈盖前一圈 1/2~3/4,圆圈轨迹沿车身前后直线方向,如图 7-36 所示。

图 7-36 涂抹车蜡

全车打蜡顺序:把漆面分成几部分,按右前机盖→左前机盖→右前翼子板→右前车门→右后车门→右后翼子板→后备箱盖的顺序研磨右半车身,按相反顺序研磨左半车身,直到所有漆面无遗漏。在全部漆面上均匀涂一薄层车蜡,以漆面明显覆盖一层车蜡为准,喷漆的前后塑料保险杠也要涂蜡。

(2) 机械上蜡。机械打蜡是将液体蜡倒在蜡盘套上,每次按 0.5 ㎡ 的面积涂匀,待车蜡凝固后开启打蜡机在车体上横向或纵向进行覆盖式抛光。

用打蜡机上蜡时,先将车蜡洒在车身表面上,用手控制好打蜡机,启动开关,注意涂布时的力度、方向性及均匀度。车身表面在边、角、棱处的涂布使用打蜡机上蜡时不易把握,而在这方面手工涂布更有优势。

上蜡层数要视车漆状况决定,并不是越多越好,太多的蜡反而会使抛光产生困难;上得太薄,又无法填补车身的缝隙。通常新车需要上蜡 1~2 层,旧车可上 3~4 层。

如果发现蜡上得不均匀,产生无序的反光现象,可用抛光机重新进行抛光,直到出现光线反射面一致。

特别提示

① 涂蜡应选在室内或阴凉干燥处,涂蜡时车体应完全冷却。
② 用涂蜡海绵在车身上打圈,把蜡均匀地涂抹在车身表面上,要求用蜡要适量,涂抹均匀,没有遗漏,力度要均匀,动作要柔。
③ 涂蜡时尽量不要涂抹到橡胶件、塑料件、玻璃上。

3) 擦蜡和提光

(1) 上蜡后 5~10min 蜡表面开始发白,用手背在不明显位置抹一下,如果手背上有粉末,抹过的漆面有光亮,说明蜡已经干燥。用柔软干燥毛巾或软海绵抛蜡,抛蜡可以用手工操作,如图 7-37 所示,也可以用图 7-38 所示的机械进行抛蜡,直到整个车表没有残蜡。

图 7-37 手工抛蜡

图 7-38 机械抛蜡

(2) 抛蜡后彻底清洁玻璃、保险杠、饰条、轮胎、钢圈等,顺序与上蜡一样。用纯棉毛巾把蜡擦掉并用合成鹿皮摩擦漆面,直到漆面的倒影清晰可见。

4) 清理缝隙

将残留在汽车表面缝隙里的车蜡清理干净,让车保持彻底的干净。

5) 检验

全车漆面干净整洁、手感光滑;车蜡均匀,车表没有残蜡或打花;亮度和颜色均匀,漆面有镜面效果,在漆面上可清晰反映倒影。

6) 现场清理

工具、材料要注意归位,垃圾要迅速处理,清洗脏的海绵球、刷子、毛巾和合成鹿皮。

2. 车蜡的选择

车蜡在选用时，为防止引起车漆变色，应根据车蜡的作用特点、车辆的新旧程度、车漆颜色及行驶环境等因素综合考虑。

1) 根据车的档次不同进行选择

对于高级轿车，可选用高档车蜡；新车最好用彩涂上光蜡以保护车的光泽和颜色；夏天宜用防紫外线车蜡；行驶环境较差时选用保护作用突出的树酯蜡比较合适；而对普通车辆，用普通的珍珠色或金属漆系列车蜡即可。当然，选用车蜡时还必须考虑与车漆颜色相适应，一般深色车漆选用黑色、红色、绿色系列的车蜡，浅色车漆选用银色、白色、珍珠色系列车蜡。

2) 根据生产厂家和品牌进行选择

车蜡要选择大厂、名牌产品，而且要看生产厂商的使用说明。大厂、名牌产品都会明确标示使用范围，比如"适用于透明漆"、"适用于所有车漆"等。如果没有说明，也可当场做个试验来进行简单的识别：用手沾一点蜡，在两手指之间轻轻揉搓，如果没感觉到有任何细小颗粒状的物质，说明此蜡造成划痕的可能性较小。

3. 汽车抛光操作实例

现在以晶面抛光剂为例介绍一下抛光的实际操作过程。

(1) 对车身表面进行彻底清洁，尤其要去除车身表面的顽固污渍，并注意车身缝隙位置，同时观察车身表面有无划痕，若车身表面损伤，不能进行直接进行抛光处理。

(2) 对车身不需抛光的位置进行遮盖，如玻璃、车轮、前格栅、车标、车牌等部位。

(3) 将镜面抛光剂均匀地涂抹到车身漆面上，并且用软布进行擦拭，如图7-39所示。

(4) 使用抛光机配黑色海绵轮，将抛光剂均匀涂覆在汽车漆面上，并抛光至返亮效果，使旧漆迅速还原、显色。最后使用干净抹布擦去抛光后留下的蜡和手指印等残痕。使用抛光机施加中等压力，保持抛光速度1800r/min左右，去除漆面的各种缺陷。抛光处理如图7-40所示。粗磨抛光选白色粗抛海绵轮，精细抛光使用黑色波浪海绵轮。

图7-39 擦拭静面蜡

图7-40 抛光处理

(5) 抛光后表面处理。使用擦车纸或海绵均匀地涂覆在车身表面，等待几分钟，在蜡迹完全干透前使用抹布将漆面抛亮，获得光亮如新的漆面效果，如图7-41所示。

图 7-41 漆面后处理

4. 汽车打蜡抛光注意事项

(1) 打蜡场所的选择要注意。

打蜡要求作业环境清洁,应在阴凉处给汽车打蜡,有良好通风,有条件可设置专门的打蜡工作间,否则车表温度高,车蜡附着能力会下降,影响打蜡效果。

(2) 新车不要随便打蜡。

新车不要随便打蜡。新车本身的漆层上已有一层保护蜡,过早打蜡反而会把新车表面的原装蜡除掉,造成不必要的浪费。一般新车购回 5 个月内不必急于打蜡。

(3) 要掌握好打蜡频率。

汽车打蜡抛光根据车辆行驶的环境、停放的场所不同,打蜡的时间间隔也应有所不同。一般有车库停放,多在良好道路上行驶的车辆每 3~4 个月打一次;露天停放的车辆由于风吹雨淋,最好每 2~3 个月打一次蜡。

(4) 打蜡前用洗车水清洁车身外表的泥土和灰尘。

打蜡抛光前的清洗尽量使用中性清洗液,切记不能盲目使用洗车液和肥皂水,若其中含有的盐、碱成分会侵蚀车身漆层、蜡膜和橡胶件,使车漆失去光泽、橡胶件老化。如无专用的洗车水,可用清水清洁车辆,将车体擦干后再上蜡。

(5) 车身打蜡后,检查是否有残留。

车身打蜡后,车灯、车牌、车门和行李舱等处的缝隙中往往会残留一些车蜡,使车身显得很不美观,这些地方的蜡垢若不及时擦干净,有可能会产生锈蚀。因此,打完蜡后一定要将蜡垢彻底清除干净,这样才能得到完美的打蜡效果。

(6) 上蜡时应均匀。

上蜡时,不可把蜡液倒在车上乱涂;应用海绵块涂上适量车蜡,在车体上均匀涂抹,一次作业要连续完成,不可涂涂停停;一般蜡层涂匀后 5~10min 用新毛巾擦亮,但快速车蜡应边涂边擦。

(7) 蜡与车漆颜色应匹配。

打蜡时,若海绵上出现与车漆相同的颜色,可能是漆面已经破损,应立即停止打蜡,进行修补处理。

(8) 上蜡后先抛后上路。

抛光作业要待上蜡完成后在规定时间内进行,且抛光运动也是直线往复。未抛光的车辆绝不允许上路行驶,否则再进行抛光,易造成漆面划伤。

(9) 打蜡后现场要及时清理。

打蜡结束后,设备及用品要做适当清洁处理,妥善保存。

任务 7.3　汽车封釉和镀膜

知识目标	1. 了解汽车釉的种类和作用 2. 了解汽车镀膜的种类和作用 3. 知道封釉和镀膜的区别 4. 知道封釉和镀膜的特点
技能目标	1. 掌握封釉的工艺方法 2. 掌握镀膜的工艺方法 3. 知道封釉和镀膜的注意事项

阅读资料

汽车封釉处理之后漆面会形成一层致密保护层，封釉是通过振釉机将车辆漆面保护剂压入车漆内部形成一层致密的网状保护层，保护层让车辆表面形成如同陶器表面一般光亮厚重的一层釉面。封釉处理最大的好处是相当于给车穿上了一件透明外套，可以让车辆防紫外线辐射、防酸碱的侵蚀、防风沙的吹打，保护车漆不被氧化造成褪色，另外釉面还可防火防油污及轻度硬物的刮擦。

汽车漆面镀膜是在考虑打蜡及封釉的优缺点后，以新的环保原料和新的车漆养护理念制造的车漆养护换代产品。镀膜可以在车身表面形成一层致密的保护层，相当给车身穿了一件保护外衣。汽车经过打蜡抛光之后，蜡在使用一段时间之后会在车身表面形成一层氧化层，若蜡选择不当这层氧化层会使漆面老化程度加剧，汽车漆面会出现褪色和表面粗糙的现象。而车身表面封釉和镀膜后会将空气和车身隔绝开来，进而起到保护车漆的作用，延长车身的使用寿命，使汽车长久保新。

项目案例

汽车镀膜与汽车封釉是基本相同的汽车漆面养护工序，只是表现形式有所区别，封釉多是一种以乳状为载体的表现物，而汽车镀膜大多情况下是以水剂为载体的表现物，釉和膜都需要结晶过程，从原理上分析，二者生产工艺不同，施工方法也不同，但除了比较新的车漆之外，不管是汽车镀膜还是汽车封釉，都要经过研磨或抛光工序处理才能达到最佳的效果，汽车漆面经镀膜和封釉后会形成一层保护膜。封釉前后的效果如图 7-42 所示。

(a) 施工前

(b) 施工后

图 7-42　封釉前后的效果

知识链接

1. 封釉

1) 漆面封釉的定义

漆面封釉就是使用专用的封釉机依靠震抛技术将釉剂反复深压进车漆纹理中，形成一种特殊的网状保护膜，从而提高原车漆面的光泽度、硬度，使车漆能更好地抵挡外界环境的侵袭，有效减少划痕，保持车漆亮度。

2) 釉的种类

(1) 研磨釉。研磨釉如图 7-43 所示，它能有效去除浅划痕，不留圈迹和逆光痕，还可以作为抛光工序的镜面还原剂，还原车漆镜面，消除抛光圈纹，提光率可达 98%以上，从而达到进一步镜亮。

(2) 抛光釉。抛光釉如图 7-44 所示，它含高品性釉晶及柔和微细介质，促使烤漆再生，能去除氧化层、漆面毛细孔的污物、轻微划痕，使漆面光滑亮丽。

图 7-43　研磨釉

图 7-44　抛光釉

(3) 镜面釉。镜面釉如图 7-45 所示，它不含研磨剂，以高分子聚合物为主要组成成分，震抛到漆面后形成一层坚硬持久的保护膜，并产生亮丽光泽从而起到保护车漆的作用。

(4) 晶亮釉。晶亮釉如图 7-46 所示，它含有专利素和特有的固化剂，使用后通过对汽车漆面的渗透形成带固化剂的液体玻璃，并层层积累，不溶于水，对其面具有保护性和还原性，达到了从根部护理，能有效去除污垢，渗透添塞漆孔。

图 7-45　镜面釉

图 7-46　晶亮釉

3) 漆面封釉的作用

(1) 封釉具有隔紫外线、防氧化、抵御高温和酸雨的功能。

(2) 对新车进行封釉美容可以延长车漆的使用寿命，减缓褪色。

(3) 对旧车封釉可使氧化褪色的车漆还原增艳，还有翻新的效果。

(4) 漆面封釉可去除车身表面形成的氧化层、太阳圈和细微或较深划痕，使旧车达到翻新的效果。

(5) 漆面封釉可以还原老化的车漆，旧车封釉就像重新喷了一层亮油，光艳照人。

2. 镀膜

1) 漆面镀膜的定义

漆面镀膜是指将某种特殊的保护剂喷涂在车漆表面，利用这种保护剂在车漆表面的化学变化，形成一层很薄、坚硬、透明的保护膜，从而在一定期间内保护车漆不受外界污秽、杂质等的影响，最终达到车漆不氧化、易清洁、保持靓丽的功效。镀膜前后效果如图 7-47 所示。

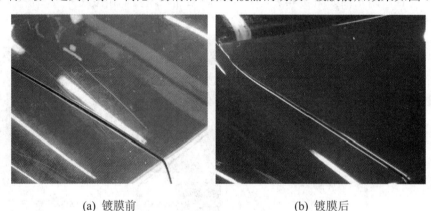

(a) 镀膜前　　　　　　　　　　(b) 镀膜后

图 7-47　镀膜前后的前后效果

2) 镀膜的种类

(1) 玻璃镀膜剂。玻璃镀膜剂就是在汽车前风档玻璃及后视镜玻璃处涂抹一层镀膜液，从而增加风档玻璃的拨水性，使玻璃在雨中不挂水，特别是汽车高速行驶的时候增加安全性，减少雨刮器的使用。另外它可使玻璃不易沾土，保护玻璃的清洁与透亮性。玻璃镀膜施工后效果图如图 7-48 所示。

图 7-48　玻璃镀膜施工后效果图

(2) 车身镀膜剂。车身镀膜剂喷在车漆表面形成保护层，隔绝外界物质对面漆的损害，保护时间可达到 18~20 个月，正常漆面硬度是 2H~3H，做了镀膜以后可达到 9H 以上。

(3) 轮毂镀膜剂。轮毂镀膜剂是一种用于保护轮胎、轮毂及所有轻合金的高浓缩、不溶于水的新型纳米聚合保护涂层产品。

3) 镀膜的特点

(1) 镀膜后，可以在一定时期内保护车漆光亮度。

(2) 镀膜自身不氧化，磨损损耗后对车漆无伤害。

(3) 操作简便，在洗车时完成车漆上光保护。

4) 镀膜的作用

(1) 让车身表面长时间处于一种崭新的状态。

(2) 让车身表面不会轻易受到外界物质的污染或者影响。

(3) 在清理物车身表面时可以轻松清理掉污物。

3. 漆面封釉和镀膜的区别

1) 原料选用不同

釉是从石油中提炼，加上一些辅助原料制成，受原料所限，容易氧化，不持久。镀膜采用植物及硅等环保又稳定的原料来提炼合成，防止车漆表面氧化，可长期保持。

2) 养护理念不同

封釉的养护理念是将釉加压封入车漆的空隙中，与车漆结合到一起。它的优点是与车漆融为一体，增亮效果明显；缺点是釉本身易氧化，会连带周围的漆面共同氧化，使漆面发污，失去光泽。镀膜采取不氧化原料及稳定的合成方式，以透明的膜附着在漆面，避免漆面受外界腐蚀，避免保护剂本身对车漆的影响，长期保持车漆的原厂色泽，而且由于膜本身结构的紧密，很难破坏，可以大幅度降低外力对漆面的损伤。

3) 操作工艺不同

原料及理念的差异必然造成工艺上的区别。釉与漆面充分结合，附着方式要用高转数的研磨机把釉剂加压封入漆面，这种压力作用在漆面上会造成漆面损伤。保护膜采用温和的涂抹及擦拭的附着方式，靠膜本身的分子结合力附着在漆面上，避免损伤车漆。

4) 对车身划痕的处理不同

为了便于釉的附着，封釉对划痕以研磨为主，用高转研磨机把划痕磨平。镀膜店采用填充方式，以低转研磨机配合海绵轮将透明的填充剂填入划痕中，抹平。

应用实例

1. 封釉的操作工序

1) 车体外表清洗

用清水冲洗车身，用中性的清洗剂将漆面的泥土、粉尘、细沙粒等彻底清洗干净，若车身表面有橘皮纹，应先用研磨方法去除。清洗车身表面如图 7-49 所示。

图 7-49　清洗车身表面

 特别提示

(1) 用胶带把所有装饰条、门把手、倒车镜、玻璃封条封好以防封釉时弄脏。
(2) 打磨前先用水冲洗待磨部位，打磨时勤用水冲洗，以免漆面有沙砾磨坏漆面。
(3) 打磨的手势为五指合拢，用手掌打磨不要用手指打磨。
(4) 以推拉的方式打磨，不要旋转打磨，推拉的距离不要太长。
(5) 筋条的部位要避让，因为这个部位的车漆比较薄弱。
(6) 不要在一个部位长时间打磨，根据眼睛观察和经验不断变换地方，以免磨漏底漆。

2) 使用抛光机浅抛车身浅划痕。

用抛光机配合研磨剂、羊毛轮做研磨处理。开始研磨时研磨的压力要根据漆的强度和漆面的厚薄来决定。使用抛光机震抛划痕如图 7-50 所示。

图 7-50　使用抛光机震抛划痕

3) 抛光机去眩光

使用低速抛光机配合波浪海绵加研磨剂，去除抛光时研磨剂留在车身上的光环，之后用毛巾擦干净，如图 7-51 所示。

 特别提示

(1) 操作手法是用低速抛光机横向或竖向一下压一下地抛，把光环赶到边缘部位。
(2) 根据车漆的硬度选择合适的力度。

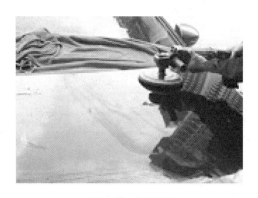

图 7-51　去眩光

4) 封釉

在车身表面喷倒封釉剂，如图 7-52 所示。用封釉机将釉通过振动挤压，使釉更好地渗透进车身并增强牢固度，封釉后停留 15min 再做，直到表面形成一层保护层。一般根据车漆老化程度需反复做 2~3 次。封釉处理如图 7-53 所示。

图 7-52　喷倒汽车封釉剂

图 7-53　漆面封釉

特别提示

(1) 封釉时要横、竖交替震涂，以达到均匀。一般每处要交叉震涂 6 次，震涂时不要太快。

(2) 装饰条和倒车镜、雨刮器片如果是粗糙面和麻面，用报纸胶带包裹起来，光滑部位如玻璃不需要包。

5) 清洁

封釉后用专业擦巾将残留的研磨剂、釉清理干净，如图 7-54 所示。

图 7-54　清洁缝隙

特别提示

如有顽固的污垢，可蘸少量研磨剂清除。

6) 封釉结果

封釉效果如图 7-55 所示。

(1) 检查有无抛漏的地方。

(2) 检查装饰条有无抛坏。

(3) 检查有无没有抛到的地方。

(4) 检查门边、门缝、玻璃、下底边卫生有无清理干净。

图 7-55　封釉后的效果

2. 封釉注意事项

(1) 封釉后 8h 内切记不要用水冲洗汽车，因为在这段时间内釉层还未完全凝结，将继续渗透，冲洗将会冲掉未凝结的釉。

(2) 做完封釉美容后可尽量避免洗车，因为产品可防静电，灰尘用干净柔软的布条擦去即可。

(3) 做了封釉美容后不要再打蜡，因为蜡层可能会黏附在釉层表面，上釉时会因蜡层的隔离而影响封釉效果。

(4) 由于釉的不同，再加上路况和环境的影响，一般是 2 个月到半年封一次釉效果最好。

3. 车身镀膜

(1) 车漆充分清洁干净，然后擦干漆面即可开始施工。以车依镀膜剂为例，如图 7-56 所示将其均匀喷洒到车身表面。对于一些边角位置应用配套小毛巾均匀涂抹，如图 7-57 所示。

图 7-56　将镀膜剂均匀喷洒到车身表面

特别提示

① 先将配套的超细纤维小方巾用水浸湿润后再用力拧干,并对折两次成手掌大小。
② 将镀膜剂摇匀后,喷洒到毛巾上。
③ 喷洒时距毛巾不宜过近或过远,目的是使镀膜剂可以更均匀地喷洒到方巾上。
④ 根据车漆颜色决定喷洒次数,一般浅色车每次可以喷 3~4 次,深色车建议每次最多喷 3 次。

图 7-57 喷洒镀膜剂

(2) 按照图 7-58 所示方式在车身表面均匀地涂抹镀膜剂,涂抹时速度应缓慢,镀膜剂有一个凝固的过程,操作时应先在小范围操作再扩展到车身全部,不可以有遗漏。

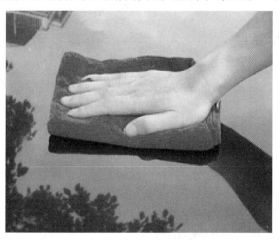

图 7-58 均匀涂抹镀膜剂

(3) 涂抹前后漆面的差异如图 7-59 所示。
(4) 车身镀膜施工后彻底干燥的效果如图 7-60 所示。

图 7-59　涂抹前后漆面的差异

图 7-60　车身镀膜施工后彻底干燥的效果

4. 车身镀膜的注意事项

(1) 洗车时一定要注意洗车液的使用，一定要采用中性洗车液清洗车辆。

(2) 彻底清洁车漆，如漆面较差、油渍、氧化膜、污渍较多会直接影响产品使用效果和持久性。

(3) 夏天请勿在太阳直射或车漆过热时及灰尘过多时施工。

(4) 务必分块操作，不可整车涂抹后再擦拭提光，否则膜层固化后则难以提光。

(5) 请务必注意毛巾湿润度、喷洒距离和喷洒次数，即毛巾浸水后用力拧干，类似机洗脱水后的潮湿度为佳，然后摇匀产品距离毛巾10～15cm处均匀喷洒2～3次镀膜液于略湿润毛巾上，然后用毛巾来涂抹漆面。深色车初次施工时需要特别注意，先小范围内试用，喷涂后立即用干毛巾擦拭提光，确定能涂抹均匀。

(6) 施工后膜层固化需要一定的时间，建议48h内勿沾水、洗车以及频繁触摸车漆，膜层完全固化后才能体现最佳的效果。

(7) 施工于塑料、橡胶、镀铬件以及轮毂等部位同样具有良好的保护作用。

(8) 镀膜施工后具有强隔离和拨水性，前风挡玻璃请避免使用，以免雨水落在表面后成水珠状影响视线。

特别提示

(1) 新车可直接使用，如果是使用 2～3 年或者漆面状况比较差的车，建议先做漆面处理如整车抛光，再镀膜效果会更好。

(2) 漆面镜面效果和车的颜色有很大关系，一般浅色车的镜面效果没有深色车好，这是正常现象。

任务 7.4　汽车季节保养

知识目标	1. 了解季节性养护的项目 2. 知道季节性养护各项目的注意事项
技能目标	1. 知道保养的方法 2. 知道保养用品的特性

阅读资料

车辆的常规保养主要根据行驶的里程和使用的时间而定。例如，三滤的保养通常是在行驶 5000～10000km 后进行，而刹车油和防冻液的更换周期通常为两年左右。每种车型都有厂家规定的保养条例，一定要严格遵守。在车辆投入使用前，首先要仔细阅读保养手册，并在使用中按生产厂家的规定进行检查和保养。车辆在使用过程中，因为各地环境不同，应做到季节性的养护。

知识链接

1. 汽车冬季的使用和保养

冬季来临，气温降低，尤其是北方天寒地冻，气温大多在零度以下，还经常会碰到风雪天气，安全性是首先需要考虑的问题。在安全驾驶的前提下，对车辆正确的维护和保养也是必不可少的。

1) 汽车运行材料的更换

(1) 要给汽车换上适合冬季使用的发动机润滑油。因为夏季和冬季使用的润滑油黏度不同，夏季使用的润滑油黏度较高，在冬天受冷变浓，会使润滑油的流动性差，机油泵不能顺利地把润滑油输送到指定的润滑部位，而不利于汽车的冷启动，缺乏润滑油将会使机件的摩擦阻力变大，严重的还会造成摩擦副之间的烧蚀。冬季使用的润滑油黏度较低，若在夏季使用润滑效果会降低。

(2) 选择合适的防冻液。防冻液的种类有水型酒精、水型甘油、乙二醇几种。不同防冻液冰点不同，其中以乙二醇防冻液为最好，沸点高，挥发损失少，使用中一般只需补充和添加蒸发掉的水，冰点低，热容量大，冷却效率高，黏度小。但它有毒，对金属材料和橡胶有腐蚀作用，需添加磷酸氢钠，防止腐蚀冷却系统。在冬季一些使用水冷却的车辆还要拆检气缸体和散热器上的放水开关，疏通水道，防止因不能放水而导致缸体或散热器冻裂。

(3) 选择合适的齿轮油。齿轮油一般添加在变速器、差速器和转向机构内,冬季齿轮油黏度大、流动性差,将会使汽车摩擦阻力增加,机件的润滑条件变差。冬季应选用可常年使用的 80W 或 90W 齿轮油。

(4) 对于柴油车,应选择合适的柴油。冬天的天气寒冷,一定要根据气温选择合适的柴油,平时使用的凝点较高的柴油将会析出石蜡,冻结而导致发动机不能运转,也会使柴油浓度增大,影响启动。使用中注意车内的燃油系统绝对不能有水分,以防结冰而造成油路冻结、阻塞。如不慎有水分进入,应加入一些燃油防水剂或清除剂以保证油路顺畅。

2) 调高蓄电池电解液密度

电解液密度过低,会使蓄电池电压降低,尤其是在冬天冷起动时,汽车起动时间长、次数多,极易造成蓄电池亏电。

3) 冬季轮胎的使用和保养

(1) 冬季使用冬季轮胎的必要性。冬季轮胎除了能提供在非常光滑的路面行驶时所需的牵引力外,更重要的是它能帮助驾驶员更安全地操控车辆,以避免意想不到的危险。

(2) 使用冬季轮胎的注意事项。注意在同一车上必须安装同一规格、厂牌、结构、花纹的冬季轮胎。冬季轮胎磨损至轮胎纵向沟槽中所设的磨损指示标志时即所剩花纹沟深 1.6 mm 时应停止使用,并更换新胎。使用正确的充气压力可延长轮胎寿命,胎压务必在轮胎冷却后检查。轮胎气压不可太高,但是也不可过低。

4) 冬季车身保养

在入冬前,最好能给车身上一层质量较高的保护层,如封釉或镀膜等,以抵御酸性雨、雪、盐水的侵蚀。

5) 冬季汽车底盘保养

汽车底盘一般是人们最容易忽略也是最容易遭到腐蚀的部位,它同样会影响汽车的使用寿命。常年行驶的汽车,底盘上必然会附着一层厚厚的油污,局部还会生锈,严重影响散热,腐蚀车体。冬季除了气候寒冷的因素外,一些北方城市播撒在融雪剂中的一些化学药剂的某些成分对汽车底盘也会造成一定的腐蚀。因此每年入冬前最好对底盘做一次封塑处理,做完封塑处理后的底盘不挂水,能有效杜绝雨雪的侵蚀。

6) 冬季风挡玻璃保养

在冬季,使风挡玻璃保持清晰是安全行车的基本条件。平时也可以在风挡玻璃内侧涂擦一些防雾剂,以防止玻璃起雾。同时还要重点检查有关加热装置,如风挡出风口、侧窗出风口、后窗电热器等,使其处于良好状态。对于玻璃上结的冰,可用柔软毛巾蘸温水擦洗,还可准备一个塑料刮片,将很难擦洗掉的冰轻轻刮掉。

车窗被冻住时不要强行开关,电动车窗尤其要注意,应待其自然融化后再使用。冬季正确的除雾方法是用冷风除雾而不是热风。前风挡玻璃和车窗都应用冷风除雾,注意调节出风口及送风角度。后车窗可用除雾加热装置。早晨风挡玻璃上容易结一层厚厚的霜,影响视线。

7) 冬季天窗保养

冬天的早晨要等车内温度上升,并确认解冻后再打开天窗。洗车后应打开天窗,擦干周围的水分。

汽车天窗密封条表面经过喷涂或植绒处理,为避免被冻住,喷涂处理的胶条最好能用软布擦干，再涂上滑石粉，而经植绒处理的胶条表面有黑绒，只需擦干即可，切勿沾上油污。电动天窗设有滑轨，冬季时应经常清理滑轨四周，避免沙粒沉积，每次清理后如能再涂抹少许机油则效果更佳。

8) 冬季防起动困难

冷起动困难的主要原因是发动机温度太低，所以平时只要注意对发动机进行保温，不让寒风直接吹进发动机室，就可以避免这一现象。

最简单易行的方法就是在冬季停车时注意车头的方向，最好让车头对着建筑物，利用建筑物来挡住寒风，防止发动机被寒风吹袭而过冷。如有条件，在夜间停车时，可将车头对着朝阳方向，使清晨的阳光能尽早照射到车头上，以帮助发动机升温，这样汽车发动时就会容易得多了。

冬季应保持蓄电瓶有充足的电力，长期短途行驶的，要适当提高车速，给电瓶充充电。此外，还应定期检查电路连接处，保证没有松动、腐蚀等现象。每次启动时间不要超过 5s，3 次起动不了就不要再强行起动了，应该找专业维修人员排除故障。

9) 刹车

冬季要经常检查刹车，看制动液是否够量，注意制动有无变弱、跑偏，必要时清理整个制动系统的管路部分。雨雪天气后，刹车盘片上会有雪水，晚间停车如果拉手刹，第二天早上盘片可能被冻上，要注意清理，缓慢制动，冰雪路面切忌急踩刹车。

10) 冬季其他部位的保养

入冬前应对车灯做一次全面检查，检查所有照明及转向灯、紧急警报灯等汽车灯具是否能够正常工作；检查各种线路是否老化；检查各类保险是否有松动或融烧痕迹；检查暖风管及暖风水箱，看暖风水箱有无漏水，出风口出风是否正常，还要注意风扇运转情况等。

2. 汽车夏季的使用和保养

1) 夏季发动机室养护

(1) 防汽油、水过度蒸发。高温下，汽油和水的蒸发都将增加。这时就需要车主随时检查，注意油箱盖要盖严，还要注意防止油管渗油。对于水箱的水位、制动总泵内的制动液液面高度都要注意经常检查。一旦发现有异样或是不合规范时，要及时添加和调整。

(2) 及时更换夏季润滑油。夏季温度高，润滑油易受热变稀，抗氧化性变差，易变质，甚至造成烧瓦烧轴等故障。因此，应将曲轴箱和齿轮箱里换上夏季用润滑油，并经常检查润滑油量、油质情况，如有异样及时加以更换。

(3) 防止发动机过热现象。为防止发动机产生过热现象，对汽车散热系统要经常进行全面检测，如查看风扇是否正常、水箱是否有渗漏、是否缺少冷却液等。若水箱漏水，需及时修补或更换；若水箱缺液，需及时补充；若冷却液出现浑浊变质则需要更换。

(4) 防冻液。夏季在水箱里装上防冻液，就不容易被汽车水箱"开锅"所困扰了。此外，防冻液还有防锈、除垢的作用。夏季里，千万不要轻易把防冻液倒掉，也不要向防冻液内加水，这样做会影响防冻液的技术性能，到了冬季再使用就很麻烦。

2) 轮胎的保养

汽车在高温条件下行驶时，由于外界气温高，轮胎散热较慢，并且气压也随之相应地增高而易引起轮胎爆破。在高温条件下运行要注意轮胎的温度和气压，经常检查，保证规定的气压标准，若发现缺气，应及时补足。

3) 防止制动失效

液压制动车辆要检查制动总泵和分泵，更换刹车油，彻底排净制动管道的空气，并检查、调整刹车踏板的高度。气压制动车辆要注意检查制动皮碗和制动软管的良好程度，发现损坏应及时更换。

4) 夏季车身养护

(1) 做好漆面保护。为防止酸性的潮气对漆面造成的损害，最简单易行的办法就是给汽车涂上一层保护膜，防止漆面褪色老化，比如打蜡、封釉、镀膜等。

(2) 做好天窗保养。入雨季之前，天窗经历了整整一个冬天风沙的侵蚀，在框架、密封条的缝隙里会存有许多沙土，如果不及时清理，在雨季到来时，会降低天窗的密封性，从而引起漏水现象。此时只需打开天窗，用软布和棕毛刷仔细清理一下框架里的沙土，就可以避免因被沙粒卡住而引起的漏水。

(3) 防止车身锈蚀。车辆的前风挡处通常设有流水槽及排水孔，可以及时排掉雨水及洗车的积水，当车辆经过冬天、春天后，流水槽往往沉积了许多泥土及树叶，这时极易堵住排水孔，应及时疏通排水孔，以免排水不畅造成积水。

当汽车在泥泞路面行驶以后，一定要及时进行清洗。在清洗时要仔细检查和洁净车门以及车身底部的水孔，特别是要及时清洗车辆下侧的空隙处，以彻底消除潮气。漆层剥落要及时修复，防止时间长了产生锈蚀。

(4) 门窗密封要严密，晴天开门晒太阳。雨季到来前，应对汽车门窗的密封条进行一次全面检查，当密封条密封不严时应及时更换。雨季气候闷热，再加上空气潮湿，是各种病菌繁衍生长的黄金季节。因此要特别注意加强汽车内室的防菌工作，使汽车内室保持干爽卫生，尤其是对汽车坐垫、出风口这些卫生死角更要做好清扫工作。

(5) 避免在积水中行驶。雨天汽车应尽量避免在积水中行驶，以免污水溅入车辆发动机罩内的电气部分。路过水坑时要降低车速，如果车辆在积水中行驶，一旦发生发动机熄火情况，切忌立即起动发动机，以免将水吸入发动机内而造成损坏。

3. 车辆春秋季节的养护

春、秋季节是冬夏季节的过渡阶段，尤其是北方地区春季时间相对要短一些。这时要对车辆做好入夏和过冬的准备，及时换油、换液。同时，春秋季节空气干燥，温差大，风沙大，尤其最近几年北方地区总有几天的沙尘天气。这样的气候条件下，车身容易产生静电，漆面容易被划伤，车身就成了重点保养的对象。

4. 季节养护用品

1) 空调系统护理用品

用于汽车空调的制冷剂也可用作清洗空调的气雾推行剂、阻燃剂及发泡剂。

(1) 空调管道清洗剂。

① 特性。空调管道清洗剂不易燃、不易爆、不含水份、去污力强。它既能快速彻底清除空调系统运行产生的金属粉末及油污，又能彻底挥发，增加热交换，减轻压缩机负荷，减少部件损坏，达到最佳制冷效果。

② 使用方法。把空调管道系统分段拆开，注入清洁剂，然后用氮气或压缩干燥空气把管道吹干净即可。

(2) 空调压缩机冷冻用油。空调压缩机冷冻用油有抗磨、润滑、清净等功能，可提高制冷效果、减少维修、延长压缩机和密封的使用寿命，并有非常高的抗氧化能力，不易稠化和沉淀，无需频繁更换。

(3) 汽车空调免拆清洗剂。

① 特性。汽车空调免拆清洗剂可将散热网的油污、灰尘除净。

② 使用方法。将汽车空调免拆清洗剂喷在散热网上，等 5~10min 后，再用高压水冲洗即可。

2) 水箱维护保持系列用品

(1) 水箱清洗剂。

① 特性。水箱清洗剂不含酸，对金属、橡胶无腐蚀，并有去污渍，水垢、锈斑等作用。

② 使用方法。关闭发动机并冷却，然后排出水箱水，加入水箱清洗剂后加满清水，起动发动机并运转 10min，关闭发动机后排出水箱污水，再用清水洗净水箱即可。

(2) 防冻液。

① 特性。防冻液具有冰点低、沸点高、传热性能好、低温流动能力强，防腐、防锈、防结垢能力强的优良特性。

② 使用方法。待发动机冷却后，将水箱内的液体完全排干净并彻底清洗，然后加入防冻液直至注满水箱，不用稀释。

3) 润滑系列用品

润滑系列用品主要是制动液。制动液蒸发损失小，在传动温度下可保持良好的流动性和黏度，化学稳定性好，不使橡胶变质，不发生蒸气闭塞。

4) 玻璃清洗护理系列用品

(1) 玻璃防雾剂。

① 特性。玻璃防雾剂能快速彻底清除玻璃表面的污垢，同时在玻璃表面形成一层透明的薄膜，具有良好、独特的防雾功能，特别适合在多雨、潮湿的季节使用，减少交通事故的发生。

② 使用方法。使用前将玻璃擦拭干净，在距玻璃 20~30cm 均匀喷射即可。

(2) 瞬间除冰剂。

① 特性。瞬间除冰剂能迅速融化玻璃上的冰，并能在玻璃上形成一种透明的保护膜。

② 使用方法。使用前摇匀瞬间除冰剂，再均匀地喷射在冰块上，当冰块很厚时，多喷几次即可。

(3) 防冻玻璃水。

① 特性。防冻玻璃水具有优良的清洁、防冻和润滑效果，能迅速清除玻璃表面上的油渍和污垢，能在规定的低温环境中使用，不损伤橡胶和油漆表面。

② 使用方法。首先清洗干净盛放玻璃水的喷水壶和自动喷射系统，往喷水壶内加入玻璃水，加满即可。

(4) 雨刷精。

① 特性。雨刷精能快速清洗玻璃油膜虫迹，是一种高效能的清洁剂，同时对雨刷器橡胶皮有抗老化的功能，能使其保持柔韧性，延长使用寿命。

② 使用方法。以 1∶100 雨刷精与水稀释加入雨刷水箱即可。

项 目 小 结

(1) 为防止新车在储运过程中漆面不受酸雨、海风中的盐、碱等腐蚀,而在车身表面涂一层保护蜡,称为运输保护蜡。

(2) 常用的新车保护蜡有油脂封蜡、树脂封蜡和硅性油脂保护蜡几种。

(3) 新车开蜡后新漆膜暴露在空气中,为延缓新漆膜的老化需要对车身表面做必要的保养处理,常用的保养方法有封釉处理和新车镀膜处理两种。

(4) 对新车进行开蜡后,由于车身表面没有形成氧化层和划痕,为有效延长车漆的使用寿命,需对汽车车漆表面进行封釉处理。

(5) 新车镀膜是指使用与新车封釉不同的两种漆面美容护理产品对车漆表面进行养护处理,新车镀膜也是指车漆表面的没有划痕和被氧化之前,对汽车车漆表面所进行的镀膜护理。

(6) 打蜡是指在车身表面涂上车蜡来增加漆面润光度,减缓车漆老化的汽车美容工序。

(7) 车蜡是一种涂抹在车漆表面,用来研磨和保护漆面,同时又起到修复和美观用途的化学材料,车蜡是汽车美容护理不可或缺的重要材料之一。

(8) 抛光是指利用手工或机械的方法去除车身漆面划痕、老化斑痕等,以获得光亮一新的漆膜表面。

(9) 抛光剂也称为光亮剂,是一种透明制剂,可以使漆面表面变得光亮,并可以去除一些细小的划痕。

(10) 漆面封釉就是使用专用的封釉机依靠震抛技术将釉剂反复深压进车漆纹理中,形成一种特殊的网状保护膜,从而提高原车漆面的光泽度、硬度,使车漆能更好地抵挡外界环境的侵袭,有效减少划痕,保持车漆亮度。

(11) 车漆镀膜是指将某种特殊的保护剂喷涂在车漆表面,利用这种保护剂在车漆表面的化学变化,形成一层很薄、坚硬、透明的保护膜,从而在一定期间内保护车漆不受外界污秽、杂质等的影响,最终达到车漆不氧化、易清洁、保持亮丽的功效。

(12) 车辆在使用过程中,因为各地环境不同,应做到季节性的养护。

习 题

一、填空题

1. 新车保护蜡的种类常用的有(　　)、(　　)和(　　)几种。

2. 新车开蜡后新漆膜暴露在空气中,为延缓新漆膜的老化需要对车身表面做必要的保养处理,常用的保养方法有(　　)和(　　)两种。

3. 抛光剂按照形态分为(　　)、(　　)和(　　)3种。
4. 抛光剂根据使用表面材质和作用分为(　　)、(　　)和(　　)3种。

二、判断题

1. 为防止新车在储运过程中漆面不受酸雨、海风中的盐、碱等腐蚀，而在车身表面涂一层保护蜡，称为运输保护蜡。　　　　　　　　　　　　　　　　　(　　)
2. 选蜡要选择大厂、名牌产品，而且要看生产厂商的使用说明。　　(　　)
3. 无论是手工还是机械上蜡，都要保证漆面均匀涂抹。　　　　　　(　　)
4. 应在阳光直射处给汽车打蜡，否则车蜡附着能力会下降，影响打蜡效果。(　　)
5. 新车开蜡前应用清洁剂清洁车身。　　　　　　　　　　　　　　(　　)

三、选择题

1. 在海上运输的车辆一般使用(　　)。
   A．运输保护蜡　　　B．树脂运输蜡　　　C．油脂运输蜡
2. 新车最好用(　　)以保护车的光泽和颜色。
   A．新车保护蜡　　　B．彩涂上光蜡　　　C．新车开蜡水
3. 一般有车库停放，多在良好道路上行驶的车辆，每(　　)打一次蜡。
   A．1～2月　　　　　B．3～4个月　　　　C．每月
4. 汽车生产厂家在出厂前对汽车漆面喷涂了一层专用防护蜡，该蜡可对车漆表面起到(　　)的保护作用。
   A．一年　　　　　　B．半年　　　　　　C．3个月
5. 运输保护蜡可防止新车在储运过程中漆面不受(　　)腐蚀，而在车身表面涂一层保护蜡。
   A．酸雨　　　　B．碱　　　　C．雨雪　　　　D．海风中的盐
6. 新车开蜡时注意不能使用(　　)。
   A．上光蜡　　　B．棉纱沾汽油　　C．煤油开蜡　　D．保护蜡
7. 车蜡选择时，应根据车蜡的(　　)因素综合考虑。
   A．作用特点　　B．车辆的新旧程度　C．车漆颜色　　D．行驶环境
8. 一般深色车漆选用(　　)系列的车蜡。
   A．黑色　　　　B．红色　　　　C．银白色　　　　D．绿色
9. 车身打蜡后，(　　)等处的缝隙中易残留一些车蜡，使车身显得很不美观。
   A．车灯　　　　B．车牌　　　　C．车门　　　　　D．行李舱

四、简答题

1. 新车封釉的含义是什么？
2. 新车封釉的作用有哪些？
3. 新车镀膜的含义有哪些？
4. 新车开蜡的注意事项有哪些？

5. 打蜡的作用有哪些？
6. 抛光的作用有哪些？
7. 漆面封釉的定义是什么？
8. 漆面封釉的作用有哪些？
9. 漆面镀膜的定义是什么？
10. 漆面封釉和镀膜的区别有哪些？

项目 8

漆面处理

　　汽车漆面是指汽车表面经涂装工艺后已固化了的涂料膜,通常由两层以上的涂膜组成的复合层。漆面对车身部件具有一定的保护作用并具有美观性。若漆面损伤将会降低车身的使用寿命,根据漆面的损伤程度分为轻度损伤、中度损伤和重度损伤,严重的漆面损伤须经涂装处理才能修复,轻微的漆面损伤通过美容进行修复。

任务 8.1　车身漆面概述

知识目标	1. 了解汽车涂装的含义 2. 知道汽车涂装的作用 3. 知道涂料的组成成分
技能目标	1. 掌握漆膜的鉴别方法 2. 知道各涂层的性能

阅读资料

汽车用途非常广泛，活动范围宽广，运行环境复杂，经常会受到水分、微生物、紫外线和其他酸碱气体、液体等的侵蚀，有时会被磨刮而造成损伤。如果在车身表面涂上涂料，就能降低汽车损伤几率，延长使用寿命，板材被雨淋后可避免生锈。

从汽车诞生百年以来，汽车漆料已有 70 多年历史，特别在近 20 多年来得到了突飞猛进的发展。目前汽车涂层的各项性能，如装饰性、防腐蚀性、抗石击性、施工性以及耐候性等都有了很大程度的提高和改善，已达到一定的水平。随着各国对环保的日益重视，21 世纪汽车车漆的主要发展趋势是除了为适应市场竞争的需要和追赶新潮流，努力提高汽车涂层的外观饰性、耐擦性、抗石击性和耐环境对涂膜的污染性外，还必须具备环保和经济性。

知识链接

1. 汽车涂装的定义

涂装是指将涂料以不同方式涂覆于被涂物基底表面上，经干燥后形成连续、致密薄膜的操作工艺，俗称"涂漆"或"油漆"。已经固化了的涂料膜称为涂膜或漆膜；由两层以上的涂膜组成的复合层一般称为涂层。

2. 汽车涂料的作用

汽车涂料的主要功能有保护作用、装饰作用、标识作用和特殊作用。

1) 保护作用

涂料的防护作用主要有两方面，一方面，车身表面经涂装后，使零件的基本材料与大气环境隔绝，起到一种屏蔽作用而防止锈蚀；另一方面，有些涂料对金属来讲还能起到缓蚀作用，比如磷化底漆可以借助涂料内部的化学成分与金属反应，使金属表面钝化，这种钝化膜加强了涂膜的防腐蚀效果。

2) 装饰作用

现代汽车不但是实用的交通运输工具，而且是一种工业美术品，具有艺术性。汽车涂装的装饰性主要取决于涂层的色彩、光泽、鲜艳程度和外观等方面。

汽车的色彩一般根据汽车的类型、车身美术设计和流行色等来选择，主要由色块、色带、图案构成，使车身颜色与车内颜色相匹配，与环境颜色相协调，与人们的爱好以及时代感相适应。

3) 标识作用

涂装的标识作用由涂料的颜色来体现。用颜色做标识广泛应用在各个方面，目前已经逐渐标准化了。例如，在工厂用不同的颜色标明水管、空气管、煤气管、输油管等，使操作人员易于识别和操作；道路上用不同颜色的画线标明不同用途的道路；在交通上常用不同的颜色涂料来表示警告、危险、前进及停止等信号，以保证交通安全。

在汽车上涂装不同的颜色和图案以便区别不同用途的汽车。例如，消防车涂成大红色；邮政车涂成橄榄绿色，字及车号为白色；救护车为白色并做红十字标记；工程车涂成黄色与黑色相间的条纹，字及车号用黑色等。

4) 特殊作用

汽车涂料也有特殊作用，如化工物品运输车辆涂布耐酸碱、耐油、耐热、绝缘等涂料以防止化学品的腐蚀、渗漏等；军用汽车采用保护色达到隐蔽的目的。

3. 汽车涂料的组成

汽车涂料都是由主要成膜物质、次要成膜物质和辅助成膜物质 3 部分组成的。

1) 主要成膜物质

主要成膜物质是使涂料黏附在制件表面上成为涂膜的主要物质，是涂料的基础，也叫基料或漆基。它一般由干性油或半干性油改性的天然树脂(如松香)、人造树脂(如失水苹果酸树脂)、合成树脂类(如甲基丙烯酸甲酯、聚氨基甲酸乙酯、聚苯乙烯、聚氯乙烯等)制成。通常通过添加增塑剂和催化剂来调整、改进它的耐久性、附着力、防蚀性、耐磨性和韧性。主要成膜物质具有一定的硬度、耐久性、弹性、附着力等，并具用一定的保护和装饰作用。

2) 次要成膜物质

次要成膜物质是构成涂膜的组成部分，由颜料和溶剂组成，它不能离开主要成膜物质单独成膜，虽然涂料中没有次要成膜物质照样可以形成涂膜，但有了它可赋予涂膜一定的遮盖力和颜色，并能增加涂膜的厚度，提高涂膜的耐磨、耐热、防锈等特殊性能，同时具有遮盖力，并提高强度和附着力，改变光泽，改善流动性和涂装性能。

(1) 颜料。颜料颗粒的大小和形状对遮盖能力、漆面强度有影响，这些颗粒大致呈球状，有些也呈杆状，杆状颗粒可以使油漆膜的强度提高。

(2) 溶剂。溶剂起着辅助成膜的作用，并使涂料具有一定的流平性，可增强光泽，减小网纹，从而减少抛光工作量，同时也有助于更精确地配色。

3) 辅助成膜物质

辅助成膜物质又称助剂，它对涂料变成涂膜的过程或对涂膜性能起一定辅助作用，不能单独构成涂膜。辅助成膜物质具有改善涂料性能、延长存储时间、扩大应用范围、改进和调节施工性能、保证涂装品质的作用。常用的辅助成膜物质有催干剂、防潮剂、固化剂、紫外线吸收剂等。

(1) 催干剂：能加速涂层干燥的物质，多用于醇酸树脂涂料中，能促进涂膜中树脂的氧化—聚合作用，大大缩短涂膜的干燥时间。

(2) 防潮剂：也称化白剂、化白水，由高沸点的酯类、酮类溶剂组成，能防止涂膜中溶剂挥发时产生泛白现象。

(3) 固化剂：多为酸、胺、过氧化物等物质，与涂料中的合成树脂发生反应而使涂膜干燥固化。例如，聚酯树脂用过氧化物作为固化剂；环氧树脂用胺类；丙烯酸聚氨酯类用异氰酸酯类作为固化剂。

(4) 紫外线吸收剂：防止涂膜粉化、老化和失光等。

(5) 悬浮剂：防止涂料在存储中结块。

(6) 流平剂：能降低涂料的表面张力，防止缩孔的产生，增加涂抹的流平性能。

(7) 减光性：具有降低涂膜光泽的作用。

4. 车漆的种类

1) 根据车身漆面的形成条件划分

(1) 原厂漆面。新车涂膜经过200℃以上高温烘烤，在涂膜干燥过程中经过流平，涂膜固化后具有镜面光泽，并且膜质坚硬、性能好、抗氧化、抗腐蚀能力高、性能稳定、色彩纯正。此外，用于新车在全自动化生产线上完成涂装，环境洁净，无粉尘污染，亦保证了车身漆面洁净无瑕疵。

(2) 修补漆面。汽车原厂涂装漆面因意外碰撞受损后，为了恢复其外貌和装饰效果，可采用手工喷涂方法进行修补，后经60℃左右的温度烘烤而成，因此修补漆面各项性能较原厂漆面差。由于修补部位、修补面积、修补涂料的选用以及技工操作水平的不同，修补漆面的质量或多或少存在差异、瑕疵。如果仔细观察，就可以发现修补漆面纹理不均一，有压缩空气喷涂时喷雾落点留下的痕迹严重者呈橘纹状，以及局部漆面可能存在沙粒等。

(3) 风干漆面。风干漆面属于修补后自然风干，未经烘烤，因此该漆面抗氧化、抗腐蚀性能差，一般半年左右就会褪色。

2) 按漆面劣化、损坏程度划分

(1) 新车漆面。新车漆面也称原厂漆面，是可以根据车主需要进行漆面清洗、打蜡护理或封釉护理的漆面。

(2) 轻微损伤漆面。由于外界环境如紫外线、有害气体、酸雨、盐碱气候、制动盘与蹄片磨损产生的粉尘及马路粉尘等会对漆面形成氧化层，造成哑光或老化的轻微损伤，它可以通过专业的美容护理恢复汽车洁亮如新的效果。

(3) 擦伤的漆面。损伤仅仅伤及漆面，钣金未变形，漆面有轻微划痕。

(4) 划花漆面。因碰撞，划擦等损伤漆膜，若划痕较浅则可以通过美容修复，如果划痕过长、过深且面积较大，需要用涂装修补漆面。

(5) 碰伤漆面及钣金。应先修复钣金，再修补漆面。

(6) 劣质老化的漆面。漆面经过日晒雨淋而严重老化，深色车漆发白、褪色，白色车漆泛黄，甚至有些车漆漆面龟裂，此时就必须进行重新涂装。

3) 根据车身面漆喷涂层数划分

图8-1所示为按照车身免喷涂层数划分的漆膜，分为单膜漆面、双膜漆面和三膜漆面。

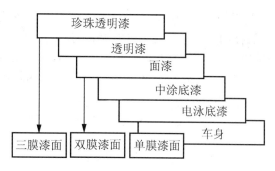

图 8-1 车身面漆喷涂层数

(1) 单膜漆面。新车涂装和修补涂装的漆膜构成相似,单膜漆面由里及外分为电泳底漆、中涂底漆和面漆 3 部分,其面漆只有一种材质的涂料,按工艺规范分 2~3 次涂布,然后进行干燥处理而获得。通常素色(又称实色),即黑、白、红、黄、奶白、浅黄等不掺合闪光材料(如铝粉、云母等)的各色涂料多采用单膜喷涂技术,也就是我们常说的普通漆,这种漆面主要用于经济型车辆。

(2) 双膜漆面。金属底色面漆涂装成膜后,涂膜表面没有晶亮的光泽感,双膜漆面是在单膜漆面表面上再另外涂装透明清漆。透明清漆的涂装有两个目的:一是增加漆的亮度和反光度;二是用以保护色漆层。透明漆含有减少紫外线照射的保护功能,只要透明层完好无损,就可有效地延缓色漆的老化褪色,其美容作业的操作性和效果较好。

(3) 三膜面漆。三膜面漆是在双膜漆面上喷涂珍珠透明漆,涂装后漆面如同彩色照片烫压了一层透明塑料薄膜,既能保持色彩鲜艳持久,又能耐磨不变花,主要用于高档轿车。

4) 根据车身漆面组成成分划分

(1) 素色漆。素色漆就是所谓的普通漆,大致有黑色、白色、红色、黄色等基本颜色,为了追求颜色的标准,普通漆中不掺杂银粉。因此普通漆的颜色通常比较纯正,但漆面本身的光泽表现比较平淡,而且漆面的强度不是很高。

普通漆的硬度和耐磨性较差,在清洁时不要直接擦拭,需用大量的清水先冲掉附着车漆表面的灰尘,之后再清洁擦拭,以防划伤漆膜。图 8-2 所示白色捷达为素色漆。

图 8-2 白色捷达素色漆

(2) 金属漆。金属漆又叫金属闪光漆,是目前流行的一种汽车面漆,在它的漆基中加有微细的铝粉,光线射到铝粉上后,又被铝粉透过气膜反射出来,看上去好像金属在闪闪发光一样。改变铝粉的形状和大小就可以控制金属闪光漆膜的闪光度。在金属漆的外面,还加有一层清漆予以保护。金属漆漆膜坚韧、附着力强、具有极强的抗紫外线、耐腐蚀性能力,丰满度高,能全面提高涂层的使用寿命和自洁性。在不同的角度下,由于光线的折射,会让车身颜色,甚至轮廓都有所变化,让整车外观造型看起来更丰富,更有立体感。图 8-3 所示为奥迪水晶银金属漆。

图 8-3　奥迪水晶银金属漆

(3) 珍珠漆。珍珠底色漆含有不同厚度的云母片,与金属底色漆中的铝有所不同,云母片可以将入射光线反射一部分,也可以射入到云母片下层而后再次反射,这样由多次反射组成的光线就会产生多彩的效果,而铝只会直接反射入射光线。珍珠色母所产生的反射效果更具装饰性,通常的双层面幻彩漆由纯色颜料、铝粉颜料和云母颜料配制而成,而铝粉颜料在底色漆内会遮挡住大部分产生珍珠效果的色母,所以珍珠色彩不太明显。而三层面珍珠面漆的底层是纯色颜料,中间为珍珠色母,表面漆层为罩光剂,提供了整车外观的高光泽度。图 8-4 所示为珍珠色漆。

图 8-4　珍珠色漆

5. 汽车漆漆层组成

汽车涂料是一种流动呈粉末状态的有机物质,涂敷在车身表面上,干燥固化后形成连续且牢固一层膜,包括底漆、原子灰、中涂漆、面漆等,如图 8-5 所示。

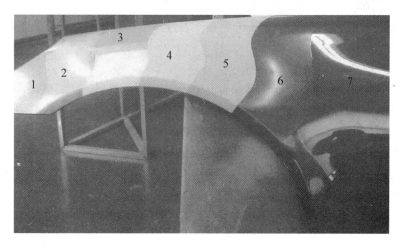

图 8-5 漆膜的组成

1—底材；2—底材保护膜；3—电泳涂层；4—底漆层；5—中涂层；6—色漆层；7—清漆层

1) 保护膜

金属表面在除油、除锈后，为了防止重新生锈，通常要进行化学处理，使金属表面生成一层保护膜，该膜通常只有 $5\mu m$ 左右，主要起增强涂层和底材附着力的作用，较厚的膜层还能增强防锈性能。常用的保护膜有氧化、磷化、钝化 3 种，其中，磷化是化学处理的中心环节，是一种大幅度提高金属工件耐腐蚀能力的简单可靠、费用较低、操作简便的工艺方法。

2) 电泳涂层

电泳涂层是利用电泳涂装的方法将涂料涂覆在车身表面的一种涂层。电泳涂装也称作电沉积涂装，是一种特殊的涂膜方法，仅适用于一般电泳涂装专用的水性涂料，简称电泳涂料。它是将具有导电性的被涂物浸渍在装满水稀释的、固体分比较低的电泳涂料工作液中作为阳极(或阴极)、在电泳槽中另设置与其相对应的阴极(或阳极)，在两极间通直流电，在被涂物表面上析出均一、水不溶的涂膜的一种涂装方法。

3) 底漆

底漆是涂料系统的第一层，用于提高面漆的附着力、增加面漆的丰满度、提供抗碱性、防腐蚀等功能，同时可以保证面漆的均匀吸收，使涂料系统发挥最佳效果。

(1) 底漆性能要求。

① 底漆对底材表面应有良好的附着能力，对面漆或中涂层要有良好的结合能力。

② 底漆干燥后要有很好的物理性能和机械强度，能有效抵抗外来的冲击力而不开裂、不脱落，能够抵抗其上面涂层的溶剂溶蚀而不会产生咬底现象。

③ 底漆要具有一定的填充性，能够填平底材上微小的高低不平、孔眼和细小的纹路等。

④ 底漆要便于施工，涂膜流平性要好，不流挂、干燥快而且要容易打磨平整、不粘砂纸，保证漆面平滑光亮。

⑤ 底漆的使用应根据涂装的要求和使用目的采用不同类型，并能根据工件表面状态和底漆的性质选择适当的涂装方法。

⑥ 底漆涂膜的强度和结合能力的大小决定于涂膜的厚度、均匀度及其是否完全干燥，

底漆涂膜一般不宜过厚，以 15～25μm 为宜，若过厚则涂膜干燥缓慢，还容易造成涂膜强度不够和附着力不良。

(2) 底漆的种类。

① 环氧树脂底漆。环氧树脂底漆简称环氧底漆，是物理隔绝防腐底漆的代表，是以环氧丙烷和二酚基丙烷缩聚而成的线型高聚物。它具有极强的黏结力和附着力、良好的韧性和优良的耐化学性。

② 磷化底漆。磷化底漆是以聚乙烯醇缩丁醛树脂溶于有机溶剂中，并加入防锈颜料四盐锌铬黄等制成，使用时与分开包装的磷化液按一定比例调配后喷涂。涂膜很薄，厚度为 8～15μm，因此一般不单独作为底漆使用。

特别提示

(1) 品牌漆中的磷化底漆一般都已经制成成品，按一定的比例加入固化剂使用即可。

(2) 环氧底漆与磷化底漆对底材都具有良好的防腐性，对其上的涂层也都具有良好的黏结能力，一般在汽车修补中常使用环氧底漆做打底用，而在汽车制造或大面积钣金操作后对裸金属进行磷化防腐处理时常采用磷化底漆。

4) 中涂漆

中涂漆是指介于底漆涂层和面漆涂层之间所用的涂料，也称底漆喷灰，俗称"二道浆"。中涂漆主要改善被涂工件表面和底漆涂层的平整度，为面漆层创造良好的基础，以提高面漆涂层的鲜映性和丰满度，提高整个涂层的装饰性和抗石击性。其性能要求如下。

① 应与底、面漆配套良好，涂层间的结合力强，硬度配套适中，不被面漆的溶剂所咬起。

② 应具有足够的填平性，能消除被涂表面的划痕、打磨痕迹和微小孔洞、小眼等缺陷。

③ 打磨性能良好，不粘砂纸，在打磨后能得到平整光滑的表面。

④ 具有良好的韧性和弹性，抗石击性良好。

5) 色漆

色漆应具有高透明感、深度感、高色彩，喷涂到车身后具有优良的装饰性、保护性、耐水、耐油、耐磨、耐化学腐蚀性。

色漆喷涂到车身表面的特点如下。

① 外观。色彩鲜艳、光泽醒目、色差小、丰满度强和鲜映性好。

② 硬度和抗石击性。坚硬耐磨，具有足够的硬度及抗石击性，以保证涂膜在汽车行驶中由于路面沙石冲击不产生划痕。

③ 耐候性及耐老化性能。这是选择色漆时的重要指标之一，同时要有良好的施工性。

④ 耐湿热和防腐蚀性。在湿热条件下(如温度40℃，相对湿度90%)，色漆应不起泡、不变色或不失光。

⑤ 耐化学药品性。如与蓄电池酸液、润滑油和制动液、汽油及各种清洗剂等直接接触，擦净后接触面不应有失光变色。

6) 清漆

清漆是车身涂装中最后一层涂层，是由树脂为主要成膜物质再加上溶剂组成的涂料。

由于涂料和涂膜都是透明的,因而也称透明涂料。清漆涂在车身表面,干燥后形成光滑薄膜具有保护、装饰和特殊性能的作用。一般把色漆和清漆统称为面漆。

任务 8.2　漆面损伤修复

知识目标	1. 了解车漆损伤的原因 2. 知道车漆损伤的类型 3. 掌握车漆损伤的修复方法
技能目标	1. 掌握车漆不同损伤的修复工艺 2. 知道车漆损伤修复工具和设备的使用方法

阅读资料

汽车作为日常交通工具之一,在行驶和停放过程中常会经受风吹日晒,车身漆面经过长时间的日光照射、雨水侵蚀、风沙吹打等,漆面会逐渐粗糙失光老化。而车辆在行驶过程中发生刮擦或被人恶意划伤,都会使漆面产生各种损伤。这些损伤若较轻微可以通过美容修复的方法使其恢复原有的面目和色泽,若严重须经涂装修补才能修复。

项目案例

车身表面常会因为清洗不当、保养不当以及一些小擦小碰形成一些小的划痕和凹坑。划痕修复前后的效果如图 8-6 所示。

(a) 修复前　　　　　　　　　　(b) 修复后

图 8-6　划痕修复前后的效果

知识链接

1. 车漆损伤原因

由于车漆是以树脂为主要成分的有机化合物,它具有燃点低、易氧化、易挥发等特性。车漆在车辆使用中受自然和环境的影响常会产生诸如自然氧化、水垢、洗车、鸟(虫)粪便、铁粉、酸雨、树胶、不当护理等而影响装饰效果和降低防护性能,严重的会造成漆面龟裂、脱落等难以修复的损伤。

1) 对车漆造成严重危害的损伤

(1) 氧化危害。车漆都是由有机成分构成的,有机物天生存在着氧化特性,时间一久车漆自身就会发生氧化、色彩暗淡、失去光彩,没有新漆时光亮,俗称车漆的劣化现象,因氧化对车漆造成的损伤尤其是引起车漆褪色的几率达到近99%。

(2) 鸟粪、虫尸等危害。鸟、虫到处飞行,其粪便很容易落到车漆上,由于它具有很强的酸性,侵蚀车漆的面积即使很小,也会使接触部位的车漆产生斑点,严重时车漆就会出现膨胀、龟裂。

(3) 酸雨危害。酸雨(雾、雪)对车漆具有较强的氧化腐蚀性,会大大降低车漆装饰效果和防护能力。汽车漆面由于酸雨氧化而造成的表面不光滑,甚至出现微小的斑点,再次降雨或洗车时,水滴就会在此停留,加速漆面老化程度,严重时会腐蚀金属底材,被酸雨损害的漆面通过美容修复很难恢复到新车状态。

(4) 铁粉危害。若汽车长期停留在含有铁粉的空气环境中,空气中的铁粉会浮落在车漆表面,浮在漆面上的铁粉能够清洗。当汽车行驶时,因前进冲力的作用,铁粉会直接刺入漆面。刺入漆面的铁粉用平常洗车方法无法去除,往往会造成车漆从外面往里慢慢腐蚀。

(5) 树胶危害。车停在树下,常会有树胶落在漆面上,若不及时清洗,会在车身表面形成酸性斑痕,严重时还会造成车漆龟裂。

(6) 碰撞造成的漆面危害。车辆在行驶过程中,交通事故发生在所难免,不同程度的事故都会造成漆面的损伤,由于碰撞造成漆面脱落必须经重新喷漆才能进行修复。

2) 对车漆造成中度危害的损伤

(1) 洗车水垢危害。洗车用的水源大多使用自来水或井水,这些水中含有的大量的钙、铁等离子,如果洗车后未能及时将洗车水完全擦干,水分在阳光照射下蒸发,在车身表面会形成含钙、铁等成分的斑点,这些斑点俗称"漆面结石"。车漆表面若形成"漆面结石",必须用研磨剂或抛光剂轻轻磨去,这样必然造成车漆磨损。

(2) 划痕危害。汽车在行驶过程中,因为速度较快,浮尘中的沙粒就会在车漆上划出一些细微划痕。同样,在洗车时,漆面的一些沙粒等会随着洗车海绵在漆面上摩擦,使车漆产生划痕。细微的划痕一多,就会引起车漆颜色失光、变暗。同时,车漆的划痕还容易残留污物、酸雨,加速车漆的氧化进程,使车漆更容易变旧。

3) 不当护理造成的损伤

(1) 使用了易氧化护理产品。所有含油脂成分的产品自身都会氧化,都会对车漆造成不同程度的损害。

(2) 经常性的抛光研磨。对车身经常进行抛光研磨会使漆面越来越薄,最终丧失装饰效果和防护能力。

(3) 干擦车漆表面的灰尘。经常用毛巾或毯子擦拭干燥的车身,会带动漆面上的沙粒划伤车漆。

2. 漆面损伤类型

漆面损伤主要有失光、划痕和凹坑损伤三大类。

1) 漆面失光

(1) 漆面失光原因。造成漆面损伤、老化和失光的因素主要有以下4种。

① 自然环境因素。风沙尘土的吹打、雨雪季泥水的冲击、沥青路面飞溅起的沥青、树胶、虫尸、鸟粪和油污、汽车车漆长期与空气、酸雨以及阳光中的紫外线等直接接触,都

会造成漆面失光。更由于国内的汽车大多数停放在室外，因此受到的侵蚀更加严重。同时漆面是一个永不干燥的漆膜，它总是通过不停地向空气中蒸发油分来达到保护自身的作用，时间长了会使漆面的油分过分流失，漆面亮度和色度都大大降低，使漆面慢慢发白。

② 人为因素。洗车时选用了不当的清洗剂和不当的操作，不注意日常养护，都会使漆面受到紫外线、酸雨等不应有的侵蚀。

③ 透镜效应。透镜效应是指当车表漆面上存有小水滴时，由于水滴呈扁平透镜状，在阳光的照射下、对日光有聚焦作用，焦点处的温度高达 800~1000℃，从而导致漆面被灼蚀，出现肉眼看不见的小孔洞，有些深达金属基材。这些孔洞若不及时处理，漆面会发生老化，若灼伤范围较大，分布密度较高，漆面就会出现严重失光。

④ 行驶时交通膜。当汽车高速行驶时，车体与空气摩擦产生的静电会吸住杂物，静电层等如长期得不到及时消除，夜晚潮湿空气会加速吸附，形成严重氧化物，使漆面发生氧化侵蚀。

(2) 漆面失光的处理方法。

① 自然氧化导致的失光。漆面无明显划痕或划痕轻微未伤及面漆层的浅划痕，用放大镜观察漆面斑点较小，由于上述原因导致的漆面失光，通常可采用漆面翻新美容的方法进行处理。

② 自然氧化严重或透镜效应严重引起的失光。指受污染的漆面粗糙失光，用放大镜仔细观察漆面，会发现漆面有较多的斑点，则说明漆面受侵蚀严重，由于上述原因导致的漆面失光，要求进行重新涂装翻新施工。

2) 漆面划痕

(1) 漆面划痕种类。按照漆面划痕深浅的不同分为浅划痕、中度划痕、深度划痕和创伤痕 4 种。划痕深浅程度如图 8-7 所示。

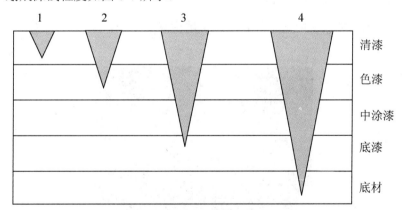

图 8-7 漆面划痕类型

1—浅划痕；2—中度划痕；3—深度划痕；4—创伤痕

① 浅划痕。浅划痕是指因保养不当等造成的漆面轻微划痕，仅伤到清漆层，这种损伤对面漆的危害不大。浅划痕可以通过研磨、抛光的方法进行修复。

② 中度划痕。中度划痕造成的损伤伤及色漆层，但未露出中涂层的漆膜损伤。这种损伤可以用彩蜡进行填补，之后抛光完成修复。

③ 深度划痕。深度划痕的划痕伤及面漆层甚至中涂层。深度划痕的基本修复方法主要有涂漆笔修复法、喷漆法和电脑调漆喷涂法。

漆笔修复法。用相近颜色的漆笔涂在划伤处即为涂漆笔修复法。此法简单但修复处漆膜附着力略差，易剥落难持久。

喷涂法。喷涂法采用传统补漆的方法来修复划痕。缺点是对原漆伤害面积过大，修补的时间过长，效果难尽如人意。

电脑调漆喷涂法。电脑调漆喷涂法是结合电脑调漆并采用新工艺方法的深划痕修补技术，这是一种快速的技术修复，但要求颜色调配准确，修补的面积尽可能缩小，再经过特殊溶剂处理后，能使新旧面漆更好地融合，达到最佳附着。

④ 创伤划痕。创伤划痕是指漆层受到损伤，漆层划漏，露出底材的损伤。这种划痕较严重，无法用研磨的方法修复，一般需要通过补漆的方法修复。

(2) 漆面划痕产生的原因。

① 汽车在使用过程中，由于摩擦、碰撞等因素，不小心划伤漆面，造成漆面出现深浅不一的划痕，如不及时进行处理，不但影响汽车的美观，而且会导致车身防腐性和耐磨性下降，进而影响汽车的使用寿命。

② 不规范的洗车对漆面造成的伤害。如冲洗车辆时水枪压力过大、清洗程序或手法不正确、表面附有尘埃时用抹布或毛巾擦拭，使车漆表面出现微小划痕。

③ 汽车由于各种事故等发生漆面修补喷漆，在修理厂由于错误的操作或材料选用不当而使漆面产生许多缺陷如桔皮皱纹、失光、雾漆。

应用实例

1. 漆面失光、浅划痕修复应用实例

漆面失光老化后可以使用美容翻新的方法进行修复处理。漆面老化修复前后的效果如图 8-8 所示。

图 8-8　漆面老化修复前后的效果

漆面老化和浅划痕的修复方法几乎相同，按照图 8-9 所示漆面翻新美容施工工艺流程进行修复施工。

图 8-9　漆面翻新美容施工工艺流程

1) 车身清洗

选用专用的脱蜡清洗液将车身漆面粉尘、油渍、泥沙及污垢等污物彻底清洗干净,并擦干不能留有水痕,清洗时尤其需注意车身装饰、号牌、车标等部位不能有污物残留。

2) 漆面研磨

针对车身漆面的老化斑痕以及浅划痕进行研磨处理,处理前要正确判断漆面的氧化程度、硬度和划痕的深浅,并能够针对不同的车漆和氧化程度等采用不同研磨剂和抛光方法。

(1) 损伤诊断方法。从车的不同角度来观察车漆的亮度,通过感觉光线的柔和度、反射景物的清晰度等来判断。如果景物暗淡、轮廓模糊、有轻微划痕则需进行研磨处理。

(2) 研磨剂的选用。要根据漆面的状况和划痕的深浅选择合适的研磨剂。研磨剂通常有3种。

① 微切研磨剂。微切研磨剂是柔和的研磨剂,研磨时对车漆损伤最小。

② 中切研磨剂。中切研磨剂是较柔和的研磨剂,切割(摩擦)能力适中。

③ 深切研磨刑。深切研磨剂是切割(摩擦)能力最强的研磨剂。

(3) 漆面研磨。研磨时,首先用胶条和遮盖纸把车身上所有与漆面相邻的金属件和橡胶件的边缘部分以及诸如车标、字母等都遮盖起来,如图8-10所示。将抛光机调整好转速。依据研磨剂的成分决定湿抛还是干抛。湿抛时将抛光机的海绵轮用水充分润湿后,甩去多余水分,再取少量抛光剂涂于漆面,应每一小块作一次处理,不可大范围涂抹。从车顶棚开始,抛光机的抛光盘应平放于漆面上,保持与漆面相切,不可随意进行。漆面研磨如图8-11所示。

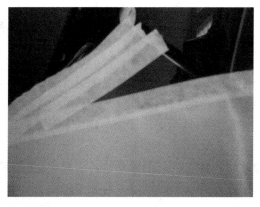
图8-10 遮盖

图8-11 研磨

3) 抛光

研磨后,漆面划痕不明显,目测观察漆面景物暗淡、轮廓模糊,用手套上一层塑料薄膜纸来触摸漆面,如果感到发涩或有砂粒感时,可以不必进行研磨处理,直接进行抛光处理。

抛光处理时要用抛光机配合细的羊毛轮或海绵轮,使用2200r/min左右的转速,力度要轻,均匀进行抛光作业,如图8-12所示。直到确认漆面没有遗留研磨后的圈痕与划痕,抛光过程完毕。

图8-12 抛光处理

 特别提示

(1) 抛光剂不可涂在抛光盘上,应涂在待处理的漆面部位,不能涂得太多太厚,以免抛光剂未及时使用出现干燥现象。

(2) 抛光时要做到边看漆面划痕边抛光,抛光时要掌握好轻重缓急,棱角边处、漆面瑕疵多的地方用力要重而缓慢,来回抛光速度要快。

(3) 在抛光时要注意把握好分寸,避免抛漏漆膜。

(4) 抛光机在使用前需先检查并确认干净再使用。

(5) 抛光研磨时,遇有结块、结点抛不干净的情况,先用研磨料配合干毛巾擦去再抛,并且抛光后擦净。

4) 还原

漆面抛光后往往会有一些极其细小的划痕或抛光环,为了保持漆面的平滑和光亮,必须进行还原处理。还原时使用还原剂或增艳剂配合细的羊毛轮或海绵轮,以不超过2500r/min的转速,力度要轻,进行还原作业。漆面还原具体操作方法与研磨、抛光施工基本相同,如图8-13所示。

还原处理所用的还原剂也叫密封剂,是处在蜡和漆中间的绝缘介质,可延长打蜡的抗氧化时间。还原剂有增光剂和还原剂两种,其中还原剂以消除划痕,还原车漆为主。增光剂在还原剂的基础上具有增光和增艳的作用。

5) 打蜡或封釉

漆面经过研磨、抛光、还原工序处理后,为了延长修复后车漆保新时间,还应做好必备的打蜡或封釉等防护,经过这一系列的工序后维修翻新工作才完成。

2. 中度划痕和深度划痕的处理修复实例

中度划痕是指色漆层已被刮透,但未伤及底漆,应以喷涂的方法进行修补。深度划痕使漆面损伤露出底材。深度划痕和中度划痕修补方法相似,只是对划痕填充增加腻子修补的工序。

图 8-13 还原处理

1) 打磨

(1) 通过目测的方法确定损伤范围。

(2) 去除损伤部位的中涂层及面漆层。

(3) 对损伤部位的打磨边缘磨出一定坡度,以便涂装时完成顺利过渡。

2) 清洗、干燥

(1) 用专用清洗剂去除打磨表面的污物。

(2) 用吹尘枪吹净表面。

3) 喷涂中涂层

(1) 选择必备的喷涂设备和工具,根据选用的涂料对中涂层进行配比、过滤后涂装,完成中涂层的修补。

(2) 对不需喷涂部位进行遮盖,如图 8-14 所示。

图 8-14 遮盖

(3) 中涂层修补后待其干燥进行打磨,打磨时用 320~400 号的砂纸进行磨光,直到无粗糙感后清洁,并用粘尘布除尘后准备喷涂面漆。

4) 面漆涂装

(1) 第一道漆面。

① 喷漆：根据漆面的情况调配好合适的色漆，根据漆的技术参数按照规范操作技术要领进行第一层色漆喷涂，如图8-15所示。

图8-15　喷涂

② 烘干：调整烤漆房的温度对修补后的车漆进行烘烤。

(2) 第二道面漆。

① 喷漆、烘干与第一次相同。

② 打磨：待漆膜干燥后，视其表面的喷涂情况进行打磨，打磨主要以去除喷涂缺陷为主，一般选用400～500号的砂纸消除漆膜缺陷，然后再进行清洁烘干。

5) 清漆涂装

为了使修补后的涂装恢复涂装前效果应喷涂清漆，使修复后的车身焕然一新。

6) 抛光上蜡

按照美容养护的方法进行抛光上蜡，使修复部位和原车部位达到颜色一致，没有因修补产生的色差。

3. 凹坑损伤修复的实例

汽车凹陷修复快修法是指采用先进的工艺设备和技术，在不去除原漆层的情况下，不用钣金、刮腻子、烤漆等传统工序，利用凹陷整平工具直接对损伤部位完成快速修复的一种方法。凹坑修复前后的效果如图8-16所示。

修复前

修复后

图8-16　凹坑修复前后的效果

1) 故障现象

车身板件受到石子或外力的撞击产生一些小的凹坑,凹坑位置原漆面未损伤,车主不想因维修破坏原车漆面,不愿意做钣金喷漆处理,因此采用免拆卸不需重新喷漆的方法进行凹坑维修处理。板件修复前的损伤如图8-17所示。

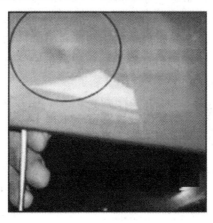

图8-17 板件修复前的损伤

2) 损伤分析

车身维修人员首先通过观察确定没有原漆面损伤,未出现不可恢复的变形,可以采用不损伤漆面的维修方法。确定维修方法后利用手触摸或直尺测量的方法判断出损伤的区域。

3) 施工流程

(1) 施工前整车的清洁。在进行维修前应对待修的汽车进行整车清洁,目的是清除车身的污点、油渍等车身脏物。对于待修补的位置除用车身清洗液进行彻底清洁外,还要对该部位进行除油处理。除油后要进行干燥,彻底干燥后才能进行修复处理。

(2) 选择工具。采用小凹陷免喷漆专用修复工具进行施工,首先需要根据受损部位以及损伤的面积、损伤的深浅等实际情况选择工具。根据车主的需求,采用免喷漆的方法,根据损伤范围选择与损伤面积相符的塑料转换器进行塑料焊接。在此用到的工具有塑料转接器、微型矫正整形架、塑料焊条、电吹风等工具,如图8-18所示。在选择塑料转接器时以转接器与车身接触面积小于凹坑面积为宜。

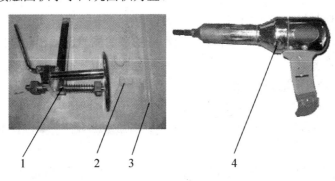

图8-18 维修工具

1—微整形架;2—转换接头;3—塑料焊条;4—电热吹风机

(3) 维修工艺。在待维修车身表面清洁并干燥后，再对使用的塑料转接器和整形架与车身基础面进行清洁并干燥。将吹风机通电使其产生可以融化塑料焊条的热度，之后将塑料焊条融化并均匀地涂覆于待修补的损伤凹坑位置。涂覆面积不可以太大，参照使用的塑料转接器与车身接触面积的大小进行涂覆塑料焊条，涂覆时注意不能使电吹风枪产生的高温损伤车身漆膜。涂覆面积以塑料转接器与修补面有75%接触为适宜，厚度以塑料转接器能稳定固定到凹坑中并能够承受一定的拉拔力为适宜。安放塑料转接器时，注意不能使转接器的表面直接接触车身，转接器与车身安放位置要垂直，目的是防止拉拔时损伤车身漆面。安放后塑料转接器如图8-19所示。

安装塑料转接器后间隔一段时间，使塑料焊条的融化物彻底凉透，对转接器起到很好的固定作用。操作时，可以等待几分钟后用手左右轻微地晃动一下转接器，转接器不摇晃说明固定牢固。转接器固定牢固后使用微型整形架进行逐步矫正。矫正时，沿着图8-20所示力的方向拉几下，放松一下拉力，之后再拉伸，经过几次这样的反复直至外力卸除后将凹坑拉平为止，拆下微整形架。使用酒精等不损伤车身漆膜的溶剂轻轻地喷涂在修复位置，将塑料转接器取下，并将粘在漆面的塑料物质清除干净，凹坑便修复完成。

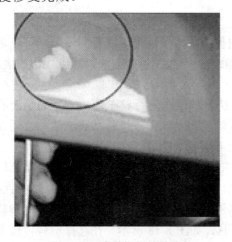
图8-19 安装塑料转接器

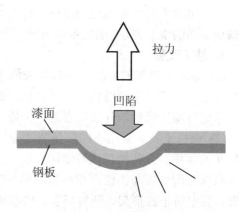
图8-20 拉伸矫正示意图

(4) 维修后打蜡处理。为了使经修复后的位置不留下任何痕迹，需对车身进行一次打蜡处理。打蜡时要选择细粒度的海绵垫并根据修补漆的颜色选择相匹配的细蜡。打蜡时应注意以下几个问题。

① 打蜡时不要由于操作上的疏忽对漆面造成不必要的擦伤。

② 打蜡前，应先对车身进行彻底的再次清洁，防止蜡质在进行抛光研磨时损伤漆面。

③ 对于修补凹坑的位置应使蜡质涂抹均匀，蜡质应略厚一些，经抛光后应看不出修复的任何痕迹。

④ 打蜡不仅应重点针对修补位置，对全车都要进行打蜡抛光处理。

维修打蜡处理后效果如图8-21所示。

图 8-21 维修后的效果

4．凹坑修复快修注意事项

(1) 将塑料焊条融化到凹陷位置前应对车身修补位置进行彻底清洁并干燥。

(2) 融化塑料焊条时不能由于高温损伤漆面。

(3) 使用微整形架进行拉拔时应确保塑料转接器垂直于车身并固定牢固，并且塑料转接器不能直接接触到车身漆面，防止拉拔时达不到拉拔效果和损伤漆膜。

(4) 在拉拔的过程中，应边拉边放松，反复操作，防止在拉伸时变形部位产生内应力。

(5) 修复后，对车身进行打蜡处理前一定要对整车进行再次清洁，并干燥后再进行打蜡处理，打蜡时应选择细海绵垫和细蜡，并对整车进行打蜡抛光施工。

5．涂装常用工具和设备

1) 压缩空气供给系统

压缩空气供给系统用于提供充足的达到预定压力值的压缩空气，以确保车间所有的气动设备都能有效地工作。

(1) 压缩空气供给系统特性。

① 压缩空气供给系统的核心为一台或一组空气压缩机，有时也称之为"气泵"。

② 驱动工作的动力源一般为电动机，室外工作时可使用便携式汽油机驱动。

③ 控制器用于调节压缩机和电动机工作。

④ 储气罐规格应合适。

⑤ 分配系统是压缩空气系统连接的关键。

(2) 空气压缩机的控制系统。压缩机分为两种形式：便携式和固定式。固定式的空气压缩机由主机、电动机和内燃机、储气罐或其他空气容器、单向阀、安全阀、压力开关和储气罐底部的放水阀等系统和元件组成，如图 8-22 所示。

① 自动卸载器，又称安全阀，通过调节螺钉进行调整。

② 压力开关。即利用空气压力控制电源开闭的开关。

③ 电动机启动器。采用启动器启动，对电动机提供过载保护。

④ 过载保护器。一般采用熔断丝进行电路过载保护。在大型设备上，在启动装置上安装热继电器实施过载保护。

图 8-22 空气压缩机的组成

1—电源线；2—电动机；3—传动带护栏；4—压缩机；5—安全阀；6—压力表；
7—压力开关；8—出气管；9—放水阀；10—放油阀；11—加油口；12—储气罐

2) 打磨工具

(1) 打磨机。

① 单作用打磨机。单作用打磨机如图 8-23 所示，它是一种打磨盘垫绕一固定的点转动的打磨机，分为高速打磨机和低速打磨机两类，其中高速打磨机主要用于漆面的抛光，也就是抛光机，低速打磨机主要用于刮去旧涂层。

② 轨道式打磨机。轨道式打磨机如图 8-24 所示，砂垫外形以矩形为多，便于在工件表面大面积打磨，打磨时沿直线轨迹移动，整个砂垫以小圆圈振动，打磨速度较快，主要用于腻子的打磨。

图 8-23 单作用打磨机

图 8-24 轨道式打磨机

③ 双作用打磨机。双作用打磨机如图 8-25 所示，又叫偏心振动式打磨机，打磨盘垫本身以小圆圈振动，同时又绕其自身的中心转动。常用的有偏心为 3mm、5mm 和 7mm 3 种形式的打磨机，其中偏心越小打磨精度越高。

(2) 打磨机的使用。

① 单作用和双作用打磨机的转速在 2000～6000r/min 之间，砂垫直径在 13～23cm 之间，可用于清除原有的涂层。

图 8-25 双作用打磨机

② 轨道式打磨机除砂垫旋转外,整个砂垫还可以做摆动。

③ 操纵气动打磨机时,气压应调到 450~490kPa 范围内。

④ 为了不损伤镀铬层,在镀铬饰物(或嵌条)外 2cm 范围内不进行打磨。

⑤ 打磨过程中,发现漆渣开始在砂纸上结块或起球时,应及时更换砂纸或用棕刷将漆块刷掉。

⑥ 使用打磨机时,一定要保持平稳连续的运动,切勿在某一部位长时间停留,以免产生深的划痕、擦伤或表面过烧。

(3) 手工打磨工具。

① 绒布打磨材料。绒布打磨材料也称菜瓜布,如图 8-26 所示,它采用高科技超细纤维技术制造,内部呈蜂巢状结构,使得擦拭时增大了接触面积,能全面包裹细小颗粒而不伤器物表面,在与器物接触时,能全面擦拭并吸附工件表面的杂质,其中红色菜瓜布较粗,相当于 300 号砂纸,黑色菜瓜布较细,相当于 1000 号砂纸。

图 8-26 菜瓜布

② 打磨块。打磨块如图 8-27 所示,它用于手工打磨,适合于机器打磨难于操作的部位以及曲面研磨。

图 8-27 打磨块

③ 砂纸。砂纸磨料的种类如图 8-28 所示,有片形和卷形两种,前者用于手工打磨,后者则用于机械打磨。常用砂纸所采用的磨料有金刚砂和氧化铝的颗粒,还有锆铝磨料。砂纸磨料的编号按粒度分号,粒度编号越小,砂纸越粗。

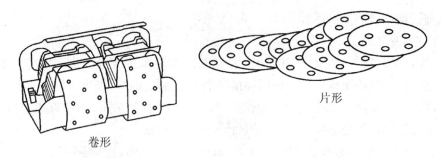

图 8-28 砂纸

(4) 手工打磨工具的使用。

① 将砂纸从中间剪下一半,并折成 3 叠,用掌心将砂纸平压在打磨工件表面上,张开手掌,用掌心沿砂纸的长度方向施加中等均匀压力。

② 打磨时,来回的行程应长而直,如果掌心没有平压在表面上,手指就会接触到打磨表面,这将导致手指与表面之间受力不均匀,所以应避免手指接触打磨表面。

③ 打磨时不要进行圆周运动,否则会在表面涂层下产生可见的磨痕。

④ 使用打磨垫或打磨块可获得最佳的效果。

⑤ 湿打磨可以解决打磨灰尘堵塞砂纸的问题,湿打磨与手工打磨最大的区别是要使用水,还要用到海绵和刮板等工具,所用砂纸也不同。

⑥ 当手工打磨底漆或中涂层时,应打磨到又光滑又平整的程度为止。

3) 刮涂工具

刮涂工具如图 8-29 所示,用于手工填补原子灰工具。刮刀以金属或非金属制作,有钢质、玻璃钢、牛角片、木质、硬胶皮等刮刀。视其材质和形状的不同,可分别用于填孔、补平、塞缝、抹平等作业。

项目 8　漆面处理

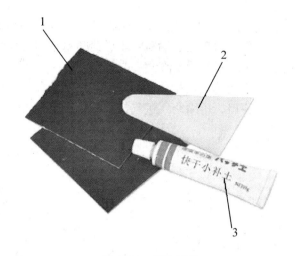

图 8-29　刮涂工具

1—刮板；2—刮刀；3—腻子

4) 喷涂工具

喷涂工具以喷枪为主，利用压缩空气的压力将液体雾化，使涂料形成喷涂的细小且均匀的液滴，小液滴被以正确的方式喷上汽车表面后就会形成薄厚均匀具有光泽的薄膜。

(1) 喷枪按供给方式分为吸力式、重力式和压力式 3 种，涂装修补常用吸力式和重力式；按涂装罐的安装位置称为下壶枪和上壶枪，小修补时多用上壶枪，上壶枪也称为重力式，下壶枪也称为吸力式。

① 重力进给式喷枪。重力进给式喷枪如图 8-30 所示，漆料加入漆料壶后通过压力作用完成涂装作业，重力式喷枪因为漆自身的重力作用可以将漆料壶中的完全喷涂，可以节约漆料。

② 吸力进给式喷枪。吸力进给式喷枪如图 8-31 所示，通过压缩空气的吸力作用将漆料壶中的涂料吸出完成涂装作业，使用中常会受到吸力影响导致漆料壶内涂料不能完全喷出，有一定的浪费。

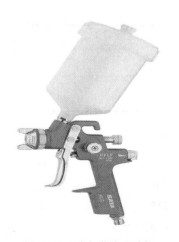
图 8-30　重力进给式喷枪

图 8-31　吸力进给式喷枪

③ 压力进给式喷枪。压力进给式喷枪如图 8-32 所示，喷枪要与另一个压力储料罐配合使用，压缩空气将储料罐内的涂料通过输料管压送给喷枪使用，使涂料高速通过喷嘴而雾化。压力进给式喷枪适合大面积连续喷漆。

(2) 喷枪的结构如图 8-33 所示，由枪体和喷枪嘴组成。枪体由扇面调节螺钉、涂料调节螺钉、空气调节螺钉、进漆口、压缩空气进气口、扳机、手柄组成；喷枪嘴由气帽、涂料喷嘴、顶针组成。

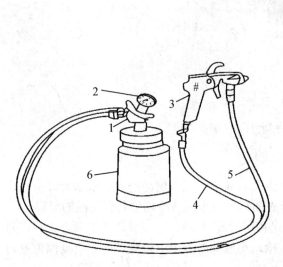
图 8-32 压力进给式喷枪
1—气压调节器；2—气压表；3—喷枪；4—输气管；
5—输料管；6—储料杯

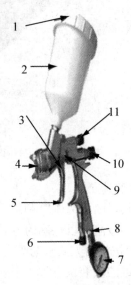
图 8-33 喷枪的结构
1—防滴漆壶盖；2—漆料壶；3—顶针；4—喷嘴；
5—扳机；6—空气压力调节旋扭；7—压力表；
8—空气接头；9—顶针定位螺栓；
10—涂料调节旋钮；11—扇形调节旋钮

任务 8.3　漆面老化及美容缺陷

知识目标	1. 了解漆面老化和美容缺陷的类型 2. 知道漆面老化和美容缺陷的产生原因 3. 掌握漆面老化和美容缺陷的处理方法
技能目标	1. 掌握漆面老化的原因和避免措施 2. 能够辨别老化的类型

阅读资料

现代的恶劣环境条件如酸雨、交通污染、公路化雪盐、鸟类排泄物、阳光中的紫外线、潮湿、气温变化、工业气体、树胶液等都会对车漆的环境产生不良影响，给汽车的漆膜带来了很大的麻烦。此外在洗车时使用去污剂，以及洗车对漆面产生的物理摩擦作用，对车漆都有所伤害，漆面不正当的护理，也会导致漆膜光泽减退。

知识链接

1. 水泡

1) 定义

水泡如图 8-34 所示，在潮湿天气，少量的水汽被吸入油漆涂层里，然后在干燥的环境中再次蒸发渗透。

图 8-34　水泡

2) 产生原因

(1) 海边的盐雾等腐蚀性极强的空气将导致漆膜产生水泡。

(2) 要喷涂的表面未经彻底清洁，残留污染物被留在涂层下的表面或各涂层之间。

(3) 涂装作业时，水磨操作完成后，未给予足够的表面残留水分挥发时间，就进行了下一道涂层的施工。

3) 防范措施

(1) 用干净的水彻底清洁要喷涂的表面，经常更换打磨用水和清洁用水。

(2) 尽量使用干打磨以防止打磨时涂膜对水的吸收。

(3) 使用水磨时，给予充分的时间让表面残留水分挥发。

(4) 经常对车身漆面进行保养，延缓漆面老化。

4) 修补方法

彻底磨掉缺陷涂膜，清除受影响区域，直至露出情况良好的涂层，必要时可以清除缺陷涂层至金属层。

2. 工业落尘

1) 定义

工业落尘如图 8-35 所示，它会造成漆膜表面的污点或腐蚀。

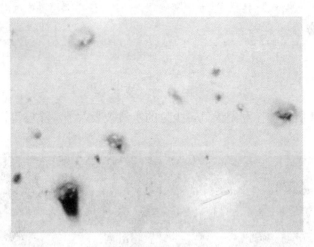

图 8-35 工业落尘

2) 产生原因

(1) 来自于铸造厂和钢铁厂烟囱的沉积物。

(2) 铁路和公路上的碎屑，在潮湿环境中氧化，然后侵袭漆面。

(3) 火花损伤，来自电车轨道和火车轨道上方电缆过热产生的灰烬。

(4) 来自焊接和切削摩擦后产生的火花损伤。

3) 预防措施

立即清除这些金属颗粒，定期做抛光、上蜡维护。在进行焊接和切削打磨时要对漆面做好必要的遮盖。

4) 修补方法

用适当的除锈剂除去污渍，用细抛光蜡抛光。如果金属尘粒侵蚀较深，则需要用 P1200 打磨缺陷区域，接着用细抛光蜡抛除缺陷，最后用高光泽蜡恢复光泽。

3. 失光

1) 定义

失光如图 8-36 所示，是指漆面哑光或无光泽。

图 8-36 失光

2) 产生原因

(1) 风化侵蚀，如二氧化硫、氧化二氮等与湿气反应，经较强紫外线照射导致漆膜失光。

(2) 涂层太厚。施喷面漆时涂层施喷太厚，涂层内存有许多尚未挥发的溶剂，当面漆干固后，溶剂还继续挥发而导致面漆层收缩出现失光现象。

(3) 不正确的漆膜护理。

(4) 太粗太旧的洗车刷损伤，太强效的洗车液如用家用洗洁精。

(5) 新修补漆膜过早接触不良天气条件。厚涂层或新涂层对低于露点温度条件敏感也会造成失光。

3) 防范措施

(1) 确保遵循规定的膜厚。

(2) 确保定期的正确漆面护理。

(3) 保证正确干燥时间。

4) 修补方法

用细抛光蜡进行抛光，再用高光泽蜡恢复光泽。如果还不能恢复正常，必须选择重涂。

4. 洗车产生的擦痕

1) 定义

洗车产生的擦痕如图 8-37 所示，在深色车身漆膜表面上会失光，色调也会显得灰白，经常能见到平行的丝状擦痕。

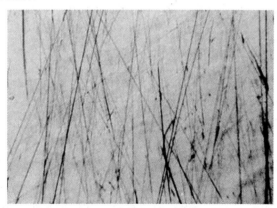

图 8-37　洗车产生的擦痕

2) 产生原因

(1) 洗车刷或机械洗车刷太粗、太脏或太旧。

(2) 预清洗时，水质不好。

(3) 刚施工好的车辆漆膜不能过早地用机械方法清洗。当漆膜干燥固化时间不足够长、喷涂太厚或固化剂使用不当时，新漆膜对产生划伤敏感度增加。

3) 防范措施

(1) 使用干净正确的刷子。

(2) 在刷洗前用大量水彻底冲洗,且水质干净。

(3) 避免过早地用机械方法清洗刚施工好的漆膜表面。

(4) 确保遵循所推荐的漆层厚度、干燥固化时间、固化剂比例。

4) 修补方法

用细抛光蜡进行抛光,再用适合的高光泽蜡恢复光泽。许多车辆原厂使用抗划擦清漆,这类车辆需要修补时,必须用厂方推荐的抗划清漆施工。

5. 抛光痕

1) 定义

抛光痕如图 8-38 所示,它是在油漆表面出现的非常细偏灰色低光泽线条。

图 8-38　抛光痕

2) 产生原因

(1) 漆膜还没有干燥固化、漆膜太厚、不正确的固化剂选择和固化剂的添加量,都会导致油漆表面产生抛光痕。

(2) 在抛光机上施加过分的压力。

(3) 在抛光的过程中,抛光机的抛光轮倾斜了。

(4) 选择错误的抛光蜡。

(5) 被抛光的工件刚从烤房中取出或在直射的阳光下抛光,使表面温度太高。

3) 防范措施

(1) 确保正确的膜厚范围,注意干燥时间,正确选择固化剂和稀释剂。在抛光前,让漆膜充分干燥。

(2) 要使用正确的抛光头施工,抛光时不要过分按压抛光头,也不要倾斜抛光头。

(3) 不要使用太粗糙的抛光蜡。

(4) 不要在直射阳光下抛光。

4) 修补方法

重新用高光泽抛光蜡抛光。

6. 石击损伤

1) 定义

石击损伤如图 8-39 所示,它是由飞溅的石子形成的对漆膜的机械损伤。

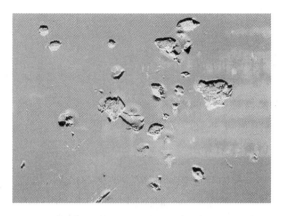

图 8-39 石击损伤

2) 产生原因

车在高速行驶过程中，石子或沙石冲击漆膜，因潮湿气导致漆膜成片脱落。

3) 防范措施

易损伤的车体区域可以做抗石击涂料处理，以防底材的腐蚀。

4) 修补方法

石击损伤必须在发现后立即用油漆点涂或视情况打磨重涂。

7. 腐蚀生锈

1) 定义

腐蚀生锈如图 8-40 所示，它是油漆表面不规则疱状鼓起的损伤，鼓起的疱破裂后，底材腐蚀会出现褐色锈蚀或铝材上的白色锈蚀。

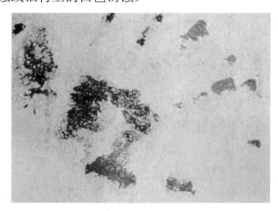

图 8-40 腐蚀生锈

2) 产生原因

(1) 对漆面的机械损伤如石击，划伤等，造成湿气向下层涂层或金属底材的渗透。

(2) 不正确的清洁。

(3) 湿气和化学剂透过漆膜上可见或细微裂隙锈蚀金属漆层。

(4) 覆盖金属层的漆膜被有汗渍的手触摸，或受到金属预处理时积聚的化学品、打磨水、脱漆剂污染的金属接触过。

3) 防范措施

(1) 石击或划伤的损伤必须立即修补。

(2) 用金属清洁剂对腐蚀表面进行彻底清洁。

4) 修补方法

清除所有漆层和锈蚀。

8. 水迹

1) 定义

水迹如图 8-41 所示,它是由含有矿物盐份的水溶液落到漆面干燥后形成的发白色斑点状水斑纹,通常斑纹的内部区域无损伤,而外部边缘轻微凸出。

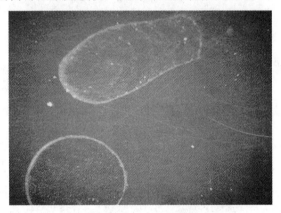

图 8-41 水迹

2) 产生原因

(1) 新涂装的漆膜还未完全干燥固化沾染上水渍。

(2) 漆膜施工较厚,以至干燥不良。

(3) 使用不正确的固化剂,或错误的固化剂配比。

(4) 雨水斑。

3) 防范措施

(1) 确保新喷油漆使用了正确的固化剂、正确的调配比例,喷涂层数正确。

(2) 雨水过后及时擦干车身。

4) 修补方法

先水洗,之后用细抛光蜡抛光,并用高光泽抛光法恢复光泽。更严重的情况需要打磨重涂。

项 目 小 结

(1) 涂装是指将涂料以不同方式涂覆于被涂物基底表面上,经干燥后形成连接、致密薄膜的操作工艺,俗称"涂漆"或"油漆"。已经固化了的涂料膜称为涂膜或漆膜;由两层以上的涂膜组成的复合层一般称为涂层。

项目 8　漆面处理

(2) 汽车涂料的主要功能有保护作用、装饰作用、标识作用和特殊作用。
(3) 汽车涂料都是由主要成膜物质、次要成膜物质和辅助成膜物质 3 部分组成的。
(4) 漆面损伤主要有失光、划痕和凹坑损伤 3 大类。
(5) 汽车凹陷修复快修法是指采用先进的工艺设备和技术,在不去除原漆层的情况下,不用钣金、刮腻子、烤漆等传统工序,利用凹陷整平工具直接对损伤部位完成快速修复的一种方法。
(6) 喷涂工具以喷枪为主,利用压缩空气压力将液体雾化,雾化使涂料形成喷涂的细小且均匀的液滴,小液滴被以正确的方式喷上汽车表面后就会形成薄厚均匀具有光泽的薄膜。
(7) 漆面老化和美容缺陷主要有水泡、工业落尘、水迹、腐蚀生锈、石击损伤、抛光痕、失光和洗车产生的擦痕等。

习　题

一、填空题

1. 汽车涂料的主要功能有(　　)、(　　)、(　　)和(　　)。
2. 汽车涂料都是由(　　)、(　　)和(　　)3 部分组成的。
3. 根据车身漆面的形成条件划分为(　　)、(　　)和(　　)3 种漆面。
4. 汽车涂料是一种流动呈粉末状态的有机物质,涂敷在车身表面上,干燥固化后形成连续且牢固一层膜,包括(　　)、(　　)、(　　)和(　　)。
5. 金属表面在除油、除锈后,为了防止重新生锈,通常要进行化学处理,使金属表面生成一层保护膜,常用的有(　　)、(　　)和(　　)3 种。
6. 深度划痕的基本修复方法主要有(　　)、(　　)和(　　)。

二、判断题

1. 次要成膜物质是构成涂膜的组成部分,由颜料和溶剂组成,能独立形成漆膜。
　　　　　　　　　　　　　　　　　　　　　　　　　　　　　　　　　　(　　)
2. 颜料颗粒的大小和形状对遮盖能力、漆面强度没有影响。　　　　　　(　　)
3. 辅助成膜物质又称助剂,对涂料变成涂膜的过程或对涂膜性能起一定辅助作用,不能单独构成涂膜。　　　　　　　　　　　　　　　　　　　　　　　　(　　)
4. 划痕按照漆面划痕深浅的不同分为老化痕、中度划痕、深度划痕和创伤痕 4 种。
　　　　　　　　　　　　　　　　　　　　　　　　　　　　　　　　　　(　　)
5. 中度划痕造成的损伤伤及色漆层,但未露出中涂层的漆膜损伤。　　　(　　)

三、选择题

1. 能够独立形成漆膜的是(　　)。
　　A．主要成膜物质　　　　B．次要成膜物质　　　　C．辅助成膜物质

2. (　　)称为面漆。
   A．底漆　　　　　B．中涂漆　　　　　C．色漆　　　　　D．清漆
3. 常用的底漆有(　　)。
   A．环氧树脂底漆　B．酚醛底漆　　　　C．醇酸底漆　　　D．磷化底漆
4. 中涂漆是指介于底漆涂层和面漆涂层之间所用的涂料,也称底漆喷灰,俗称(　　)。
   A．电泳涂层　　　B．封闭底漆　　　　C．腻子　　　　　D．二道浆
5. 漆面损伤主要有(　　)。
   A．失光　　　　　B．划痕　　　　　　C．凹坑损伤　　　D．划痕
6. 划痕按照漆面划痕深浅的不同分为(　　)。
   A．浅划痕　　　　B．中度划痕　　　　C．深度划痕　　　D．创伤痕

四、简答题

1. 汽车涂装的定义是什么?
2. 底漆性能要求有哪些?
3. 中涂漆的性能要求有哪些?
4. 色漆喷涂到车身表面有哪些特点?
5. 不当护理造成的损伤有哪些?
6. 漆面失光原因有哪些?
7. 漆面划痕产生的原因有哪些?
8. 水泡产生原因有哪些?
9. 洗车产生的擦痕防范措施有哪些?
10. 水迹产生原因有哪些?

项目 9

安全防护知识和安全操作规程

　　汽车美容装饰过程中会用到各种精细化工产品以及一些专用的设备和工具,这些化工产品对操作者会造成一定的伤害和对环境造成污染,为了保护操作者和环境,需知道一些安全防护知识及相关安全操作规程。

知识目标	1. 了解安全防护知识 2. 知道施工安全操作规程 3. 掌握工具和设备的安全使用
技能目标	1. 知道如何做好安全防护 2. 掌握安全操作规程

阅读资料

汽车美容施工必须坚持"预防为主,安全第一"的原则,防止发生火灾、中毒、触电等伤亡事故,保障职工身体健康,确保人身和财产的安全。在汽车的美容作业中,如果忽视安全,很可能造成非常严重的后果。因此为了保障人身财产的安全和生产的顺利进行,施工人员必须具备汽车美容安全防护知识,懂得并掌握与生产有关的安全技术知识,自觉执行安全操作规程。

知识链接

1. 安全防护知识

安全防护主要包括两方面的内容:一是生产作业中不安全因素的分析和预防;二是已发生安全事故的处理。

1) 灭火的方法

(1) 隔离火源。发生火灾时,将火源与燃烧物迅速隔离,使之熄灭。

(2) 隔绝空气。即在燃烧物周围切断助燃的氧气供给,使其自动熄火,如含溶剂物的化学品着火,用盖子将桶盖住,或将惰性气体(二氧化碳等)喷射到燃烧物上。

(3) 冷却降温。用冷却液(如水)使被燃烧物的温度降低到着火点以下,即可灭火。

2) 防中毒

清洁剂、护理用品大部分为化工用品,有一定毒性,在使用时,通过人的呼吸道或皮肤渗入人体,对人体神经系统和血液循环系统产生刺激和破坏作用,会造成头晕、头痛、失眠、乏力和记忆力减退等症状,还能引起白血球减少,出现红血球和血小板降低,以及皮肤干燥、瘙痒等症状。为防止发生中毒事故,应采取必要的预防措施。

(1) 控制空气中有毒物质的浓度。为确保操作人员的身体健康,必须采取有效措施控制空气中有害物质的浓度。控制空气中有毒物质浓度的措施如下:

① 施工现场应有良好的通风和排风换气设备,使空气流通,加速有害气体的散发,使空气中有害气体含量不超过安全许可范围。

② 采用暖风的情况下,一般不采用循环风。在有害气体不超标的场合才允许部分采用循环风。

③ 含有毒材料的尘雾和气体都应经过净化处理后排入大气,排气风管应超过屋顶1m以上。

④ 新鲜空气点和排废气点之间距离在水平方向上不小于10m。

(2) 防毒措施。

① 操作前穿戴好各种防护用具,如专用工作服、手套、面具、口罩和鞋帽等。

② 施工时如感到头痛、眩晕、心悸、恶心，应立即离开现场到通风处呼吸新鲜空气，严重时应及时治疗。

③ 要随时注意个人卫生和保健，不在施工现场进食、就餐和吸烟，工作场所应定期清洁。

④ 工作结束后应洗淋浴，换好干净衣服到室外呼吸新鲜空气，还应多喝开水湿润气管，加速排毒。

3) 防触电

当人体接触 36V 以上的电压时，会导致触电事故，产生电击，甚至导致死亡。防触电的基本措施如下：

(1) 遵守用电设备的安全操作规程。

(2) 定期检查用电设备工具的接地线、绝缘导线，确保设备工具完好无损。

(3) 手持式电动工具、照明灯等应使用 36V 以下的安全电源，使用时戴好绝缘手套。

(4) 设备维护时一定要切断电源。

(5) 工具、设备或手上有水或潮湿时，应先进行干燥，然后才能进行施工操作。

4) 其他安全防护

(1) 保护眼睛。在使用清洁剂时，应戴好化学防溅护目镜；在进行抛光、研磨等作业时，要戴好护目镜，如图 9-1 所示。

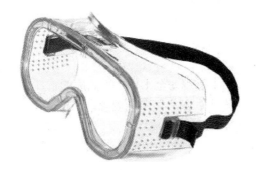

图 9-1　护目镜

(2) 避免化学烧伤皮肤。清洁剂能烧伤皮肤，使用时要戴好绝缘手套，如图 9-2 所示，避免与皮肤接触产生化学烧伤。白色硅胶手套可以防溶剂、酸碱等各类化学品；绿色的手套以防溶剂为主；红色的手套以防酸碱为主。

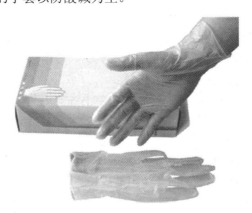

图 9-2　绝缘手套

(3) 避免跌伤、碰伤。汽车举升时，一定要保证支撑位置正确、可靠。举升后，一定要进行安全支撑防护，确保施工人员安全。避免车间地沟、滑湿地面造成的人员跌伤、摔伤，避免机器设备造成人员伤害。

(4) 避免呼吸道感染。汽车美容产品以化工产品为主，对人体或多或少都有一定的伤害，尤其是对呼吸系统，因此在使用时应做好必备的防护，比如佩戴如图9-3所示的防护口罩。

图9-3 防溶剂口罩

2. 施工安全操作规程

1) 清洁、护理作业安全操作规程

汽车表面清洁、护理中所使用的清洁剂多数带有一定的毒性和腐蚀性，施工现场的水、电、气等都有一定的危险性。为确保施工安全，人员和设备无损伤，施工人员必须遵守以下安全施工规范：

(1) 施工人员必须从思想上重视安全工作，以高度的责任感和严肃的态度认真施工。施工中要树立安全第一、客户至上、精心服务的观念，严格遵守操作规程，杜绝事故的发生。

(2) 施工人员必须熟悉施工现场及周围环境，了解水、电、气等开关的位置及救护器材的位置，以备应急之用。

(3) 施工人员必须熟悉施工安全技术、清洁剂的使用方法和急救方法。

(4) 注意用电安全。地线必须搭铁，防止漏电，使用电器时要严防触电，不要用湿手和湿物接触开关。施工结束后，要及时把电源切断。

(5) 现场施工人员直接接触酸、碱液时，应穿工作服、胶靴，戴防腐蚀手套，必要时应戴防毒口罩。

(6) 清洁、护理作业现场必须整洁有序，严禁烟火。

(7) 清洁、护理作业应有消防设备、管路，要有充足的水源和电源，确保施工安全。

(8) 清洁、护理现场设备在使用前应进行试运转，使用后应用清水冲净。按要求维护，如有故障应及时排除并妥善保管。

(9) 施工中排放的清洁废液应符合排放要求，不许随地乱排放。

(10) 施工安全要有专人负责，定期检查，并不断总结安全施工的经验，确保安全施工。

2) 工具设备安全操作规程

(1) 电动、气动工具安全操作规程。

① 操作人员应熟悉所使用的工具。使用前应检查各零部件是否安装牢固，各紧固件连接是否牢靠，电缆及插头有无损坏，开关是否灵活。

② 使用前应检查所用电压是否符合规定，电源应尽量使用220V，如电源电压为380V

应检查搭铁是否良好，并注意地线标记。

③ 使用电动工具操作时，应检查是否搭铁，电源要有胶管保护。

④ 经检查后可接通电源空运转，检查声音是否正常。

⑤ 使用中发现有大火花、异响、过热、冒烟或转数不足等现象，应停止使用，修复后再继续使用。

⑥ 各电器元件应保持清洁，接触良好。轴承及变速器内的润滑油每半年更换一次。

⑦ 工具不用时存放在干燥处，以防受潮与锈蚀。

⑧ 使用风动工具时必须防止由于连接不牢而造成人身事故。

⑨ 工具在转动中不得随处放置，需要放置时应关机，停稳后再放下。

⑩ 使用砂轮机时，开机后砂轮应轻轻接触工作。

(2) 空气压缩机安全操作规程。

① 空气压缩机应设专人开动和管理。

② 开动前认真检查空气压缩机、电动机和电气控制部分是否良好，一切正常无误后，开动试转片刻，再正式运行。

③ 气泵要按规定顺序起动，设备运转时要认真注意运转状况，观察气压表读数，发现异常现象要及时排除，再正式使用。

④ 在工作中严禁工作人员和其他人闲谈或随意离开机房，必要时应停机后再走，以防事故发生。

⑤ 任何人不经操作者同意，不准开动机器。

(3) 照明装置安全操作规程。

① 施工现场的照明设备应有防爆装置。

② 各种电气开关均应为密封式，并操作方便。

③ 如果使用手灯，必须使用 36V 安全电压。

项 目 小 结

(1) 安全防护主要包括两方面的内容：一是生产作业中不安全因素的分析和预防；二是已发生安全事故的处理。

(2) 清洁剂、护理用品大部分为化工用品，有一定毒性，在使用时，通过人的呼吸道或皮肤渗入人体，对人体神经系统和血液循环系统产生刺激和破坏作用，应采取预防措施。

(3) 施工安全操作规程包括清洁、护理作业安全操作规程和工具设备安全操作规程。

习 题

一、判断题

1. 安全防护包括生产作业中不安全因素的分析和预防和已发生安全事故的处理。（   ）

2. 发生火灾时，将火源与燃烧物迅速隔离，使之熄灭。（   ）
3. 清洁剂、护理用品大部分没有毒性。（   ）
4. 为确保操作人员的身体健康，必须采取有效措施控制空气中有害物质的浓度。（   ）
5. 工作结束后应洗淋浴，换好干净衣服到室外呼吸新鲜空气，还应多喝开水湿润气管，加速排毒。（   ）
6. 设备维护时一定要切断电源。（   ）
7. 工具、设备或手应先进行清洁，然后才能进行施工操作。（   ）
8. 汽车表面清洁、护理中所使用的清洁剂多数没有毒性和腐蚀性。（   ）
9. 为确保施工安全，人员和设备无损伤，施工人员必须遵守安全施工规则。（   ）
10. 清洁、护理作业应有要有充足的水源以防失火，确保施工安全需要。（   ）
11. 施工中排放的清洁废液应符合排放要求，不许随地乱排放。（   ）
12. 工具不用时存放在干燥处，以防受潮与锈蚀。（   ）
13. 使用砂轮机时，开机后砂轮应严紧接触工作。（   ）
14. 任何人不经操作者同意，不准开动机器。（   ）

二、选择题

1. 漆桶着火，用盖子将桶盖住，或将(   )喷射到燃烧物上。
   A．惰性气体　　　　B．沙石　　　　C．水

2. 用(   )使被燃烧物的温度降低到着火点以下，即可灭火。
   A．二氧化碳　　　　B．冷却液（如水）　　C．冰

3. 当人体接触(   )以上的电压时，会导致触电事故，产生电击，甚至导致死亡。
   A．12V　　　　　　B．24V　　　　　C．36V

4. 地线必须搭铁，防止(   )。
   A．短路　　　　　　B．断路　　　　　C．漏电

5. 轴承及变速器内的润滑油(   )更换一次。
   A．每季度　　　　　B．每半年　　　　C．每年

6. 使用(   )时必须防止由于连接不牢而造成人身事故。
   A．风动工具　　　　B．电动工具　　　　C．气动工具

7. 如果使用手灯，必须使用(   )安全电压。
   A．36V　　　　　　B．220V　　　　　C．380V

8. 定期检查用电设备工具的(   )，确保设备工具完好无损。
   A．火线　　　B．接地线　　　C．绝缘导线　　　D．搭铁

9. 施工人员必须熟悉施工现场及周围环境，了解的(   )位置，以备应急之用。
   A．水、电、气等开关　　　　B．救护器材
   C．安全出口　　　　　　　　D．各器材

10. 电动、气动工具使用前应检查(   )。
    A．各零部件是否安装牢固

B．各紧固件连接是否牢靠
C．电缆及插头有无损坏
D．开关是否灵活及观察内部有无杂物

11. 气泵要按规定顺序起动，设备运转时(　　)再正式使用。

A．要认真注意运转状况　　　　　　B．观察气压表读数
C．发现异常现象要及时排除　　　　D．定期更换

12. 灭火的方法(　　)。

A．隔离火源原则　　B．隔绝空气原则　　C．预防原则　　D．冷却降温

参 考 文 献

[1] 李远军. 汽车涂装技术[M]. 北京：北京理工大学出版社，2008.
[2] 邱英杰. 汽车钣金·涂装·装潢与美容[M]. 北京：机械工业出版社，2009.
[3] 宋东方. 汽车装饰与美容[M]. 北京：化学工业出版社，2009.
[4] 姚时俊，闫彬. 汽车美容[M]. 北京：机械工业出版社，2009.
[5] 闫文兵，姜绍忠. 汽车美容与装饰[M]. 北京：北京理工大学出版社，2009.
[6] 宋孟辉. 汽车美容与保养[M]. 北京：人民邮电出版社，2009.
[7] 周燕. 汽车美容与装饰[M]. 北京：机械工业出版社，2009.
[8] 赵亚男. 汽车装饰与美容[M]. 北京：中央广播电视大学出版社，2010.
[9] 李井清. 汽车装饰与美容[M]. 北京：电子工业出版社，2010.
[10] 杨智勇. 汽车涂装技术[M]. 北京：北京理工大学出版社，2010.
[11] 李仲兴，孙丽琴. 汽车装饰与美容[M]. 北京：北京大学出版社，2011.
[12] 谭本忠. 汽车美容与装饰图解教程[M]. 北京：机械工业出版社，2012.
[13] 周燕. 汽车美容装饰与钣金修复[M]. 北京：机械工业出版社，2012.
[14] 金守玲. 利用凹陷修复转接器的维修工艺处理车身板件小凹坑[J]. 汽车维修杂志，2012，01.

北京大学出版社高职高专汽车系列规划教材

序号	书号	书名	编著者	定价	出版日期
1	978-7-301-13661-4	汽车电控技术	祁翠琴	39.00	2012.5 第4次印刷
2	978-7-301-13658-4	汽车发动机电控系统原理与维修	张吉国	25.00	2012.4 第2次印刷
3	978-7-301-14139-7	汽车空调原理及维修	林钢	26.00	2011.8 第2次印刷
4	978-7-301-15378-9	汽车底盘构造与维修	刘东亚	34.00	2009.7
5	978-7-301-15578-3	汽车文化	刘锐	28.00	2013.2 第4次印刷
6	978-7-301-15742-8	汽车使用	刘彦成	26.00	2009.9
7	978-7-301-16919-3	汽车检测与诊断技术	娄云	35.00	2011.7 第2次印刷
8	978-7-301-17079-3	汽车营销实务	夏志华	25.00	2012.8 第3次印刷
9	978-7-301-13660-7	汽车构造(上册)——发动机构造	罗灯明	30.00	2012.4 第2次印刷
10	978-7-301-17711-2	汽车专业英语图解教程	侯锁军	22.00	2013.2 第3次印刷
11	978-7-301-17821-8	汽车机械基础项目化教学标准教程	傅华娟	40.00	2010.10
12	978-7-301-17532-3	汽车构造(下册)——底盘构造	罗灯明	29.00	2012.9 第2次印刷
13	978-7-301-17694-8	汽车电工电子技术	郑广军	33.00	2011.1
14	978-7-301-18477-6	汽车维修管理实务	毛峰	23.00	2011.3
15	978-7-301-17894-2	汽车养护技术	隋礼辉	24.00	2011.3
16	978-7-301-18850-7	汽车电器设备原理与维修实务	明光星	38.00	2011.5
17	978-7-301-18494-3	汽车发动机电控技术	张俊	46.00	2011.6
18	978-7-301-19147-7	电控发动机原理与维修实务	杨洪庆	27.00	2011.7
19	978-7-301-19027-2	汽车故障诊断技术	明光星	25.00	2011.6
20	978-7-301-19334-1	汽车电气系统检修	宋作军	25.00	2011.8
21	978-7-301-19350-1	汽车营销服务礼仪	夏志华	30.00	2012.4 第2次印刷
22	978-7-301-19504-8	汽车机械基础	张本升	34.00	2011.10
23	978-7-301-19652-6	汽车机械基础教程(第2版)	吴笑伟	28.00	2012.8 第2次印刷
24	978-7-301-18948-1	汽车底盘电控原理与维修实务	刘映凯	26.00	2012.1
25	978-7-301-19646-5	汽车构造	刘智婷	42.00	2012.1
26	978-7-301-20011-7	汽车电器实训	高照亮	38.00	2012.1
27	978-7-301-20753-6	二手车鉴定与评估	李玉柱	28.00	2012.6
28	978-7-301-21989-8	汽车发动机构造与维修(第2版)	蔡兴旺	40.00	2013.1
29	978-7-301-22363-5	汽车车载网络技术与检修	闫炳强	30.00	2013.6
30	978-7-301-22746-6	汽车装饰与美容	金守玲	34.00	2013.7

相关教学资源如电子课件、电子教材、习题答案等可以登录 www.pup6.com 下载或在线阅读。

扑六知识网(www.pup6.com)有海量的相关教学资源和电子教材供阅读及下载(包括北京大学出版社第六事业部的相关资源)，同时欢迎您将教学课件、视频、教案、素材、习题、试卷、辅导材料、课改成果、设计作品、论文等教学资源上传到pup6.com，与全国高校师生分享您的教学成就与经验，并可自由设定价格，知识也能创造财富。具体情况请登录网站查询。

如您需要免费纸质样书用于教学，欢迎登陆第六事业部门户网(www.pup6.com)填表申请，并欢迎在线登记选题以到北京大学出版社来出版您的大作，也可下载相关表格填写后发到我们的邮箱，我们将及时与您取得联系并做好全方位的服务。

扑六知识网将打造成全国最大的教育资源共享平台，欢迎您的加入——让知识有价值，让教学无界限，让学习更轻松。联系方式：010-62750667，yongjian3000@163.com，linzhangbo@126.com，欢迎来电来信。